■次の２枚の写真であらわされている府県を，ア〜ウから選ぼう。（答えは，下）

⑤

ア 福岡県
イ 佐賀県
ウ 大分県

【ヒント】左は，有田焼の窯元。右は，弥生時代の集落跡が発掘された吉野ヶ里遺跡。

⑥

ア 京都府
イ 大阪府
ウ 奈良県

【ヒント】左は，応仁の乱の勃発地の碑。右は，JR駅前に立つろうそくの形のタワー。

⑦

梨県
野県
ワ 静岡県

【ヒント】左は，武田信玄が釜無川に築いた施設（信玄堤と聖牛）。右は，北側から見た富士山。

⑧

ア 青森県
イ 山形県
ウ 宮城県

【ヒント】左は，古代に築かれた多賀城の跡地。右は，三陸海岸のかきの養殖用の生けす。

【答え】 ①ウ ②ア ③イ ④ウ ⑤イ ⑥ア ⑦ア ⑧ウ

考える力。
それは「明日」に立ち向かう力。

あらゆるものが進化し、世界中で昨日まで予想もしなかったことが起こる今。
たとえ便利なインターネットを使っても、「明日」は検索できない。

チャート式は、君の「考える力」をのばしたい。
どんな明日がきても、この本で身につけた「考えぬく力」で、
身のまわりのどんな問題も君らしく解いて、夢に向かって前進してほしい。

チャート式が大切にする5つの言葉とともに、
いっしょに「新しい冒険」をはじめよう。

1 地図を広げて、ゴールを定めよう。

1年後、どんな目標を達成したいだろう？
10年後、どんな大人になっていたいだろう？
ゴールが決まると、たどり着くまでに必要な力や道のりが見えてくるはず。
大きな地図を広げて、チャート式と出発しよう。
これからはじまる冒険の先には、たくさんのチャンスが待っている。

2 好奇心の船に乗ろう。「知りたい」は強い。

君を本当に強くするのは、覚えた公式や単語の数よりも、
「知りたい」「わかりたい」というその姿勢のはず。
最初から、100点を目指さなくていい。
まわりみたいに、上手に解けなくていい。
その前向きな心が、君をどんどん成長させてくれる。

3 味方がいると、見方が変わる。

どんなに強いライバルが現れても、
信頼できる仲間がいれば、自然と自信がわいてくる。
勉強もきっと同じ。
この本で学んだ時間が増えるほど、
どんなに難しい問題だって、見方が変わってくるはず。
チャート式は、挑戦する君の味方になる。

4 越えた波の数だけ、強くなれる。

昨日解けた問題も、今日は解けないかもしれない。
今日できないことも、明日にはできるようになるかもしれない。
失敗をこわがらずに挑戦して、くり返し考え、くり返し見直してほしい。
たとえゴールまで時間がかかっても、
人一倍考えることが「本当の力」になるから。
越えた波の数だけ、君は強くなれる。

5 一歩ずつでいい。
でも、毎日進み続けよう。

がんばりすぎたと思ったら、立ち止まって深呼吸しよう。
わからないと思ったら、進んできた道をふり返ってみよう。
大切なのは、どんな課題にぶつかってもあきらめずに、
コツコツ、少しずつ、前に進むこと。

チャート式はどんなときも
ゴールに向かって走る君の背中を押し続ける

本書の特色と使い方

ぼく，数犬チャ太郎。
いっしょに勉強しよう！

デジタルコンテンツを活用しよう！

本書内に載せているQRコード*をタブレットPCやスマートフォンなどで読み取ることで，一問一答のコンテンツや学習の参考になる情報などにアクセスすることができます。

通信料はお客様のご負担となります。Wi-Fi環境での使用をおすすめいたします。

PCからは https://cds.chart.co.jp/books/nl16of3mek

内容は予告なしに変更することがあります。
*QRコードは（株）デンソーウェーブの登録商標です。

四大河文明のうち，ナイル川流域でおこったのは何文明か。

① エジプト文明
② メソポタミア文明
③ インダス文明
④ 中国文明

第1章　1文明のおこり…　3/20

解答

各章の流れ

1 要点のまとめ

QRコード……

●学習する範囲のできごとが年表形式でまとめられています。

●分野を示すアイコンとともに，できごとの補足などの説明を設けています。

≫p.12 ①

簡単にさがせる

くわしく学習する**2**のページを示しているので，参照したいページが一目でわかります。

2 解説

●本文では，学習内容をわかりやすい文章でていねいに解説しています。

●側注では，本文をより深く理解するための補足的な内容を扱っています。興味・必要に応じて活用しましょう。

Key Word ·······

解説のはじめに **Key Word** で学習する重要語句を示しています。これらの語句の説明は，下の解説で詳しく説明しています。入試でもよく出題される内容ですので，しっかり解説を読むようにしましょう。

重要語句が一目でわかる·······

本文中の重要語句は太字にしています。
特に重要な語句は赤字で示しています。

側注で理解が深まる·······

本文に関連する補足や図や表，写真を載せています。

くわしく：本文の内容をより深く説明しています。

注目!：本文内容の背景や事実の理由をわかりやすく説明しています。

参考：本文内容との関連で発展的な内容を載せています。

図解で確認

図や表などでまとめたビジュア
ルページです。視覚的に理解で
きるように構成しています。

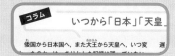

コラム

本文に関連したミニコラムを載せてい
ます。歴史に関する興味深い内容です。

3 つまりこういうこと

●本文の最後に学習したまと
めを載せています。よくわ
からない内容があったら，
本文にもどって確認しまし
ましょう。

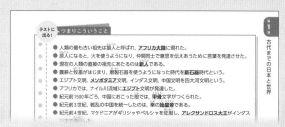

4 定期試験対策問題

●その章でおさえておきたい
内容を出題しています。

>>p.17〜20

もどって復習できる

問題ごとに**2**のページを示しているので，
わからなかったときはもどって，しっかり
復習しましょう。

入試対策編

入試対策問題

●入試で出題された，思考力・
判断力・表現力が試される
問題を取り上げています。

解き方のポイントがわかる

解き方のヒント で，入試の傾向や
着目するところ，知識の活用のしかた，考え
方の道すじなどをアドバイスしています。実
力を試したいときは，ここを見ないで挑戦
してみましょう。

綴じ込み付録 地図で楽しく日本を知る／世界を知る

●大判の日本地図・世界地図ポスターで参考書とともに学習できます。
●世界遺産など多くの場所の写真を載せているので，見るだけで楽しく学習できます。
●歴史，地理の両方の学習に活用できるポスターです。

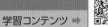

チャート式シリーズ
中学歴史
もくじ

学習コンテンツ ➡

第5章 二度の世界大戦と日本 …………… 187

小学社会（歴史）で学習した
重要キーワード

小学校社会で学んだ
歴史の重要語句を
まとめたよ

古代	**人名**	卑弥呼　聖徳太子(厩戸皇子)　小野妹子 中大兄皇子(天智天皇)　中臣鎌足(藤原鎌足)　聖武天皇 行基　鑑真　藤原道長　紫式部　清少納言
	用語	大王　古墳　大和政権(大和朝廷)　渡来人　天皇　律令 仏教　遣唐使　貴族　文化の国風化
中世	**人名**	平清盛　源頼朝　源義経　北条政子　北条時宗　竹崎季長 足利尊氏　足利義満　足利義政
	用語	武士　征夷大将軍　御恩と奉公　書院造　能　狂言
近世	**人名**	織田信長　豊臣秀吉　明智光秀　フランシスコ・ザビエル　徳川家康 徳川家光　天草四郎(益田時貞)　シャクシャイン　杉田玄白　本居宣長 近松門左衛門　歌川広重　前野良沢　伊能忠敬　大塩平八郎
	用語	大名　キリスト教　検地　刀狩　江戸幕府 武家諸法度　参勤交代　鎖国　歌舞伎　浮世絵 蘭学　国学　寺子屋
近現代	**人名**	ペリー　大久保利通　西郷隆盛　木戸孝允 徳川慶喜　明治天皇　坂本龍馬　勝海舟　福沢諭吉 津田梅子　板垣退助　伊藤博文　大隈重信　陸奥宗光 東郷平八郎　与謝野晶子　小村寿太郎　北里柴三郎　志賀潔 野口英世　新渡戸稲造　田中正造　平塚らいてう
	用語	開国　明治維新　身分制度　富国強兵　文明開化 自由民権運動　大日本帝国憲法　条約改正 日清戦争　日露戦争　植民地　民主主義　満州　満州事変 太平洋戦争　空襲　日本国憲法　高度経済成長　公害　国際連合

第 1 章

古代までの日本と世界

1 文明のおこりと日本の成立

🌏世界史　📄日本史政経　🏯日本史文化

時代	年代	できごと
旧石器時代		● 700万年から600万年前ごろ, 人類出現
		● 50万年前ごろ, ジャワ原人
		● 30万年前ごろ, 北京原人
		● 10万年前ごろ, ネアンデルタール人
		● 20万年前ごろ, 新人（ホモ・サピエンス）
		● 1万年前ごろ, 氷河時代が終わり, 新石器の使用と農耕が始まる
		● 日本列島の形成
縄文時代	B.C. 10000ごろ	● 縄文土器を使い始める
	3000ごろ	● エジプト文明おこる
		● メソポタミア文明おこる
	2500ごろ	● インダス文明おこる
		● 中国文明おこる
	1500ごろ	● 中国で殷が栄える
	600ごろ	● 儒教がおこる
	500ごろ	● 仏教がおこる
	400	
弥生時代	300	● このころ, 稲作が伝わる
	221	● 秦の始皇帝が中国統一
	202	● 漢の中国統一
		● 漢, 朝鮮に楽浪郡など4郡を置く

🌏 **人類の出現**…最古の人骨化石はアフリカ大陸で発見。200万年前ごろの原人は, 火やことばを用いる。現在の人類の直接の祖先は, 約20万年前の新人（ホモ・サピエンス）。 >>p.12 ①

🌏 **農耕の始まり**…約1万年前, 氷河時代が終わり, その後, 各地で農耕・牧畜が始まる。磨製石器や土器を用いる。 >>p.13 ②

📄 **縄文時代**…大陸から分かれた日本列島に住む人々は, 磨製石器とともに縄文土器を用いる。狩猟・採集中心の生活で, 身分の差は明確ではない。土偶・貝塚・たて穴住居。 >>p.17 ⑥

🌏 **四大河文明**…紀元前3000〜1500年ごろ, ナイル川流域のエジプト文明, チグリス川・ユーフラテス川流域のメソポタミア文明, インダス川流域のインダス文明, 黄河流域の中国文明。国家・国王・都市・文字。 >>p.14 ③

🌏 **殷**…中国最初の王朝。青銅器, 甲骨文字。 >>p.15 ④

📄 **弥生時代**…稲作・金属器の伝来, 農耕社会の出現と身分の発生。弥生土器の使用。 >>p.18 ⑦

🌏 **秦**…秦の始皇帝による統一。北方遊牧民族に備え, 万里の長城建造。 >>p.15 ④

🌏 **漢**…さかんに遠征を行い, 領土を広げる。シルクロードを通じて, 西方やローマ帝国との交流。 >>p.15 ④

時代	年代	できごと
弥生時代	27	●ローマ帝国成立
	4	●イエスが生まれる
	紀元	●このころ倭国は100余りの小国が分立
	37	●高句麗がおこる
	57	●倭の奴国王が後漢に使いを送り，金印をもらう
		●倭国大乱
	239	●邪馬台国の女王卑弥呼が魏に使いを送る
古墳時代		●このころ大和地方に前方後円墳出現，大和政権（大和朝廷）による国土統一が進む
		●百済がおこる
		●新羅がおこる
	391	●倭，朝鮮に出兵して高句麗・新羅と戦う
		●このころ大型の前方後円墳が各地でつくられる
	478	●倭王武が南朝の宋に使いを送る
		●百済より仏教が伝わる
		●伽耶（任那）が新羅にほろぼされる

✎ **小国家の出現**…古い中国の歴史書によれば，紀元前後の日本は100余りの国に分かれていたという。　>>p.19 ⑧

✎ **「漢委（倭）奴国王」**…江戸時代，博多湾の志賀島で発見された金印には，このような文字が刻まれていた。倭の奴国王が後漢の光武帝よりあたえられた金印ではないかと推定されている。　>>p.19 ⑧

✎ **邪馬台国**…「魏志」倭人伝に記されている女王国で，30余りの国を従えていた。239年，魏に使いを送り，金印や銅鏡をあたえられた。所在地には大和（奈良県）説と九州説。　>>p.20 ⑨

✎ **古墳時代**…4世紀〜6世紀にかけての時代を古墳時代という。初期の前方後円墳は大和地方に多く，その後各地に広まるとともに巨大化した。副葬品には鏡・玉，金属製の武具・農具など。　>>p.21 ⑩

✎ **倭の五王**…5世紀後半，倭の5人の王が中国の宋に使いを送り，朝鮮半島での優越的地位を認めさせようとする。武の手紙には，国土統一のようすが記されている。　>>p.22 ⑪

▲ **渡来人**…4〜6世紀，争乱の朝鮮半島から多くの人々が日本列島に移住した。渡来人は土木，養蚕，鍛冶など，さまざまな技術を伝えた。漢字・儒教なども伝えられ，政治・文化にも影響をあたえた。　>>p.22 ⑪

大和政権がしだいに日本列島で勢力を拡大していったよ。

① 人類の出現

ヒトは木から降り，直立二本足歩行してサルとは別の進化の道を進むことになった。

🔑 **Key Word** サヘラントロプス・チャデンシス　氷河時代
旧石器時代　打製石器　原人　ラスコー　新人（ホモ・サピエンス）

(1) ヒトとサル

直立二本足歩行する裸のサル…ヒトは木から降り，後ろあし（足）で大地に立つようになると，前あし（手）で木ぎれや石を使い始めた。人類の特徴は，道具の使用を次の世代に伝達できたことである。

(2) 人類の出現

サヘラントロプス・チャデンシス…人類が地球上に現れたのは，約700万年から600万年前で，2001（平成3）年にアフリカ大陸で発見された**最古の化石人骨の1つ**。

(3) 氷河時代

約250万年から1万年前までの期間は氷河時代とよばれ，氷期と温暖な間氷期がくり返された。この間にも人類は少しずつ進化した。

① **旧石器時代**…氷河時代の人類は，石を打ち欠いて刃をつけた道具を使っていた。このような道具を**打製石器**といい，**打製石器を使用していた時代を旧石器時代**という。

② **原人**…約200万年前の人類で，石器とともに火や言葉を使えるようになった。

③ **新人（ホモ・サピエンス）**…約20万年前の人類で，現在の人類の直接の先祖である。新人は**ラスコー**や**アルタミラ**の洞窟に壁画を残している。

④ **氷河時代の日本列島**…この時代の日本は大陸と陸続きで，ナウマンゾウやオオツノジカなどの大型動物が住み，すでに人々が**狩猟**生活をしていたと考えられる。

ヒトへの進化は，どのようにおこったのだろう？

📖 **くわしく**

野尻湖

野尻湖の湖底からは，1万年以上前の地層から，ナウマンゾウやオオツノジカの角とともに，石器も発見されている。

▲打製石器*

▲ラスコーの壁画

年代	500万年前	70万年前	10万年前	4万年前	1万年前
考古時代		旧石器時代		中石器時代	新石器時代
脳の容積	約500cc 猿人	約500cc 原人	旧人		約1,500cc 新人

② 農耕と牧畜の始まり

農耕が始まると，人々の間に貧富の差や身分の差が生まれた。

 Key Word 土器　磨製石器　新石器時代　集落の形成
農耕と牧畜の開始　貧富の差　身分の差

(1) 氷期の終わり

今から1万年ほど前に氷河時代が終わり，気候が暖かくなった。大型動物は減ったが，食用となる木の実が増えた。

① **土器の発明**…食物の保管や調理に**土器**が用いられた。

② **磨製石器**…表面をみがき形を整えた**磨製石器**もつくられ，木を切ったり加工したりすることが容易になった。

③ **新石器時代**…磨製石器や土器を使うようになった時代を**新石器時代**とよぶ。

(2) 農耕と牧畜

新石器時代は，**農耕と牧畜が始まった時代**である。人々は野生植物を栽培することを知り，野生の羊や牛を飼い慣らしてその肉や乳を利用するようになった。

① **集落の形成**…農耕が始まると，移動生活から**定住生活**となり人々は決まった地域に住みつき，**集落**をつくった。

② **貧富の差の発生**…栽培された植物，特に穀物は保存がきくので，蓄えられるようになった。農耕生活では，蓄えられた種子をもとに生産がくり返されるので，より多くの富を蓄えた人が，他の人々の生産活動を支配するようになり，**貧富の差や上下関係**が生まれた。

③ **国の成立**…農耕の発達は集落間に格差を生みだした。強い集団は弱い集団を従え，やがて**小さな国**ができた。

④ **税のおこり**…農耕が始まると，神への感謝の意志を表すため収穫物の一部を有力者に差し出した。これが**税の起源**の1つと考えられている。

くわしく

道具の進歩

打ちくだいた石を磨いたり，動物の骨や角を利用して，矢じりやつりばりがつくられるようになった。

また，道具の進歩により，動きの速い魚をとったり，小型の動物をとらえたりすることができるようになったんだよ。

▲磨製石器

参考

おもな栽培植物
東南アジアではバナナやタロイモ，東アジアでは稲，西アジアでは小麦などが栽培された。

③ 文明の発生

国家をともなった文明の発生は，紀元前3000年ごろ。

Key Word 象形文字　太陽暦　ピラミッド　くさび形文字
太陰暦　都市遺跡(モヘンジョ・ダロ)　殷　甲骨文字　青銅器

(1) 古代文明

　四大河文明…紀元前3000年ごろから，アジア・
アフリカの大河のほとりで**エジプト文明**，メソポ
タミア文明，**インダス文明**，中国文明が発生した。

四大河文明

(2) エジプトとメソポタミアの文明

① **大河の流域に文明が発生**…エジプト文明はナイル川流域，メソ
ポタミア文明はチグリス川・ユーフラテス川流域。

② **文字の使用**…エジプトでは**象形文字**がつくられ，メソポタミア
ではくさび形文字が使われた。

③ **暦の作成**…エジプトで**太陽暦**，メソポタミアで**太陰暦**。

④ **巨大な建造物**…エジプトでは，王族の墓として**ピラミッド**がつ
くられた。

⑤ **オリエント**…エジプトやメソポタミアをふくむ地方を，**オリエン
ト**(太陽の昇るところ)とよんだ。

(3) インダスと中国の文明

① **インダス文明**…インダス川流域に**モヘンジョ・ダロ**などの都市が建
設され，青銅器や**インダス文字**が使われた。

② **殷の成立**…黄河流域に中国文明がおこり，紀元前16世紀ごろ
に**殷**が成立し，優れた**青銅器**や漢字のもとになった**甲骨文字**が
つくられた。

(4) ギリシャ・ローマの文明

① **ギリシャ**…紀元前8世紀ごろから**アテネ**や**スパルタ**のような都
市国家(**ポリス**)ができる。**民主政**。

② **ヘレニズム**…マケドニアの**アレクサンドロス大王**がペルシャを征
服し，ギリシャの文化が東方まで広まる。

③ **ローマ帝国**…地中海地域を支配。**共和政**から帝政へ。

くわしく

エジプトはナイルのたまもの
　ギリシャの歴史家ヘロドトスの
ことば。ナイル川は定期的にはん
らんをおこし，流域に肥えた土を
運んできたため農耕が発達し，各
地に都市国家がおこった。

▲ピラミッドとスフィンクス

▲象形文字

14

④ 中国の古代国家

戦乱の中国を秦が統一したが，15年で滅亡。その後，漢が中国を
統一し大帝国を形成。

🔑 Key Word　　周　秦　始皇帝　万里の長城　兵馬俑　武帝
楽浪郡　シルクロード(絹の道)　儒教

(1) 中国の文明

殷・周…紀元前1500年ごろには，黄河流域に殷がおこった。殷の
時代には優れた**青銅器**がつくられ，漢字のもとになった**甲骨文字**
が生まれた。紀元前1100年ごろ殷がほろんだ。周の時代には**鉄
製の兵器や農具**が広まり，生産が高まり，商業も発達した。滅亡後，
春秋・戦国時代となる。

(2) 秦

秦の始皇帝…紀元前3世紀，戦乱の中国を統一。**度量衡，貨幣，
文字を統一**するなど，中央集権的な政治を行った。北方の遊牧民
に対しては**万里の長城**を築き，侵入に備えた。さらに，墓の近く
に**兵馬俑**をつくらせた。始皇帝の死後，秦は15年でほろんだ。

(3) 漢

秦の滅亡後，漢が中国を統一。

① **武帝**…領土拡大し，西は中央アジア，東は**楽浪郡**などを置い
て朝鮮半島北部を支配した。

② **シルクロード(絹の道)**…西方と交通路(シルクロード)が開か
れ，ローマ帝国とも交易が行われた。

③ **儒学(儒教)**…孔子
の説いた政治を行う
上で重んじられた。

④ **文化**…司馬遷によっ
て歴史書の「**史記**」
が記された。

シルクロードを通じ
て中国の絹がローマ
に運ばれ，西方から
馬やガラスなどが中
国に伝えられたん
だ。

▲始皇帝陵の兵馬俑
(世界遺産)

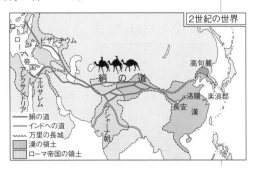

2世紀の世界

ローマ
ビザンチウム
ローマ帝国
アレクサンドリア
エルサレム
高句麗
絹　の　道
洛陽　楽浪郡
長安　漢
シャカ朝

―――絹の道
―――インドへの道
〜〜〜万里の長城
■ 漢の領土
□ ローマ帝国の領土

⑤ 宗教の誕生

紀元前5世紀ごろインドに仏教が，紀元前後ごろパレスチナにキリスト教が，7世紀はじめアラビア半島にイスラム教がおこった。

Key Word 仏教　シャカ(釈迦)　キリスト教　イエス
イスラム教　ムハンマド　孔子

(1)仏教

シャカ(釈迦)…紀元前5世紀ごろバラモン(神官)を中心とする教えを批判し，「人はみな平等で，心の迷いを取り去ればだれでも苦しみから救われる」と説いた。その後，仏教は国の保護を受けながら**アジアを中心**に広まり，日本にも伝えられた。

(2)キリスト教

イエス…紀元前後ころ，古代ローマ帝国のパレスチナ地方で，ユダヤ人だけが優れているとする**ユダヤ教を批判**し，「人は神の前では平等で，神を信じるものはだれでも救われる」と説いた。初めローマはキリスト教徒を迫害するが，4世紀には**国教**とした。

(3)イスラム教

ムハンマド(マホメット)…アラビア半島のメッカに生まれ，7世紀初め，唯一神アラーを信仰する宗教として説いた。イスラム教は「**コーラン**」を聖典としている。イスラム教は，北アフリカ，西アジア，中央アジアを中心に広まった。

(4)儒学(儒教)

孔子…中国の春秋・戦国時代に現れた思想家。「親子・兄弟などの秩序を大切にし，為政者が行いを正しくすれば国は治まる」と説いた。彼が説いた教えは儒学(儒教)とよばれた。

宗教の発祥

シャカ(前563?〜483?)
シャカ族の王子として生まれた。29歳で出家し，厳しい修行ののち35歳の時に悟りを開き，仏陀となり布教活動を続けた。

△ シャカ

イエス(前4〜後29?)
パレスチナ地方のベツレヘムで生まれた。貧しい人への布教が支配者からうとまれ，十字架にかけられて処刑された。このことからキリスト教徒は十字架を象徴とする。

△ 十字架にかけられたイエス

ムハンマド(570?〜632)
メッカの商人であったが，40歳のころアラーのお告げを受け，布教を始めた。初めは迫害を受けるが，教えは商人たちに広まっていく。

⑥ 縄文文化の時代

約1万年前，日本でも磨製石器と土器が使用されるようになった。

🔑 Key Word 日本列島形成　磨製石器　縄文土器
たて穴住居　貝塚　土偶

(1) 日本列島の誕生

大陸から分離…約1万年前，氷河時代が終わり，海水面が上昇すると，大陸との間が海となり，日本列島ができた。

(2) 縄文文化

① **磨製石器**…大陸から分離したころ，日本列島に住む人々は**打製石器**に加えて**磨製石器**を用いるようになった。

② **縄文土器**…縄目の文様がつけられたものが多く，縄文土器とよばれている。

(3) 縄文時代の生活

① **縄文時代のむら**…人々は獲物を求めての移動生活から，しだいに**定住してむらをつくる**ようになった。中心には広場があり，そのまわりに**たて穴住居**がならんでいた。むらの跡のようすからは，まだ**貧富の差や身分の差はなかった**ことがうかがえる。

② **狩猟・採集中心**…狩猟や採集は共同作業で，指導者は存在。

③ **貝塚**…人々が貝殻や食べ物の残りかすなどを捨てたあと。出土品からは，食生活など，この時代の生活のようすを知ることができる。

④ **土偶**…人々は**土偶**とよばれる土の人形をつくった。ほとんどは**女性**をかたどったもので，再生と豊かな実りを願ってつくられたものと思われる。

▲縄文土器*

▲土偶*

参考

縄文人のおもな食べ物
木の実…ドングリ・クリ・ブドウ
動物…シカ・イノシシ
魚…サケ・マグロ・カツオ
貝…アサリ・ハマグリ
貝塚の出土品などから，上記のようなものを食べていたと考えられる。

▲縄文カレンダー

17

❼ 弥生文化の成立

紀元前4世紀ごろ、大陸や朝鮮半島から稲作が伝わり、社会が大きく変化した。

> **Key Word** ▶ 稲作　石包丁　高床倉庫　金属器　銅剣　銅矛
> 銅鐸　弥生土器

(1) 稲作の伝来

① **稲作**…紀元前4世紀ごろ，**大陸や朝鮮半島から稲作が九州北部**に伝えられ，急速に東日本にまで広まった。日本に伝わった稲は，中国長江流域で栽培されていたものと同種である。

② **水田**…当初は河川沿いや谷などの湿地に造られたが，後には池や川から用水を引いて低地にも造られるようになった。人々は**木製のすきやくわ**で水田を耕し，**石包丁**を使って収穫した。

③ **集落**…稲作が始まると人々は低地に移り，**水田近くの小高いところにむらをつくった**。むらにはたて穴住居とともに収穫物を蓄えるための**高床倉庫**も造られた。

(2) 金属器の伝来

① **青銅器**…出土した青銅器には，**銅剣・銅矛・銅鐸**などがある。銅剣・銅矛は最初は武器であったが，しだいに**祭りのための宝物**として用いられるようになった。銅鐸には絵が描かれているものもあり，狩りや農耕などこの時代の生活のようすを知ることができる。

② **鉄器**…鉄は貴重品であり，剣などの**武器**や斧などの**工具**として用いられた。

(3) 弥生土器

弥生土器…稲作や金属器が伝わったころ，**新しい上質の土器**もつくられるようになった。この土器は，出土地から**弥生土器**とよばれている。弥生土器は，火にかける，貯蔵する，盛りつけるなどの用途に合わせてつくられた。このころの文化を**弥生文化**，この時代を**弥生時代**という。

▲銅鐸*

（参考）

銅鐸の中には絵が描かれたものもある。この銅鐸からは，うすときねを使った脱穀や高床の倉庫など，稲作が広がった弥生時代の生活のようすをうかがうことができる。

▲銅剣*

▲弥生土器*

⑧ むらから国へ

稲作の発達により，貧富の差・身分の差が生まれ，小国家が出現した。

(1) 稲作の広がりと社会の変化

① **身分の発生**…稲作がさかんになると，収穫物を蓄えることが可能になり，人々の間に**貧富の差**が生まれた。

② **むらの指導者**…むらの指導者は，人々を指図して水を引き，田を開いた。また，人々を代表して神に豊作を祈った。むらとむらの間には食料や用水をめぐる争いもあり，有力なむらの指導者は，戦いを指揮して周囲のむらを従え，やがて地方の支配者となっていった。吉野ヶ里遺跡にみられる環濠集落は，周りを堀で囲み戦いにそなえたむらである。

③ **小国家の出現**…有力な地方の支配者はやがて豪族や王になり，各地に小さな国が生まれた。

(2) 中国の歴史書にみる紀元前後の日本

紀元前後の日本のようすは，中国の歴史書に記されている。古代の中国では，日本列島やその住民は**倭**とか**倭人**とよばれていた。

① **分かれて百余国**…**「漢書」地理志**によれば，紀元前1世紀ころの倭には100余りの国があり，倭人は**定期的に使いを送ってきた**と記されている。

② **倭の奴国**…**「後漢書」東夷伝**によれば，57年に**倭の奴国**が後漢に使いを送り，皇帝から**金印**をあたえられたとある。奴国は，九州北部にあった国々の1つと考えられている。江戸時代に志賀島で発見された**金印**には「**漢委(倭)奴国王**」と刻まれていた。

③ **倭国大乱**…**「後漢書」東夷伝**には，2世紀中ごろの倭国に大きな争乱があったことが記されている。

▲吉野ヶ里遺跡

吉野ヶ里遺跡

佐賀県東部にある吉野ヶ里遺跡は，弥生時代中期ころの周りを堀で囲んだ環濠集落の跡である。遺跡から発見されたかめ棺におさめられた人骨には，矢を打ち込まれたものもあり，争乱があったことを物語っている。

中国に使いを送ったのは，進んだ先進技術と中国の力を背景に，周りの国より有利な立場に立つためだったんだ。

▲金印

❾ 邪馬台国の女王

3世紀の日本には邪馬台国という女王国があり，30余りの国を従えていた。

🔑 Key Word 魏・呉・蜀 「魏志」倭人伝 邪馬台国 卑弥呼
親魏倭王

(1) 3世紀の東アジア

① **中国**…220年に漢（後漢）がほろび，**魏・呉・蜀**の3国が争う**三国時代**となった。

② **朝鮮**…北東部には**高句麗**が成立し，南部は3つの小国家群に分かれていた。北西部には**楽浪郡・帯方郡**が置かれ，魏がこれを支配していた。

(2) 「魏志」倭人伝

三国時代の歴史書「三国志」の「魏志」にある，当時の倭のようすを記した部分を倭人伝という。

① **邪馬台国**…「魏志」倭人伝によれば，倭には30余りの国があり，**邪馬台国**を中心にまとまっていた。当時の倭には**身分の違い**があり，**税の徴収**が行われていたことも記されている。

② **卑弥呼**…倭では争乱が続いていたが，国々が邪馬台国の女王**卑弥呼**を共同して王につけると争いはおさまったという。

③ **親魏倭王**…239年，卑弥呼は魏に使いを送り（**朝貢**），皇帝から**親魏倭王**の称号と金印，銅鏡100枚などをあたえられた。

3世紀のアジア

○邪馬台国の所在地の説

邪馬台国論争

　邪馬台国の所在地については，九州説と大和（奈良県）説がある。九州説に立てば，邪馬台国の支配は九州にとどまり，大和には別の政治勢力があった

ことになる。また大和説に立てば，3世紀には畿内から九州にかけてのまとまりがあり，大和の勢力が中国との間に交渉をもっていたことになる。

⑩ 古墳の出現と大和政権(大和朝廷)

3世紀後半から4世紀に巨大な古墳が出現, 6世紀ごろまで各地に古墳がつくられた。

> **Key Word** 古墳　大和政権(大和朝廷)　大仙古墳
> ワカタケル大王　前方後円墳　埴輪

(1) 古墳の出現

古墳…3世紀後半〜4世紀, 近畿地方から瀬戸内海にかけての地域で古墳がつくられ始めた。古墳は人工の墳丘をもつ巨大な墓で, 有力な豪族の存在を示すものである。

(2) 大和政権(大和朝廷)

大和政権…大和地方(奈良県)には, 築造年代が古く規模の大きな古墳が多い。これは, この地域に強力な国があったことを示している。特に有力な豪族は大王とよばれ, 大和政権(大和朝廷)は大王を中心に, 近畿地方の豪族が連合したものである。

(3) 大和政権(大和朝廷)の発展

5世紀には, 近畿地方に巨大な古墳が多くつくられ, 大和政権(大和朝廷)の強大化を示している。

① 大仙古墳(仁徳陵古墳)…大阪府にある大仙古墳は仁徳天皇陵とみなされているが, 4世紀末から5世紀ころの大王の墓である。全長は486mあり, この巨大な古墳をつくるために, のべ68万7000人余りが動員されたと考えられている。

② ワカタケル大王…埼玉県と熊本県の古墳から出土した鉄剣には, 「ワカタケル大王」と読める文字が刻まれていた。これは大和朝廷の大王が, 5世紀後半には九州地方から関東地方の豪族を勢力下におさめていたことを示している。

③ 古墳の分布…前方後円墳などの古墳は, 近畿以外の地域にも分布している。これは大和朝廷のほかにも, 強い豪族が支配する地域があったことを示している。

④ 埴輪…古墳の周囲や上部には, 埴輪という土器が置かれていた。埴輪には円筒形や, 建物や人物や動物などをかたどったものがある。

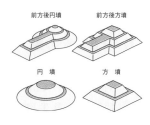

前方後円墳　　前方後方墳

円墳　　　　　方墳

（参考）
古墳の形
古墳には, 円墳や方墳もあるが, 方墳や円墳を統合した前方後円墳には巨大なものが多い。

🔺大仙古墳(世界遺産)

🔺武人埴輪*

21

⑪ 中国・朝鮮との交流

朝鮮南部と北九州との間は人の往来が活発だった。九州を支配した大和政権(大和朝廷)は,さらに朝鮮南部にも影響力をおよぼそうとした。

🗝 Key Word 晋 南北朝時代 高句麗 百済 新羅 伽耶
倭の五王 「宋書」 倭王武 渡来人

(1) 4・5世紀の東アジア

① **中国**…魏・呉・蜀の三国時代の後,**晋**が中国を統一したが,5～6世紀にかけて南北に分かれて対立する**南北朝時代**となった。

② **朝鮮**…朝鮮半島では**高句麗**が北部で勢力を広げ,南部では**百済**と**新羅**が成立した。

(2) 大和政権(大和朝廷)と中国・朝鮮

① **大和政権(大和朝廷)と朝鮮**…大和政権(大和朝廷)は,朝鮮半島南部を影響下に置こうとし,**百済**や**伽耶 (任那)**地域の国々と結び,しばしば**高句麗**や**新羅**と戦った。

② **倭の五王**…中国南朝の**宋**の歴史書「**宋書**」には,5世紀,倭の5人の王が使いを送ってきた(朝貢)ことが記されている。

(3) 渡来人

渡来人…朝鮮半島から日本列島に移り住むものが多く,焼き物(須恵器),漢字,儒学(儒教),**仏教**(6世紀半ば)など,進んだ技術を伝えた。

5世紀の東アジア

伽耶地域は鉄の生産地で,日本列島の人々は,ここから鉄を輸入していたんだよ。

🔵 ワカタケル大王(武)の名を刻んだ鉄剣(左)と鉄刀*(右)

22

● 人類の最も古い祖先は猿人と呼ばれ，**アフリカ大陸**に現れた。

● 原人になると，火を使うようになり，仲間同士で意思を伝えあうために言葉を発達させた。

● 現在の人類の直接の祖先にあたるのは**新人**である。

● 農耕と牧畜がはじまり，磨製石器を使うようになった時代を**新石器**時代という。

● エジプト文明，**メソポタミア**文明，インダス文明，中国文明を四大河文明という。

● アフリカでは，ナイル川流域に**エジプト**文明が発達した。

● 紀元前1500年ごろ，中国におこった殷では，**甲骨文字**がつくられた。

● 紀元前3世紀，戦乱の中国を統一したのは，秦の**始皇帝**である。

● 紀元前4世紀，マケドニアがギリシャやペルシャを征服し，**アレクサンドロス大王**がインダス川まで遠征した。

● 紀元前5世紀ごろ，**シャカ(釈迦)**がインドで仏教をおこす。

● 紀元前後，ユダヤ教が信仰されていたパレスチナ地方で，**イエス**がキリスト教を説く。

● 6世紀，アラビア半島で**ムハンマド**がイスラム教をおこす。

● **イスラム**教では，「唯一の神であるアラーの前ではすべての人は平等である」と説いた。

● 大型動物が追いかけた人々，捕獲用に**打製石器**をつくった。

● 厚手で低温で焼かれている黒褐色の土器は**縄文土器**である。

● 縄文時代には，**土偶**という土の人形を作り，信仰の対象とした。

● 薄手で高温で焼いた赤褐色の土器は**弥生土器**である。

● 銅鐸や銅剣，銅矛などの**青銅器**は，主に祭りの道具として使われた。

● むらどうしの戦いが繰り返された結果，政治的なまとまりをもった**国**ができた。

● 中国の歴史書「**後漢書**」には，倭の奴国の国王が金印を授かったとある。

● 3世紀，邪馬台国の**卑弥呼**が女王となり，30余りの国をまとめた。

● 大和政権(大和朝廷)の支配者は，国内では**大王**とよばれた。

● 古墳の周囲に置かれた，人や動物などをかたどった土器を**埴輪**という。

● 漢字や養蚕など進んだ文化を伝えたのは，朝鮮半島からの**渡来人**である。

● **前方後円墳**は，2種類の形の古墳が組み合わさってできたものである。

● 朝鮮半島では，北部に**高句麗**，南部に百済・新羅が成立した。

定期試験対策問題① 〔解答➡p.259〕

1 日本の原始文化 >>p.17〜20

次の文章を読んで，あとの問いに答えなさい。

　　日本列島がほぼ現在のような形になったのは，およそ（　a　）年前である。そのころ，人々がつくりはじめた土器の多くは，表面に縄目の模様がついており，（　b　）土器とよばれている。このため，このころの時代を（　b　）時代という。cこの時代の人々の生活は，現在，各地に残されている（　d　）や住居跡などから知ることができる。

　　紀元前4世紀ごろになると，朝鮮半島から渡って来た人々によって，稲作が伝えられた。人々は，むらをつくり，たて穴住居に住んだ。このころの土器は，薄手でかたく，（　e　）土器という。このため，このころの時代は（　e　）時代という。fこの時代には，稲作の普及によって，社会が様々な影響を受けながら，小さな国が姿を現した。3世紀半ばごろ，30余りの小国家が（　g　）を王に立てて，連合国家の邪馬台国をつくったことが，h中国の歴史書に書かれている。

(1) 文章中の空欄aにあてはまる数字を，次のア〜エから1つ選びなさい。　　〔　　　〕

　　ア　5千　　イ　1万　　ウ　5万　　エ　10万

(2) 空欄b，eにあてはまる語句を書きなさい。

　　　　　　　　　　　　　b〔　　　　　　　　　〕　　e〔　　　　　　　　　〕

(3) 下線部cについて，青森県青森市で発掘されたこの時代の遺跡を，次のア〜エから1つ選びなさい。　　〔　　　〕

　　ア　岩宿遺跡　　イ　吉野ヶ里遺跡　　ウ　登呂遺跡　　エ　三内丸山遺跡

(4) 空欄dにあてはまる，この時代の人々が捨てた貝殻や食べ物ののこりかすからなる遺跡を何というか，書きなさい。　　〔　　　　　　　　　〕

(5) 下線部fについて，次の問いに答えなさい。

　① 右の図は，この時代の遺跡から出土した農具である。農具の名称を書きなさい。また，この農具が主に使われた農作業を，次のア〜エから1つ選びなさい。

　　　　　　　　　　　名称〔　　　　　　　　　〕　　農作業〔　　　〕

　　ア　水田を耕す。　　イ　稲穂を刈り取る。　　ウ　水路を作る。　　エ　もみを脱穀する。

　② 当時の社会のようすについて，適切でないものを次のア〜エから1つ選びなさい。

　　　　　　　　　　　　　　　　　　　　　　　　　　　　　　　　〔　　　〕

　　ア　耕作に牛や馬を使った。　　　　イ　人々の間には身分の差があった。

　　ウ　もみなどを高床の倉庫に蓄えた。　エ　戦いに備え，集落は堀で囲まれていた。

(6) 空欄gにあてはまる人物名を書きなさい。　　〔　　　　　　　　　〕

(7) 下線部hの歴史書の名を書きなさい。　　〔　　　　　　　　　〕

2　日本の古代社会 >>p.21・22

右の写真を見て，あとの問いに答えなさい。

(1) 右の写真は，埼玉県の稲荷山古墳から発見された鉄剣である。これについて述べた次の文章の空欄a，bにあてはまる語句を答えなさい。aはカタカナ，bは漢字で書くこと。

この鉄剣には，「（　a　）大王」という文字が刻まれている。これは雄略天皇のことで，中国の歴史書「宋書」に書かれている倭の五王の武だと考えられている。同じ文字が刻まれた鉄刀が熊本県の古墳からも出土しており，九州から関東まで（　b　）の支配が及んでいたことがわかる。

a〔　　　　　　　　　　〕　b〔　　　　　　　　　　〕

(2) 右の写真の鉄剣がつくられた時代について，次の問いに答えなさい。

① このころ，朝鮮半島から日本列島に移り住んだ人々を何というか，書きなさい。また，これらの人々が日本に伝えたものを次のア～エから2つ選びなさい。

移り住んだ人々〔　　　　　　　　　　〕　伝えたもの〔　　　〕〔　　　〕

ア　漢字　　イ　稲作の技術　　ウ　土偶　　エ　青銅器　　オ　仏教

② このころ，朝鮮半島南部に影響力を強めようとして日本が戦った国を，次のア～エから2つ選びなさい。〔　　　〕〔　　　〕

ア　百済　　イ　新羅　　ウ　高句麗　　エ　伽耶（任那）

3　世界の古代文明 >>p.12～16

世界の古代文明や宗教について述べた(1)～(3)のア～ウから正しい文を1つずつ選びなさい。

(1) 文明の発生〔　　　〕

ア　ナイル川のほとりに発生したエジプト文明では，象形文字が使われた。

イ　チグリス・ユーフラテス川流域におこったインダス文明では太陰暦が作られた。

ウ　ローマには紀元前8世紀ごろからポリスができ，民主政が行われた。

(2) 中国の古代国家〔　　　〕

ア　紀元前3世紀，秦の始皇帝が中国を統一して度量衡や貨幣，文字の統一など中央集権的な政治を行った。

イ　長江流域に発生した中国文明では，周という国が生まれ，漢字のもととなる甲骨文字がつくられた。

ウ　殷の武帝は朝鮮半島に楽浪郡を置いて支配するなど，領土を拡大し，北方の遊牧民族に対しては万里の長城を築いてその侵入に備えた。

(3) 宗教の誕生〔　　　〕

ア　紀元前5世紀頃，パレスチナに生まれたシャカは儒教の教えを説いた。

イ　7世紀に生まれたイスラム教は，ムハンマドによって開かれ，アラーを唯一神とする。

ウ　紀元前後に登場したイエスは，バラモンの教えを批判し，キリスト教を開いた。

❷ 古代国家の歩みと東アジア

🏯世界史　🖊日本史政経　⛰日本史文化

時代	年代	できごと
飛鳥時代	589	●隋が中国を統一する
	593	●聖徳太子が摂政となる
	607	●小野妹子を隋に派遣する
		●聖徳太子が法隆寺を建てる
	610	●このころ，ムハンマドがイスラム教を開く
	618	●隋がほろび，唐がおこる
	630	●第1回遣唐使
	645	●中大兄皇子・中臣鎌足が蘇我氏をほろぼす
	646	●「改新の詔」を出す
	660	●百済がほろぶ
	663	●白村江の戦いで，百済救援の日本軍が唐・新羅連合軍に敗れる
	670	●庚午年籍をつくる
	672	●壬申の乱
	676	●新羅が朝鮮を統一
	694	●藤原京に都をうつす
	701	●大宝律令を制定する
	708	●和同開珎をつくる

🏯 **隋**…南北朝に分かれていた中国を統一。黄河と長江を結ぶ大運河。　》p.28 ①

🏯 **唐**…律令にもとづく中央集権国家。均田制と租・調・庸の税制。長安を中心とした国際性豊かな文化。律令制は，周辺国にも広がる。　》p.28 ①

🖊 **聖徳太子**…推古天皇の摂政として蘇我馬子と協力して政治を行う。天皇中心の政治をめざし，冠位十二階，十七条の憲法を定める。　》p.30 ③

⛰ **飛鳥文化**…聖徳太子は仏教を信仰し，法隆寺・四天王寺を創建。飛鳥地方中心に仏教文化が栄える。ペルシャやギリシャ文化の影響。　》p.31 ④

🖊 **大化の改新**…強大化した蘇我氏を，中大兄皇子・中臣鎌足らがほろぼし，公地公民，天皇を中心とした中央集権国家の建設をめざす。　》p.32 ⑤

🖊 **壬申の乱**…天智天皇の死後，大友皇子と大海人皇子の間で皇位継承をめぐり対立，内乱に。勝利した大海人皇子は，即位して天武天皇となり，律令国家の建設を強力に進める。　》p.33 ⑥

🏯 **新羅**…唐と連合し高句麗・百済をほろぼし，朝鮮を統一。律令の制定，仏教文化。　》p.29 ②

🖊 **大宝律令**…律は刑罰に関するきまり，令は班田収授法，税制や二官八省・国郡里制など政治のしくみに関するきまり。　》p.34 ⑦

時代	年代	できごと
奈良時代	710	●平城京に都を移す
	720	●「日本書紀」ができる
	743	●墾田永年私財法 ●大仏造立の 詔
	784	●長岡京に都を移す
平安時代	794	●平安京に都を移す
	802	坂上田村麻呂, 東北遠征
	805	●最澄が天台宗を伝える
	806	空海が真言宗を伝える
	866	藤原良房, 摂政となる (事実上の摂政は858年より)
	894	●菅原道真の提案で遣唐使を停止
	907	●唐がほろぶ
	936	新羅がほろび, 高麗が成立
	996	藤原道長, 左大臣となる
	1000	道長の娘彰子, 中宮となる ●このころ「源氏物語」完成
	1016	●藤原道長, 摂政となる
	1019	藤原頼通, 関白となる
	1053	平等院鳳凰堂ができる

平城京…唐の長安にならってつくられた本格的な都でごばんの目状の道路をもつ。都市生活をする貴族。 >>p.35 ⑧

律令制下の農民…戸籍をもとに口分田をあたえられ, 租・調・庸, 雑徭などを負担。租は口分田に, 調・庸, 雑徭は成年男子に対して課せられた。労役や兵役もあり, 負担の苦しさから逃亡も。 >>p.36 ⑨

墾田永年私財法…口分田の不足や荒廃を解消するため, 開墾した土地の私有を認めた。 >>p.36 ⑨

天平文化…聖武天皇の時代を中心とした文化を天平文化という。国際性豊かな唐の文化の影響を強く受けた仏教文化。正倉院宝物。 >>p.37 ⑩

桓武天皇…律令制の立て直しを強力に進めた。都を平城京から長岡京, 平安京へと移し, 東北地方に蝦夷征討軍を派遣。 >>p.38 ⑪

平安京…現在の京都の地に置かれた都で, 約1100年間都であり続けた。 >>p.38 ⑪

摂関政治…天皇の外戚となった藤原氏は, 天皇が幼少の時は摂政, 成人した後は関白として政治の実権をふるった。 >>p.39 ⑫

国風文化…平安時代は, 唐文化を消化して, 日本風の文化が発達した。かな文学, 大和絵, 浄土の信仰など。 >>p.40 ⑬

中国の文化をとりいれつつ, 日本独自の国風文化が花開いたよ。

① 隋と唐

中国を統一した隋，その後を継いだ唐は，律令にもとづく中央集権国家をつくった。

(1) 隋の統一

　隋…南朝と北朝にわかれていた中国は，6世紀末に**隋**が統一した。隋は皇帝の権力を強め，**律令**という法律を定めて刑罰や行政のしくみ，税の負担のしくみなどを整えた。また，隋は**黄河と長江を結ぶ大運河**などの**土木工事や海外遠征**を行い，農民にとって大きな負担となった。このため**各地で反乱**がおこり，隋は30年余りでほろんだ。

(2) 世界帝国唐

① **唐**…7世紀初め，**唐**は隋をたおして中国を統一した。西方は**イスラム帝国と国境を接する**ほど広大な帝国を形成した。

② **律令による支配**…唐では律令にもとづく政治が行われた。**戸籍**をつくって農民を把握し，**均田制**によって土地を分けあたえ，**租・調・庸の税**や**兵役**を課した。

③ **長安と唐の文化**…都の**長安**には，各地から使節や商人が集まった。また，**シルクロード**を通じて東西の交流が進み，**国際色豊かな文化や仏教**が栄えた。倭(日本)からも使節や留学生・僧が訪れた。

律は刑罰に関するきまり，令は政治を行う上でのきまりだよ。

▲唐の都長安城

▲唐三彩

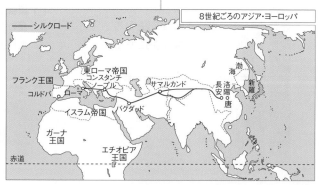

8世紀ごろのアジア・ヨーロッパ

② 新羅による朝鮮統一

三国が分立していた朝鮮半島は，676年，新羅によって統一された。

Key Word 百済と日本の緊密化　百済滅亡　高句麗滅亡
新羅の朝鮮半島統一

(1) 隋・唐の高句麗遠征

高句麗…隋・唐が成立したころ，朝鮮では**高句麗・新羅・百済**の三国が分立し，おたがいに争っていた。北部にあった**高句麗**は，しばしば**隋・唐の侵略**を受けたが，これを撃退して独立を保っていた。

(2) 百済と日本の緊密化

百済…百済は北から高句麗，東から新羅の圧迫を受けたため，これに対抗して**日本の大和政権（大和朝廷）**との結びつきを強めた。

(3) 新羅と唐の連合

① **新羅**…新羅は北方の高句麗に対抗するため，**唐との結びつき**を強めた。

② **百済の滅亡**…660年，唐・新羅連合軍の攻撃を受けた**百済は滅亡**した。このとき，百済の王族の中には，日本に逃げてくるものもあった。

③ **高句麗の滅亡**…**高句麗**は661年以後，唐・新羅連合軍の攻撃をしばしば受け，内部対立も加わって668年にほろんだ。

(4) 新羅の朝鮮統一

① **新羅の統一**…百済・高句麗の滅亡後，朝鮮はしばらく唐の占領下に置かれていた。しかし唐の支配に反対する戦いが各地でおこり，676年には唐の勢力の追い出しに成功し，**新羅による朝鮮半島の統一**が実現した。

② **新羅の政治**…新羅は唐の律令制度にならい，支配のしくみを整えた。また**仏教を保護**したので仏教文化が栄えた。

③ **新羅と日本**…新羅は唐と緊張関係にあり，日本とは良好な関係を保とうと，しばしば**使節を派遣**してきた。

統一の遅れていた伽耶諸国も6世紀中ごろには百済・新羅の支配下に組み込まれたよ。

◖6世紀前半の朝鮮

◖石窟庵の石仏（世界遺産）

③ 聖徳太子の政治

聖徳太子(厩戸皇子)は蘇我馬子と協力し,大王(天皇)中心の中央集権国家の建設を目指した。

> **Key Word** 蘇我氏 物部氏 聖徳太子(厩戸皇子) 推古天皇 摂政 冠位十二階 十七条の憲法 遣隋使 小野妹子

(1) 6世紀の日本

▶大臣と大連

6世紀になると,朝廷内で豪族の力が強まり,**大臣**(葛城氏・蘇我氏)や**大連**(大伴・物部氏)として勢力をふるうものも現れた。

① **地方豪族の反乱**…527年,筑紫の国造の磐井が反乱をおこし,これを大和政権がしずめる。

② **蘇我氏と物部氏との対立**…大伴氏の勢力がおとろえると,物部氏と蘇我氏が対立した。587年,**蘇我氏は聖徳太子ら**とともに**物部氏をほろぼし**,権力を確立した。

(2) 聖徳太子の政治

593年に聖徳太子は,おばである**推古天皇の摂政**となり,蘇我氏と協力して,**天皇を中心とする政治制度**の整備につとめた。

① **冠位十二階**…天皇があたえる**かんむり**の種類で朝廷内の地位である**位階**を示し,従来の家柄(氏や姓)にとらわれることなく**有能な人物**を取り立てようとした。

② **十七条の憲法**…豪族どうしの争いをいさめ,天皇の命令には従うこと,仏教を敬うことなど**役人の心構え**を示した。

③ **遣隋使**…東アジアでの日本の立場を有利にし,また中国の進んだ制度や文化を取り入れるため,**607年,小野妹子**を隋に派遣した。翌年には多くの留学生や僧を派遣した。

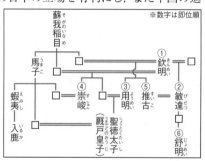

くわしく

国造
地方豪族に与えられた地位で,地方の役人のこと。大化の改新後は郡司となる。

注目!

蘇我氏と大王家
蘇我氏など大臣となる家柄の豪族は,大王家と婚姻関係を結び,地位を強化した。

史料 十七条の憲法(一部の要約)

一に曰く,和を以て貴しとなし,さからうことなきをむねとせよ。
二に曰く,あつく三宝を敬え。三宝とは仏法僧のことである。
三に曰く,詔をうけたまわれば,必ずつつしめ。

④ 飛鳥文化

7世紀前半，飛鳥文化とよばれる仏教文化がおこった。

Key Word 飛鳥文化　四天王寺　法隆寺　飛鳥寺
飛鳥寺釈迦如来像　法隆寺釈迦三尊像

(1) 仏教の伝来

仏教公伝…仏教が公式に伝えられたのは6世紀中ごろ，**百済**によってである。伝統的信仰を守る立場から仏教をしりぞけようとする**物部氏**などの勢力もあったが，**聖徳太子**や蘇我氏は積極的に仏教を受け入れようとした。

(2) 飛鳥文化

　聖徳太子や蘇我氏が活躍した6世紀末～7世紀前半には，都のあった**飛鳥地方**を中心に，多くの仏教寺院が建てられ，**飛鳥文化**とよばれる**仏教文化**が栄えた。

① 建築…聖徳太子の建てた**四天王寺**や**法隆寺**，蘇我氏の建てた**飛鳥寺**（法興寺）などがある。法隆寺は**現存する世界最古の木造建築物**。中門・金堂などの柱には，ギリシャ建築の**エ
ンタシス**とよばれるふくらみがある。

② 彫刻…**飛鳥寺**の**釈迦如来像**，**法隆寺**の**釈迦三尊像**・**百済
観音像**などが有名。

③ 国際性…寺院の建築や仏像の
製作にあたったのは，おもに渡
来人やその子孫である。飛鳥文
化は，百済・高句麗など朝鮮半
島の影響だけでなく，**南北朝時
代の中国・ペルシャ**などの西ア
ジアやギリシャの文化の影響も
みられる。

●法隆寺五重塔（世界遺産）

くわしく

仏教の伝来
　「元興寺縁起」などによれば，538年に百済の聖明王が，欽明天皇に仏像・経典などを贈ったとあり，これが仏教の公式の伝来とされる。なお「日本書紀」は，このできごとを552年のこととしている。

●法隆寺釈迦三尊像

鞍作鳥（止利仏師）は法隆寺の釈迦三尊の作者で，渡来人の子孫であるといわれているんだよ。

⑤ 大化の改新

645年，中大兄皇子・中臣鎌足らが蘇我氏をほろぼし，大化の改新を行う。

Key Word 蘇我入鹿　中大兄皇子　中臣鎌足　蘇我氏の滅亡
大化の改新　改新の詔

(1) 蘇我氏の独裁

　　聖徳太子の死後，蘇我蝦夷・入鹿父子の勢いが強大化する。聖徳太子の子の山背大兄王が蘇我氏によってほろぼされると，蘇我氏に対する反発はいっそう高まった。

① **緊張する朝鮮半島情勢**…7世紀にはいると，唐が高句麗を攻撃するなど，朝鮮半島の緊張が高まった。

② **蘇我氏の滅亡**…645年，中大兄皇子(後の天智天皇)は**中臣鎌足**(後の藤原鎌足)らとともに，蘇我入鹿を暗殺した。これを知った蝦夷は自殺し，蘇我氏は滅亡した。

(2) 大化の改新

　　天皇を頂点とする**中央政権国家建設**を目指す。

① **新しい政治**…蘇我氏の滅亡後，**中大兄皇子**は孝徳天皇の皇太子として政治の実権をにぎった。皇子は，鎌足や唐から帰国した留学生らの協力を得て政府の組織を整え，**天皇への権力の集中**を目指した。

② **改新の詔**…大化の改新の翌年646年，新政権は4か条からなる「改新の詔」を出し，政治革新の方針を示した。

くわしく

留学生・学問僧
　遣隋使とともに中国に渡った旻が帰国したのは632年，高向玄理の帰国は640年である。隋の滅亡と，律令にもとづく唐の強大化をみてきたかれらが，中央集権国家の実現にはたした役割は大きい。

このとき，大化という年号が初めて定められたことが「日本書紀」には記されているよ。

史料　改新の詔の内容
1. 天皇や豪族が土地と人民を私有してきたしくみは廃止し，高官には給料を支給する。
2. 都と地方の行政組織を整える。
3. 戸籍・計帳をつくり，それにもとづき人民に田をあたえる。
4. 労働力の徴発にかえ，新しい税制を行う。

コラム　## いつから「日本」「天皇」が使われたのか？

　倭国から日本国へ，また大王から天皇へ，いつ変わったのか，はっきりとした記録は残っていない。ただ，壬申の乱を勝ち抜いた天武天皇を「神」にたとえる和歌が多く残されており，それまでとは異なる強い権力をもっていたことがわかる。また701年に制定された大宝律令には「日本の天皇」とあり，

遅くともこの頃には日本国号や天皇号が正式に定められていたと考えられる。日本国号については，中国の歴史書である『旧唐書』に「その国，日辺にあるを以て，故に日本を以て名となす」などとあり，遣唐使の際に日本国号が使われていたと考えられる。

⑥ 律令国家の成立

壬申の乱に勝利した天武天皇・持統天皇により律令国家の建設が推進された。

> **Key Word** 白村江の戦い 天智天皇 庚午年籍
> 壬申の乱 天武天皇 持統天皇 藤原京

(1) 改新政治のその後

中大兄皇子は，孝徳天皇の死後も皇位につかず，母をふたたび立てて斉明天皇とした。

① **白村江の戦い**…663年，日本は百済の復興を支援するため，朝鮮半島へ出兵したが，**白村江の戦い**で敗れた。

② **天智天皇の即位**…白村江の敗戦後，唐軍の来襲を恐れ，西日本の防衛を固めた。667年，都を飛鳥から**近江大津宮**に移した。翌年，**中大兄皇子**は即位して**天智天皇**となり，**庚午年籍**とよばれる初めての戸籍をつくり，近江令を制定するなど政治改革を促進した。

③ **壬申の乱**…天智天皇の死後，子の大友皇子と天智天皇の弟の**大海人皇子**との間で皇位をめぐって**壬申の乱**がおこった。これに勝利した**大海人皇子**は飛鳥浄御原宮で即位し，**天武天皇**となった。

(2) 天武・持統朝の政治

① **天武天皇**…**天武天皇**は，即位すると豪族に対して強い態度で臨み，天皇の地位を高め，**飛鳥浄御原令**を制定するなど新しい政治制度をつくり上げていった。

② **持統天皇**…天武天皇の事業は，妻の**持統天皇**に引き継がれる。飛鳥浄御原令の施行により，中央集権国家にふさわしい恒久的な都が必要となり694年**藤原京**に遷都した。

▲ 水城の構造

▲ 壬申の乱の関係地図

（参考）
大君は神にしませば
・大君は　神にしませば　赤駒の腹這う田居を　京師と成しつ
・大王は　神にしませば　水鳥のすだく水沼を　都と成しつ
（『万葉集』）

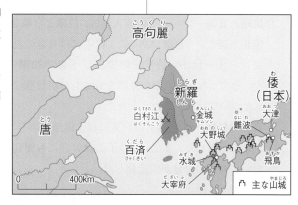

33

⑦ 大宝律令

701年に完成した**大宝律令**は，律・令ともに備わった最初の法典である。

🔑 Key Word ▶ **大宝律令　律令国家　太政官　神祇官　国司
郡司　貴族　富本銭**

(1) 大宝律令の完成

① **律令**…初め，中国でできた法律。律は**刑罰に関するきまり**で，令は**政治のしくみや政治の進め方についてのきまり**のこと。

このきまりを使って統治を行った国家を**律令国家**という。

② **大宝律令**…**701年**，唐の律令にならった**大宝律令**が完成した。718年には**養老律令**が制定されたが，内容的には大きな変更点はない。

(2) 律令政治のしくみ

① **中央政治組織**…中央には**神祇官**と**太政官**が置かれ，太政官の下には8つの省があった(**二官八省**)。政策の決定は，太政大臣・左大臣・右大臣などの合議があった。

② **地方政治のしくみ**…地方は国と郡に分けられ，**国司**と**郡司**がそれを治めた。国司には**中央の貴族**が，郡司にはその**地方の豪族**が任命された。

(3) 律令政治と貴族

① **位階と官職**…律令制下の**官人制**は，位階と官職をもととし，官位相当制という原則があった。位階には身分の高低を表し，最高位の正一位から最下位の少初位下まで**30階**に分かれていた。そのうち五位以上の位階をもつものが**貴族**である。位階にもとづいて官職があたえられた。

② **貴族の特権**…五位以上の官人には，位階に応じて田地や給料があたえられた。また，その子弟は昇進にも便宜が図られ，しだいに**貴族**の身分が固定化した。

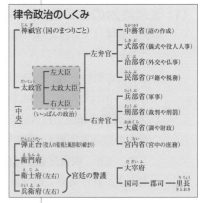

律令政治のしくみ

- 神祇官(国のまつりごと)
- 太政官
  - 左大臣
  - 太政大臣
  - 右大臣
  - (いっぱんの政治)
    - 左弁官
      - 中務省(詔の作成)
      - 式部省(儀式や役人人事)
      - 治部省(外交や仏事)
      - 民部省(戸籍や税務)
    - 右弁官
      - 兵部省(軍事)
      - 刑部省(裁判や刑罰)
      - 大蔵省(調や財政)
      - 宮内省(宮中の庶務)
- 弾正台(役人の監視と風俗取り締まり)
- 衛門府
- 衛士府(左右)
- 兵衛府(左右) 〕宮廷の警護
- 大宰府
- 国司—郡司—里長

くわしく

神祇官と太政官

律令では神祇官と太政官が並立しているが，神祇官の長官の官位は八省の長官の官位より低く定められており，二官は同格ではない。

◆**富本銭**

このころ富本銭という日本で最初の銅銭がつくられたんだ。

34

⑧ 平城京

710年, 奈良盆地の北部に唐の長安にならって, 平城京が造られた。

📍 **Key Word** 　平城京　条坊制　朱雀大路　和同開珎　多賀城
蝦夷　大宰府

(1) 平城京遷都

710年, 唐の**長安**にならった都が完成して**平城京**と命名され,
元明天皇が都を移した。平城京で政治が営まれた80年余りを奈
良時代という。

① **都のようす**…広い道路でごばんの目にくぎられ(**条坊制**), 天
皇の住まいと役所のある**大内裏**から南北にのびる**朱雀大路**
は, はば約70m, 長さは約3.7kmであった。

② **貴族の邸宅**…貴族の屋敷も都の中に割り当てられた。貴族は
出身地を離れて都市生活をすることになった。

③ **東西の市**…都で消費されるものは, 調・庸などの形で**地方か
ら都へ集められ, 平城京内の東西の市で取引された。取引は
布や稲を介した**物々交換**に近かったが, 朝廷は**和同開珎**な
ど貨幣の**流通**も奨励した。

(2) 都と地方

① **道路と整備**…都と地方の**国府**を結ぶ**道路**が整備され, 役人の
往来や**税や特産物の運搬**に利用された。道路には**駅**が設けら
れ, **駅馬**(乗りつぎ用の馬)が置かれた。

② **支配の拡大**…朝廷は東北地方に住む人々を
蝦夷とよび, これを従わせようとして**多賀城**や
秋田城を築いた。また九州北部には**大宰府**が置

かれ, 九州南
部の**隼人**や南
西諸島の人々
も朝廷の支配
下に入った。

▲ 復元された大極殿

中央集権の政治のし
くみが整うにつれ,
藤原京は手ぜまにな
り, 平城京に遷都し
たんだ。

参考

和同開珎
和同開珎は, 唐の通貨にならって
つくられた貨幣で, 鋳造は, 都の
造営に徴発した人への労賃にあて
るねらいもあったと考えられる
が, あまり流通しなかった。

▲ 和同開珎　　　　日銀金融研究所

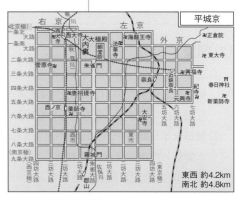

平城京

東西 約4.2km
南北 約4.8km

35

❾ 班田収授法と農民

律令制下では，戸籍をつくって人々に土地を分けあたえ，租・調・庸などを負担させた。

(1) 班田収授法

① **戸籍**…人々は，6年ごとにつくられる戸籍に登録され，**良民**（公民など）と**賤民**（奴婢など）に分けられた。

② **班田収授法**…戸籍に登録された**6歳以上の男女には口分田が**あたえられ，死ぬと国に返された。班田は6年に1度行われ，男子には2段，女子にはその3分の2が口分田としてあたえられた。

(2) 律令制下の人々の負担

人々は口分田の面積に応じて**租**を納めたが，成人男子には，年齢に応じて調・庸などの税のほか，労役や兵役なども課せられた。

租	稲を納めるもので，税率は**収穫高の約3%**であった。
調	17歳以上の男子が絹糸や**地方の特産物**を納めた。
庸	21歳以上の男子が**労役にかわり布**を納めた。調・庸は都へ納めたが，運搬も農民の負担であった。
雑徭	17歳以上の男子が，**年間60日**，国司の下で労働にあたった。
兵役	21歳以上の男子に1年間の兵役が課せられたが，**防人**として3年間，北九州の防衛のあたるものもいた。

(3) 開墾

① **逃亡**…農民は，都の造営などの土木工事にもかり出された。負担に苦しむ農民の中には労役の現場から**逃亡**するものや，口分田を捨てて浮浪人となるものも現れた。

② **墾田永年私財法**…口分田が不足してくると，743年，国は新しく開墾した土地は永久に私有してもよいとする**墾田永年私財法**を出し，農民に開墾を勧めた。

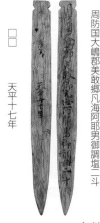

周防国大嶋郡美敢郷凡海阿耶男御調塩二斗

天平十七年

□□

🔺 調の納入を示す木簡

参考
公出挙
国司は春になると農民に種もみを貸し付け，収穫時に利息を付けて回収した。生産を援助する制度であるが，実態は税に近く，利率は5割と租に比べると著しく高率であった。

史料　貧窮問答歌（一部）
—山上憶良—

海草のようなボロの着物をきて　傾いた家の中で地べたにわらをしいて　父母は枕の方に妻や子は足の方にうずくまってなげいている　飯をたくかまどにはクモの巣がはっている　それなのにムチをもった里長が税をとりたてるために　戸口でどなっている　こんなにもつらいものか　生きていくということは…

⑩ 天平文化

奈良時代の文化は,聖武天皇の時代に栄えて天平文化とよばれ,唐の文化の影響が強い。

📖 Key Word 　天平文化　聖武天皇　国分寺　東大寺

正倉院　古事記　日本書紀　風土記　万葉集

(1) 天平文化

天平文化…奈良時代,朝廷は唐の制度や文化を取り入れようと,**遣唐使**や留学僧をたびたび中国に送った。このため唐の文化が日本に流入し,**平城京を中心に仏教や唐の文化の影響を受けた文化**が栄えた。**聖武天皇**の治世(724〜749年)を中心とする時代に栄えたことから**天平文化**という。

(2) 東大寺と国分寺

① **国分寺**…聖武天皇と光明皇后は深く仏教を信じ,仏教の力で国家を守ろうと考え,国ごとに**国分寺**と**国分尼寺**を建てさせた。

② **大仏**…平城京には総国分寺として**東大寺**を建て,金銅の**大仏**をつくった。聖武天皇に依頼された行基も大仏造立に協力した。現在のものは座高約15m,江戸時代につくられた。

③ **正倉院宝物**…東大寺の**正倉院**の宝庫には,**聖武天皇・光明皇后**の遺品が納められているが,中には**シルクロード(絹の道)**を経由して西アジアやインドより伝えられたものもある。

(3) 書物の編さん

① **古事記・日本書紀**…8世紀には,神話や伝承,記録などをもとに日本の成り立ちをまとめた「**古事記**」「**日本書紀**」がつくられた。

② **風土記**…諸国に命じて自然・産物・伝承などを記した「**風土記**」を提出させた。

③ **万葉集**…漢詩文や和歌などの文芸もさかんになり,奈良時代末には約4500首の和歌を集めた「**万葉集**」が編さんされた。この和歌集には,天皇や貴族ばかりでなく,**防人や農民の歌**も収められている。

📖 くわしく
遣唐使と鑑真
　遣唐使は,630年から894年の停止までに十数回派遣された。
　鑑真は唐の高僧で盲目になりながらも来日し,律宗を伝え,唐招提寺を開いた。

▲東大寺大仏(世界遺産)

▲5本のげんを付けた琵琶

⑪ 平城京から平安京へ

平安京に遷都した桓武天皇は，律令政治の立て直しを強力に進めた。

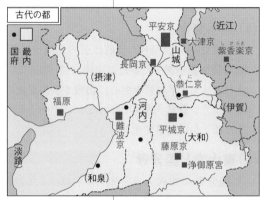

📍 Key Word 桓武天皇　平安京　坂上田村麻呂
班田制の崩壊　最澄　天台宗　空海　真言宗

(1) 奈良時代の政治

　奈良時代には，藤原氏の勢いが強まり，対抗する皇族・貴族・僧侶との間で権力争いがおこり，政治が混乱した。

(2) 桓武天皇

　天智系の光仁天皇が即位し，その子が桓武天皇である。

① **平安京**…桓武天皇は，784年に平城京から**長岡京**に都を移し，**794年には現在の京都の地に平安京をつくった**。遷都にあたっては，旧勢力との決別のため，平城京からの寺院の移転は許さなかった。**平安京が定められてから，鎌倉幕府が成立するまでの約400年間を平安時代という**。

② **東北地方への遠征**…桓武天皇は，新しい都の建設と**蝦夷の平定事業への集結**により，律令国家の再建をはかった。東北地方に**坂上田村麻呂を征夷大将軍**として派遣し支配地を拡大した。

③ **地方政治のひきしめ**…国司の監督強化と6年に1度の班田を，12年に1度に改めて**班田の実施**に務めた。

(3) 最澄と空海

　平安時代の初めに，仏教にも新しい動きがおこり，まじないや祈とうにより貴族に重んじられるようになった。

① **最澄**…唐留学から帰国した**最澄は比叡山に延暦寺を建てて天台宗**を開いた。

② **空海**…空海は高野山に金剛峯寺を建てて**真言宗**を開いた。

人民を個別に把握することは困難となり，10世紀になると班田収授は完全に崩壊したんだ。

⑫ 摂関政治

藤原氏は娘を天皇のきさきとし，摂政，関白の地位について政治を行う。

📍Key Word　摂政　関白　摂関政治　藤原道長　藤原頼通
荘園　公領

(1) 摂関政治

① **藤原氏の台頭**…9世紀になると，藤原氏は天皇家との親戚関係を強化するとともに，対抗する**ほかの貴族をしりぞけて**，朝廷の高位高官を**独占**するようになった。

② **摂政・関白**…10世紀中ごろから，天皇が幼いときには**摂政**，成人してからは**関白**が置かれるのが常態となった。天皇の**外戚**である**藤原氏**が摂政あるいは関白として政治を行うしくみを**摂関政治**という。

③ **藤原道長**…藤原道長は996年から1016年まで左大臣の位にあり，**娘4人を天皇のきさき**として**勢力**をふるったが，摂政についたのは1年あまりで，関白にはなっていない。この**道長**と子の**頼通**（50年近く，関白の職にあった）のころが摂関政治全盛期であった。

(2) 地方政治

① **国司に地方政治を一任**…摂関政治の時代，朝廷は律令にもとづく地方政治に熱意を失っていった。国司は一定額の税を朝廷に納めればよく，**地方の政治は国司にまかせきり**になった。

② **地方の有力農民**…10世紀ごろになると，地方の有力農民の中には土地に対する権利を強めるものが増えていった。有力農民は貴族や寺社の私有地の耕作を請け負ったり，その勢威を借りて**税の免除**を国司に認めさせたりした。

③ **荘園**…貴族や寺社の私有地を荘園という。

④ **公領**…荘園に対し国司の支配下にある土地を公領といった。公領においても有力農民に耕作を割り当て，税の徴収を請け負わせるなど，実態は荘園とあまり変わらなかった。

🔺源氏物語絵巻

（参考）

藤原氏を中心とする都の貴族は，荘園から得た多大な収入をもとに，華やかな生活を営んだ。

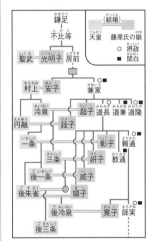

🔺藤原氏と皇室の系図

⓭ 文化の国風化

唐の文化を消化し，平安時代の中ごろから日本風の国風文化が発達した。

> 🔑 **Key Word** 　菅原道真　国風文化　寝殿造　大和絵
> かな文字　古今和歌集　源氏物語　枕草子　浄土信仰

(1) 遣唐使の停止

　菅原道真…唐は国内政治の乱れから9世紀にはおとろえた。このため894年，菅原道真の提案で**遣唐使を停止**した。

(2) 国風文化

　遣唐使の停止のころから，それまでの唐の文化を消化しながら，日本の風土や生活にあった**国風文化**とよばれる文化が発達した。
　① **建築**…貴族の住居は美しい庭園をもつ**寝殿造**。
　② **絵画**…日本の風景や人物をえがいた**大和絵**が現れ，物語と結びついた絵巻物も生まれた。
　③ **文学**…日本語を発音通りに表記できる**かな文字**ができ，多くの文学作品が書かれた。**紀貫之**は「**古今和歌集**」にかなで序文を書き，摂関政治の全盛期には**紫式部**の「**源氏物語**」や清**少納言**の「**枕草子**」など女性による文学作品が生まれた。

(3) 浄土信仰の流行

　浄土信仰…摂関政治のころは，社会が乱れ人々の不安が高まった。このため，念仏を唱えて阿弥陀如来にすがれば，死後に極楽浄土に生まれ変われると説く**浄土の教え**がおこり，**貴族の間に流行し，藤原頼通は平等院鳳凰堂**を建てた。

11世紀の東アジア

遼 916〜1125
女真（刀伊）
開京
高麗 918〜1392
京都
汴京
開封
応天府
宋（北宋）960〜1120
揚州
臨安
明州
坊津
泉州

—— 日宋交通路
—— 刀伊の入寇

かたかな
阿	▶	ア
伊	▶	イ
宇	▶	ウ
江	▶	エ
於	▶	オ

ひらがな
安	▶	安	▶	あ	▶	あ
以	▶	以	▶	い	▶	い
宇	▶	宇	▶	う	▶	う
衣	▶	衣	▶	む	▶	え
於	▶	於	▶	お	▶	お

🔺 かな文字の発達

📖 **くわしく**

かなのおこり

　漢字のへんやつくりから生まれたのがカタカナで，漢字をくずした草書からできたのがひらがなである。

🔺 平等院鳳凰堂（世界遺産）

つまりこういうこと

- **蘇我氏**は，大和政権(大和朝廷)の財政や外交を担当して力をつけた豪族である。
- **聖徳太子**(厩戸皇子)は，推古天皇の**摂政**として，蘇我馬子とともに天皇中心の国づくりを進めた。
- 聖徳太子は，才能や功績のある人物を登用する**冠位十二階**と役人の心得を示した**十七条の憲法**を制定した。
- 遣隋使として**小野妹子**らが派遣された。
- 聖徳太子は，飛鳥に**法隆寺**を，大阪に四天王寺を建てた。
- 中国で隋がほろぶと，新たに**唐**が建国され大帝国となった。
- 日本では中国伝来の法律である**律令**を参考に国家体制をつくった。
- 645年，蘇我氏をほろぼした**中大兄皇子**(後の天智天皇)，中臣鎌足(後の藤原鎌足)らは，**大化の改新**とよばれる新しい政治を始めた。
- 中大兄皇子は大津宮で即位し，**天智**天皇となった。
- **壬申の乱**で勝利した大海人皇子が**天武天皇**として即位した。
- **班田収授法**では，6歳以上の男女に口分田が分けあたえられた。
- 701年，唐の法律にならって，**大宝律令**がつくられた。
- 710年，唐の長安にならった新しい都が完成し，**平城京**と名づけられた。
- 農地を増やすために**墾田永年私財法**が出され，土地の私有が認められた。
- 貴族や寺院が開墾した私有地は**荘園**とよばれた。
- 「**万葉集**」には，天皇や貴族，農民や防人の和歌が収録されている。
- 各地の産物や伝説，自然を記した『**風土記**』が編纂された。
- 聖武天皇の時代に栄えた文化は**天平文化**とよばれた。奈良の**東大寺**の大仏は天平文化の代表的な文化財である。
- 794年，**桓武**天皇は，現在の京都に**平安京**をつくり，律令国家の再建に努めた。
- **最澄**は，比叡山に延暦寺を建てて，**天台宗**を開いた。
- **菅原道真**は，唐の衰退などを理由に遣唐使の停止を提案した。
- 唐がほろんだ後にできた国で，中国統一を果たしたのは**宋**である。
- 幼い天皇を後見したのが**摂政**で，天皇の成人後に補佐をしたのが**関白**である。
- 摂関政治のころ，地方政治は地方官の**国司**に任せきりであった。
- 11世紀前半，**藤原道長・頼通**父子のとき，**摂関政治**の最盛をむかえた。
- 紀貫之などがまとめた「**古今和歌集**」は，国風文化を代表する和歌集である。

1 古代の政治 ≫p.30〜34

次の文章を読んで，あとの問いに答えなさい。

　6世紀末に推古天皇の（　a　）となった聖徳太子は，ｂ有力な豪族の協力のもとに政治を行った。ｃ隋に使者を送って国交を開いたほか，仏教や儒教の思想を取り入れた（　d　）を制定して役人の心得とするなど，新しい国家のあり方を示した。こうした太子の理想は，やがてｅ大化の改新や天武天皇の政治をへて，ｆ律令制にもとづく中央集権国家というかたちで実現した。

(1)　文章中の空欄ａにあてはまる語句を書きなさい。　　　　　　　　　〔　　　　　　　〕
(2)　下線部ｂについて，この豪族の名を次のア〜エから１つ選びなさい。　　　〔　　　〕
　　ア　物部氏　　イ　蘇我氏　　ウ　藤原氏　　エ　中臣氏
(3)　下線部ｃについて，607年，隋に派遣された人物を書きなさい。　〔　　　　　　　〕
(4)　空欄ｄにあてはまる語句を次のア〜エから１つ選びなさい。　　　　〔　　　〕
　　ア　十七条の憲法　　イ　冠位十二階　　ウ　改新の詔　　エ　飛鳥浄御原令
(5)　下線部ｅについて正しく説明している文を，次のア〜エから１つ選びなさい。　〔　　　〕
　　ア　土地・人民を公地・公民とし，戸籍をつくりあげた。
　　イ　中大兄皇子らが藤原氏をほろぼして進めた。
　　ウ　東北に住む蝦夷を従わせるため，多賀城を築いた。
　　エ　地方を治める国司として，中央の貴族を派遣した。
(6)　下線部ｆについて正しく説明したものを，次のア〜エから１つ選びなさい。　〔　　　〕
　　ア　8世紀には日本の律令制がととのい，二官八省のしくみができあがった。
　　イ　桓武天皇が中心となって日本の律令制が完成された。
　　ウ　九州を守るために国府が置かれ，防人がその任務にあたった。
　　エ　6年ごとに戸籍がつくられ，男子のみに口分田が与えられた。

2 7世紀の東アジアと日本 ≫p.28・29

　7世紀の東アジアと日本について述べた文章を読んで，文章中の空欄ａ〜ｃにあてはまる語句を，次のア〜エからそれぞれ選び，記号で答えなさい。

　朝鮮半島は6世紀後半から（　a　），（　b　），（　c　）の三国が争う時代が続いていたが，7世紀に隋にかわって中国を統一した唐が北方の（　a　）へたびたび侵攻するようになると，（　b　）が唐と結んで（　a　），（　c　）をほろぼした。（　c　）と結びつきの強かった日本は，（　c　）の復興を助けるため，大軍を送ったが，（　d　）の戦いで敗れた。

　　　　　　　　　　　a〔　　　〕　b〔　　　〕　c〔　　　〕　d〔　　　〕
　　ア　新羅　　イ　高句麗　　ウ　白村江　　エ　百済

3 奈良時代の政治と文化 >>p.35〜37

奈良時代について，あとの問いに答えなさい。

(1) 710年，元明天皇が藤原京から奈良に都を移した。この都は唐の都に似せてつくられたものである。この唐の都の名を答えなさい。〔　　　　　　　　　〕

(2) 奈良時代の農民は，律令制度のもとで多くの負担に苦しんだ。当時の農民の苦しさをよんだ歌の作者を次のア〜エから1つ選び，記号で答えなさい。〔　　　〕

　ア　大伴家持　　イ　紀貫之　　ウ　柿本人麻呂　　エ　山上憶良

(3) 8世紀の中ごろ，東大寺に大仏を建立した天皇の名と，この天皇のころに栄えた文化の名を答えなさい。また，この大仏を建立した最大の目的を次のア〜エから1つ選び，記号で答えなさい。

　　　　　　　天皇〔　　　　　　　〕　文化〔　　　　　　　〕　目的〔　　　〕

　ア　強大な権力を持っていることを，周辺諸国に示そうとした。

　イ　世の中が乱れる中，仏教の力で人々の不安を取り除こうとした。

　ウ　中国の皇帝から認めてもらい，天皇としての地位を高めようとした。

　エ　新しくおこってきた宗教に対抗しようとした。

(4) (3)の天皇は，743年に新たに開墾した土地は，永久に自分のものとしてよい，という法を定めたが，この法を何というか答えなさい。〔　　　　　　　　　〕

4 平安時代の政治と文化 >>p.38〜40

次の文章を読んで，あとの問いに答えなさい。

　桓武天皇は_a都を移して，_b律令政治の建て直しを図ったが，有力な貴族や寺社の荘園がしだいに増え，やがて班田収授も行われなくなっていった。その中で，全国に多くの荘園をもつようになった_c藤原氏が政治を行うようになった。

(1) 下線部aについて，このときに都が置かれた場所を答えなさい。〔　　　　　　　　　〕

(2) 下線部bについて，このために桓武天皇が行ったことを，次のア〜エから2つ選び，記号で答えなさい。〔　　　〕〔　　　〕

　ア　新しい都に寺院を置かなかった。　イ　身分に関係なく能力のある者を役人に取り立てた。

　ウ　東北地方に支配権を広げようとした。　エ　農民により厳しい税を課した。

(3) 下線部cについて，次の①，②に答えなさい。

　① 藤原氏による，天皇が幼い時は摂政，成人してからは関白となって行った政治を何というか，答えなさい。〔　　　　　　　　　〕

　② 藤原氏が全盛のころの文化の特色として，適切でないものを次のア〜エから1つ選び，記号で答えなさい。〔　　　〕

　ア　かな文字が発達し，女性の文学が生まれた。

　イ　インドや西アジアから様々な品物が伝わった。

　ウ　寝殿造の邸宅が建造された。　エ　大和絵とよばれる絵画が描かれた。

古代を図解!

図を見て古代で
学んだことを整理
しよう!

● 古代の外交の変化

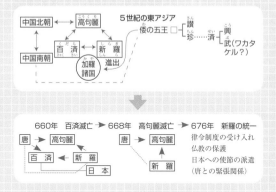

5世紀ごろの東アジアでは，朝鮮半島の伽耶に進出した倭が，高句麗や新羅と対抗するために，中国の南朝に遣使していました。その後，日本は1世紀にわたり，中国に遣使をしなくなり，7世紀のはじめごろ，聖徳太子のころより再度，遣使をするようになりました。しかし，日本と同盟関係であった百済が唐・新羅の連合軍にやぶれて滅び，高句麗も滅んで，日本の朝鮮半島に対する影響力は衰えました。

● 律令における役所のしくみ

律令のもとでは，都には神祇官・太政官の二官がおかれ，太政官の下には八つの省が置かれました。

地方は多くの国に区分され，国には都から国司が派遣されました。国の下には郡，里がおかれ，郡司には地方の豪族が任命されました。

また，九州地方の政治や外交・防衛にあたる大宰府が，現在の福岡県に置かれました。

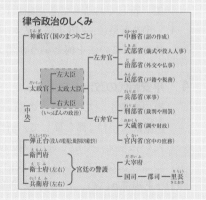

● 皇室と藤原家の系図

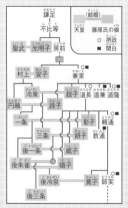

平安時代になると，藤原氏は娘を天皇のきさきにして，その子を次の天皇に立てることで外祖父（母方の祖父）となり，勢力をのばしました。藤原氏は摂政（天皇が幼いときなどに，代わって政治を行う役職）や関白（天皇の成人後に天皇を補佐した役職）の地位を独占し，政治の実権をにぎるようになりました。藤原氏が摂政・関白の地位を独占して動かした政治は，摂関政治と呼ばれます。

摂関政治の最盛期は，4人の娘を4人の天皇のきさきにし，「この世をば わが世とぞ思う 望月の欠けたることも 無しと思えば」という歌を詠んだ藤原道長と，道長の子で平等院鳳凰堂を建立したことで知られる藤原頼通の時代です。

第**2**章

中世の日本と世界

45

3 武士の成長と鎌倉幕府

🌏世界史　📘日本史政経　⛰日本史文化

時代	年代	できごと
平安時代	935	●平将門の乱（〜940）
	939	●藤原純友の乱（〜941）
	988	●尾張国の郡司・百姓らが国司の不法行為をうったえる
	996	●藤原道長，左大臣となる
	1051	●前九年合戦（〜1062）
	1069	●後三条天皇が荘園整理令を出す
	1083	●後三年合戦（〜1087）
	1086	●白河上皇が院政を始める
	1095	●北面の武士を設置する
		●藤原清衡，中尊寺を建立
	1156	●保元の乱
	1159	●平治の乱
	1167	●平清盛，太政大臣となる
	1171	●平清盛の娘徳子が，高倉天皇の中宮となる
	1177	●鹿ヶ谷の陰謀が発覚
	1179	●平清盛，後白河上皇の院政を停止する

📘 **武士**…土地の私有を進めた地方の有力者が武装，しだいに武芸を専門とする集団が形成された。武士は，地方に土着した皇族や貴族の子孫を棟梁として結集し，より大きな武士団を形成した。 ≫p.48 ①

📘 **平将門の乱・藤原純友の乱**…ほぼ同時期に東西で発生した2つの反乱は，地方の武士団の力を用いて平定された。 ≫p.48 ①

📘 **前九年合戦**…東北地方の豪族の反乱を，源頼義・義家親子が平定した。この後，源氏は東国に勢力をのばすことになった。 ≫p.49 ②

📘 **後三条天皇**…藤原氏と外戚関係をもたない後三条天皇は，自ら政治を行い，荘園の整理を進めた。 ≫p.50 ③

📘 **院政**…白河天皇は，退位した後も上皇の御所である院で政治を行った。天皇家の家長が，退位した後も政治的実権を保ち続けて行う政治を院政という。院政を支えたのは国司などの下級貴族。≫p.50 ③

📘 **保元の乱**…皇位をめぐる争いは，双方が武士を動員し，都を舞台とする戦闘に発展，武士が政治に進出するきっかけとなった。 ≫p.51 ④

📘 **平氏政権**…平治の乱で源氏を破った平清盛は，後白河上皇と結んで政治的力を強め，武士としてはじめて政権をにぎった。 ≫p.51 ④

時代	年代	できごと
平安時代	1180	●以仁王・源頼政が京都で挙兵，源頼朝が伊豆で挙兵，源義仲が木曽で挙兵
		●源頼朝，鎌倉に入り，侍所をおく
	1183	●平氏，西国へのがれる
		●源義仲，京へ入る
	1184	●源範頼・義経，京に入り，源義仲を敗死させる
鎌倉時代	1185	●壇ノ浦の戦いで平氏滅亡
		●源頼朝，守護・地頭の設置を認めさせる
	1189	●源頼朝，奥州藤原氏をほろぼす
	1192	●源頼朝，征夷大将軍となる
	1199	●東大寺南大門再建される
	1203	●北条時政，執権となる
	1219	●源実朝，公暁に殺される
	1221	●承久の乱
		●六波羅探題を設置
	1232	●北条泰時，御成敗式目を制定する

源頼朝の挙兵…以仁王の命令を受け，伊豆で兵をあげる。初戦は敗れるが，東国武士団の支持を集め，鎌倉を根拠地として関東の支配を固める。 >>p.52 **5**

守護・地頭…平氏滅亡後，頼朝は対立する源義経追討を名目として守護・地頭設置の権限を獲得。 >>p.53 **6**

征夷大将軍…後白河上皇の死後，頼朝はようやく武家政権の首長にふさわしいこの職に任じられた。 >>p.53 **6**

源氏の断絶…源氏の将軍が絶えると，執権の北条氏が最有力の御家人として政治を動かしていった。 >>p.54 **7**

承久の乱…源氏の断絶を機会に，後鳥羽上皇が北条氏打倒の兵をあげるが敗れ，隠岐に流される。以後，幕府の支配は西国にも及び，朝廷に対する影響力も強まる。 >>p.54 **7**

御成敗式目…最初の武家法で，御家人の権利や義務，裁判の基準を定める。 >>p.54 **7**

武士の生活…領地に住み，農業に従事するとともに武芸に励む。 >>p.55 **8**

農民の生活…荘園領主・地頭の双方から収奪を受けるが，牛馬耕の普及，畿内での二毛作の始まりなど生産力の向上もみられる。 >>p.55 **8**

鎌倉時代の文化…成長する武士の気風を反映し素朴で力強い文化。民衆の救済に力を入れる新仏教。 >>p.56 **9**

① 武士のおこり

武士は争乱の中で成長し，鎌倉幕府をつくり出す原動力となった。

 Key Word 　武官　都の武士　地方の武士　国司の軍事力
武士団　棟梁　平将門　藤原純友

武士は，土地をなかだちとする主従関係にもとづく新しい社会のしくみを生み出した。

(1) 都の武士

　武官…平安時代の中ごろに現れた**武官**は従者や領地の人民を武装させ，**御所や摂関家の邸宅の警護**などにあたった。

(2) 地方の武士

① **地方豪族の武装**…9世紀になると，開墾にはげんだ有力な農民の中には，地方豪族に成長するものが現れた。開墾により土地を拡大させ，他の豪族と対立すると，彼らは**土地を守るため，一族や従者を武装させた**。

② **国司による軍事力の編成**…国司は朝廷に一定額の税を納めることを条件に国内を支配した。国司は武装した豪族を**国の軍事力**として組織したが，国司に対抗する勢力も組織化し，**武芸を専門とする武士**が生まれた。

(3) 武士団の形成

① **棟梁**…武士は，土着した国司の子孫などを**棟梁**にいただいて結合を強め，より大きな**武士団を形成**した。

② **平将門の乱・藤原純友の乱**…10世紀中ごろ，関東では**平将門**が，瀬戸内海では**藤原純友**が周辺の武士を率いて反乱をおこした。これをしずめたのも地方の武士団であった。

参考
さむらい
武士は「さむらい」ともよばれる。「さむらい」の語源はさぶらふ(そうろう)で，身分の高い人の近くにいつも控えて身辺を警護したところから生まれたことばである。

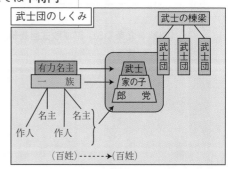

② 東の源氏と西の平氏

武士団は土着した国司や貴族の子孫をかしらとして，より大きな武士団を形成した。

> **Key Word** 清和源氏　前九年合戦　後三年合戦　源義家
> 奥州藤原氏　平泉　桓武平氏　白河上皇

(1) 源氏と奥州藤原氏

① **清和源氏**…清和天皇を祖とする**清和源氏**は，摂関家と結びついて武官としての地位を固めたが，関東地方や東北地方の戦乱をしずめて，**東国で勢力**を強めた。

② **源頼信**…国司を歴任した**源頼信**は，東国の武士団との間に主従関係を結び，源氏が東国に勢力を広げる基礎を築いた。11世紀前半には，反乱をおこした**平忠常**を屈服させた。

③ **源頼義・義家**…11世紀後半，東北地方でおこった**前九年合戦・後三年合戦**をしずめたのが**源頼義・義家**父子である。この戦いを通じて関東の武士団の多くは源氏と主従関係を結んだ。しかし，**源義家の強大化**を警戒した**白河上皇**は源氏をおさえようとし，また内紛もあって**都での源氏の勢い**はおとろえた。

④ **奥州藤原氏**…後三年合戦で源義家に協力した**藤原清衡**は，戦いの後，東北地方を支配下におさめ，**平泉**を根拠地に**奥州藤原氏**が栄える基礎を築いた。

(2) 平氏と白河上皇

① **桓武平氏**…桓武天皇を祖とする**平氏**は早くから関東地方に土着し，各地に勢力圏を広げた。しかし，**平将門の乱，平忠常の乱**の後，**関東の平氏の勢力はおとろえた**。

② **伊勢平氏**…平将門の乱をしずめた平貞盛の子孫が伊勢国司に任命されると，平氏は**伊勢・伊賀を本拠地**に勢力を回復していった。

③ **白河上皇**…**白河上皇**は源氏と対抗させるため，伊勢平氏を重用した。平氏は瀬戸内海の海賊平定を命じられ，**西国の武士を組織し勢い**をのばした。

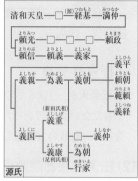

▲ 源氏の系図

源氏も平氏も天皇の血すじなんだね。

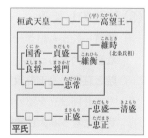

▲ 平氏の系図

③ 院政

退位した天皇が，天皇家の家長として政治を行うしくみを院政という。

Key Word 後三条天皇　白河上皇　院政　院　院宣　僧兵
延暦寺　興福寺

院とは，上皇のすまいをいうんだよ。

(1) 後三条天皇

　後三条天皇…1068年即位した**後三条天皇**は，藤原氏と外戚関係をもたない天皇であった。後三条天皇は関白にまかせず**自ら政治を行い**，財政の立て直しをはかった。

(2) 白河上皇と院政の開始

① **白河上皇**…白河天皇は自分の子孫に皇位を伝えるため，1086年，8歳の堀河天皇に位をゆずった。

② **院政の開始**…白河天皇は退位して**上皇**になった後も，上皇の**御所である院で政治**を行った。これを**院政**という。上皇は法や慣例にしばられずに政治を行った。

(3) 院政のしくみ

① **院宣**…院から出される文書 (**院宣**)は，**朝廷の政策決定に大きな影響力**をもった。

② **院と荘園**…鳥羽院政期は荘園整理に消極的で，また院の出す文書で荘園設立を認めたこともあって，院に荘園が集中し，**貴族・寺社とならぶ大荘園領主**となった。

③ **院と武士**…院と大寺院との間にはしばしば対立が生じた。大寺院の中には**延暦寺**や**興福寺**のように**僧兵**とよばれる武装集団をもつものもあった。院は平氏や源氏などの武士を使って大寺院の実力行使に対抗したため，しだいに**武士が力を強める**こととなった。

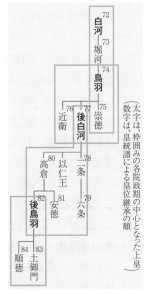

◎院政関係略系図

◎僧兵

50

④ 平氏の政権

保元の乱,平治の乱を経て,平氏は武士として初めて政権をにぎった。

Key Word 保元の乱　崇徳上皇　後白河天皇　平治の乱
源義朝　平清盛　太政大臣　日宋貿易

(1) 保元の乱

保元の乱…1156年,**後白河天皇**と崇徳上皇が対立し,これに摂関家内部の対立が加わり,武力衝突に発展した。**保元の乱**は後白河天皇側の勝利に終わったが,武士は急速に力をつけ,平清盛は官位を上昇させた。

(2) 平治の乱

平治の乱…保元の乱の後,後白河天皇は退位して院政を始めた。1159年,後白河上皇の側近の間での対立から藤原信頼が 源 義朝とともに挙兵したが,**平清盛**の軍に敗れた。これを**平治の乱**という。この結果,**平清盛が政治の実権**をにぎることになった。

(3) 平氏の政権

① **平清盛**…平治の乱後,後白河上皇との結びつきを強め,1167年に武士として初めて**太政大臣**となった。太政大臣はまもなく辞任したが,娘の徳子を天皇のきさきとし,一族で高位高官を独占した。

② **平氏の財政基盤**…平清盛は摂関家の荘園の管理権を手に入れるとともに,一族で多くの**知行国**を支配した。

③ **日宋貿易**…平清盛は瀬戸内海航路と兵庫の港を整備し,**中国の宋とさかんに貿易を行い**,巨大な富を手にした。宋から輸入

された貴重な品々は院や天皇にも献上され,密接な関係の維持に役立った。

12世紀ごろの東アジア

金　高麗（コリョ）　日本　平安京　大輪田泊　揚州　大宰府　南宋　臨安　明州　——南宋との主な交通路　0　500km

保元の乱(1156年)				平治の乱(1159年)		
	天皇家	貴族	平氏	源氏	貴族	平源氏氏
勝者	後白河天皇	藤原忠通	平清盛	源義朝	藤原通憲	平重盛平清盛
敗者	崇徳上皇	藤原頼長	平忠正	源為朝源為義	藤原信頼	源義朝源義平

△ 保元の乱と平治の乱の
　対立関係図

△ 平治の乱*

くわしく

知行国制
　国司の任免権もふくめて一国に関する権益を特定の個人や寺社にあたえる制度で,院政時代にはその数が著しく増加した。院も多くの知行国をもっていた。

△ 厳島神社（世界遺産）

⑤ 源平の争乱

平氏の抑圧的な政治に対し，不満が高まり，源氏を中心とした各地の勢力が立ち上がった。

📍 Key Word ▶ 後白河上皇　源頼朝　富士川の戦い　源義仲
源義経　壇ノ浦の戦い

(1) 平氏の政権への不満

① 鹿ヶ谷の陰謀…一族で高位高官を独占して政治を行う平氏に対し，貴族や寺社の反感が高まり，1177年，平氏打倒をはかる**鹿ヶ谷の陰謀**がおこった。

② 後白河院政の停止…1179年には，**平清盛**が武力で**後白河院政を停止**させた。

③ 以仁王の挙兵…平清盛が娘の徳子を母とする**安徳天皇**の即位を強行すると，これを認めない**以仁王**は，1180年，諸国の源氏によびかけて挙兵した。

(2) 源平の争乱

① **源 頼朝**…富士川の戦いで平氏の大軍を破ったが，そのまま関東にとどまり，**鎌倉を本拠として**支配を固めた。

② **源義仲の入京**…木曽で挙兵した**源義仲**は，北陸方面で平氏軍を破り，1183年，京都を占領した。しかし後白河上皇や貴族の支持を得られず，1184年，**源義経**らの軍にほろぼされた。

③ **平氏の滅亡**…頼朝は，義経らを四国に派遣して，一ノ谷の戦い，屋島の戦いで平氏の軍を破り，1185年，**壇ノ浦の戦い**で**平氏を滅亡**させた。

🔺 源義経

義経は，一ノ谷の戦いや屋島の戦いを奇襲で勝利したんだよ。

🔺 源平の争乱

⑥ 鎌倉幕府とそのしくみ

1192年, 源頼朝は征夷大将軍に任命され, 名実ともに幕府が成立した。

> **Key Word** 侍所 政所 問注所 御家人 守護 地頭
> 征夷大将軍 御恩 奉公

(1) 鎌倉幕府とは

① **鎌倉幕府**…鎌倉を本拠とし, **鎌倉殿(将軍)** を頂点とする武家政権を鎌倉幕府という。

② **侍所**…**侍所**は御家人の統率を行う。長官は別当といい, のちに北条氏が政所別当とともに世襲した。

③ **政所**…**政所**は一般政務・幕府財政を行う。長官は別当といい, のちに**執権**とよばれ, **北条氏が代々地位を独占**した。

④ **問注所**…**問注所**は御家人に関する裁判, 訴訟事務を行う。長官は執事という。

(2) 鎌倉幕府の成立のあゆみ

1180年	**伊豆**で挙兵した頼朝は, 短期間で東国を制圧し**鎌倉**を本拠とした。
1183年	朝廷と交渉の結果, 頼朝は**東国行政権**を**獲得**した。
1185年	頼朝は**義経追討**のため朝廷にせまり, 諸国に**守護・地頭を置く権限**を獲得した(実質的な幕府の成立)。
1189年	頼朝は義経を保護した**奥州藤原氏**をほろぼした。

(3) 御家人制度

① **御家人**…鎌倉幕府を支えていたのは, 土地をなかだちに**鎌倉殿と主従関係を結んだ御家人**であった。

② **御恩**…鎌倉殿は御家人が先祖から受け継いできた領地を保障したり, 手柄に対しては新しい土地をあたえたりした。

③ **奉公**…御家人は戦時には一族を率いて出陣し, 平時には京都や鎌倉の警備をつとめた。

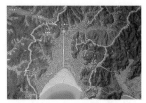
▲ 三方を山にかこまれた鎌倉

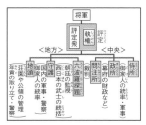
▲ 鎌倉幕府のしくみ

▲ 源頼朝(伝源頼朝像)

全国には御家人以外の武士も多かいたんだよ。

 コラム

鎌倉時代の始まりはいつか?

　鎌倉時代の始まりをいつにするかについては諸説がある。1185年に守護・地頭を置いた時期とい

う説や, 1192年に頼朝が征夷大将軍に任命された時期という説がある。

❼ 承久の乱

鎌倉幕府の執権の地位は，代々，北条氏に引き継がれた。

🔑 Key Word　執権　源実朝　承久の乱　後鳥羽上皇
六波羅探題　北条泰時　合議制　御成敗式目

(1) 北条氏の進出

　執権政治…源頼朝の死後，子の頼家が将軍となったが，**北条時政**が執権として政治の実権をにぎった。

(2) 承久の乱

① **源氏の断絶**…1219年，3代将軍**源実朝**が2代将軍頼家の子の公暁によって暗殺され，**源氏の将軍は断絶**した。その後は政治の実権は北条氏が保持し続けた。

② **承久の乱**…源氏断絶を機会に，**後鳥羽上皇**は朝廷に実権をとりもどそうとして兵を挙げた。これに対し**北条泰時**らが大軍を率いて上京し，上皇側を破った。

③ **乱後の処理**…幕府は**後鳥羽上皇**を隠岐（島根県）に流し，朝廷の監視と西国御家人の統制のため京都に**六波羅探題**を置いた。また，上皇側の貴族・武士の領地を取り上げ，東国の御家人を地頭として送り込んだ。

(3) 北条泰時

① **合議制**…北条氏は**執権**として幕府の主導権を確立し，**有力御家人による話し合い**を取り入れた。

② **御成敗式目**…執権北条泰時は，1232年，御家人の土地紛争の裁判などを公正に行うための基準として**御成敗式目（貞永式目）**を定めた。**御成敗式目の条文は平易でわかりやすく，武家社会の慣習**をもとにつくられた。

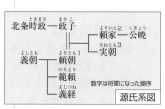

▲ 源氏の系図

乱後の朝廷と幕府関係
　承久の乱後，皇位継承や朝廷の人事にあっては幕府の同意が必要となり，しだいに幕府が朝廷を圧倒するようになった。

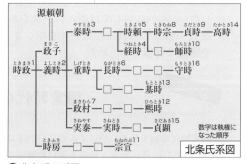

▲ 北条氏の系図

⑧ 武士と民衆

武士は農村に館を構え，土地の開発を進め，下人や農民を使って農業を経営していた。

Key Word 武士の館 武芸の訓練 下地中分 惣領
分割相続 二毛作 定期市

(1) 武士の住まい

武士の館…武士の館は塀や土塁で囲み，馬が飼われ，笠懸や流鏑馬，犬追物などの**武芸の訓練**の場もあった。

(2) 地頭の成長

① **地頭の荘園侵略**…有力な武士は，**地頭**として荘園や公領の秩序維持にあたった。しかし，しだいに地頭と**荘園領主**との間に所領をめぐる争いが増えた。

② **下地中分と地頭請**…争いは幕府の法廷で裁かれ，領主側と地頭側で土地を分割したり(**下地中分**)，地頭が年貢を請け負ったり(**地頭請**)するようになるなど，土地支配に対する**地頭の権利**は強まっていった。

(3) 武士の生活

惣領制…武士は**惣領**を中心に一族で行動した。地位や財産の主要部分は**惣領**が相続したが，残りの部分では**分割相続**が行われ，**女子の相続権**も認められた。

(4) 農民の生活

① **農民の負担**…地頭の中には新しい負担を課すものがあり，地頭の非法として農民が荘園領主側に訴える例もあった。

② **農業技術の発達**…**鉄製農具**がさらに普及し，**牛や馬の利用**も広まった。また草や木を焼いた灰(**草木灰**)が肥料として使われて生産力が高まり，**西日本の一部では二毛作**も始まった。

③ **定期市**…農村にも**手工業者**が住みつき，寺社の門前や交通の要地では**定期市**が開かれるようになった。

🔺 武士の館 (復元模型)

🔺 笠懸*

❾ 鎌倉時代の文化

新仏教は個人の救済に重点を置き，社会不安の中で民衆の間で広まっていった。

Key Word 法然　親鸞　栄西　道元　日蓮　新古今和歌集
平家物語　方丈記　徒然草　運慶

(1) 新しい仏教

① **法然と親鸞**…法然は浄土信仰の徹底を主張し，**一心に念仏を
唱えれば，だれでも極楽往生をとげられる**と説いて，**浄土宗**を
開いた。弟子の**親鸞**は，阿弥陀如来の救いを説き，その教えは
民衆や地方武士の間に広がって，浄土真宗が形成された。

② **一遍**…踊念仏と念仏の札を配って教えを広め，**時宗**を開いた。

③ **日蓮**…日蓮は，南無妙法蓮華経の題目を唱えることで個人も国
家も救われると説き，**日蓮宗(法華宗)**を開いた。

④ **栄西と道元**…宋に渡った栄西や道元によって**禅宗**が伝えられ
た。**座禅**などの修行により悟りを開こうとする禅宗は，武士の
気風に合い，幕府の保護も受けた。

(2) 鎌倉時代の文化

① **和歌集**…「**新古今和歌集**」は，後鳥羽上皇と藤原定家の美意識
が濃厚に表れている。

② **軍記物語**…漢語や口語を交えた文章で平氏の栄華と滅亡を描い
た「**平家物語**」は琵琶法師によって民衆の間に語り広められた。

③ **随筆**…鴨長明「**方丈記**」や，兼好法師の「**徒然草**」などの随筆が
書かれた。

④ **建 築・彫刻**…東大寺には，宋の様式を取り入れた**南大門**や，
運慶らによって金剛力士像などがつくられた。

▲一遍の踊念仏*

▲東大寺南大門(世界遺産)

(参考)

東大寺南大門
この南大門にすえられた一対の金
剛力士像は運慶・快慶の合作。

	浄土宗	浄土真宗	時宗	日蓮宗	臨済宗	曹洞宗
開祖	法然 (1133～1212)	親鸞 (1173～1262)	一遍 (1239～89)	日蓮 (1222～82)	栄西 (1141～1215)	道元 (1200～53)
主な寺院	知恩院 (京都府)	本願寺 (京都府)	清浄光寺 (神奈川県)	久遠寺 (山梨県)	建仁寺 (京都府)	永平寺 (福井県)
主な信者	貴族・武士 民衆	民衆 地方の武士	民衆 地方の武士	関東の武士 商工業者	貴族 幕府の有力者	北陸を中心とする地方の武士

- 弓矢や騎馬などの武芸を身につけ，戦いを職業とする**武士**が成長した。
- 荘園の持ち主は，荘園を有力者に**寄進**することで有力者の保護を受けた。
- 国司が支配する土地を**公領**という。
- 10世紀半ば，瀬戸内では**藤原純友**が反乱をおこしたが，鎮圧された。
- **奥州藤原氏**は，平泉を拠点に栄えた東北の豪族である。
- 藤原氏との血縁関係が薄い**後三条**天皇が即位して摂関政治は終わった。
- 11世紀，白河天皇は退位した後も，上皇として**院政**とよばれる政治を行った。
- 1156年，天皇と上皇の対立，貴族の対立によって，**保元の乱**がおこった。
- 保元の乱・平治の乱に勝利した平清盛は，武士で初の**太政大臣**となった。
- 政治の実権をにぎった平清盛は，大輪田泊を修築して**宋**との貿易を進めた。
- 源 頼朝は弟の**源義経**を派遣して，壇ノ浦で平氏をほろぼした。
- 1192年，源頼朝は**征夷大将軍**に任命され，名実ともに鎌倉幕府が成立した。
- 幕府と御家人は，**土地**をなかだちに，御恩と奉公の主従関係で結ばれた。
- 1221年，**後鳥羽**上皇が，朝廷の勢力を回復しようと，承久の乱をおこした。
- **北条**氏は，代々鎌倉幕府の執権の職を独占し，執権政治を展開した。
- 承久の乱後，朝廷の監視機関として京都に**六波羅探題**が置かれた。
- 北条泰時は，評定での判断の基準として**御成敗式目(貞永式目)**を定めた。
- 鎌倉時代，米の裏作に麦をつくる**二毛作**がはじまった。
- **定期市**は，大寺院や有力寺社など各地の重要地で開かれていた。
- **法然**は，一心に南無阿弥陀仏と念仏をとなえることを主張し，浄土宗を開いた。
- 親鸞は，悪人こそ救いの対象であるとして**浄土真宗**を開いた。
- **日蓮**は，題目(南無妙法蓮華経)を唱えれば救われると説いた。
- **栄西**や**道元**は，禅宗を宋から伝え，臨済宗や曹洞宗を開いた。
- 鎌倉時代，和歌集では藤原定家らにより「**新古今和歌集**」がつくられた。
- 運慶らによって東大寺南大門 の**金剛力士像**がつくられた。

1　武士のおこり　>>p.48〜51

次の文章を読んで，あとの問いに答えなさい。

　　10世紀の中ごろ，関東では（　a　）が，瀬戸内では（　b　）が周辺の武士を率いて反乱
をおこした。いずれも国府をおそったため，都の貴族たちは動揺したが，自分たちの力では
おさえることができず，武士の力を借りてようやくしずめた。武士の中でも源氏と平氏は，
武士団を率いる（　c　）として勢力をのばした。11世紀後半には源氏が東北地方で二度にわ
たっておこった豪族の争いをしずめ，12世紀前半には，平氏が西国を中心に力をのばした。

　　これらの武士の力を用いて新しい政治を行ったのが，藤原氏をおさえて天皇の位についた
白河天皇である。白河天皇は1086年，天皇の位を幼い堀河天皇にゆずり，自分は上皇として
政治の実権をにぎった。この政治を（　d　）という。その後，政治の実権をめぐって上皇と
天皇が争うと，貴族や武士も2つに分かれて対立し，1156年に（　e　）がおこった。この乱
で天皇側について勝利し，急速に力をつけたのが平清盛である。つづいて清盛は，1159年に
おこった（　f　）で源義朝を破り，政治の実権をにぎった。さらに，武士として初めて
（　g　）の位につき，「平氏にあらざれば人にあらず」といわれるほどの栄華をきわめた。

(1)　文章中の空欄a・bにあてはまる武士の名を，次のア〜エからそれぞれ選び，記号で答えな
さい。　　　　　　　　　　　　　　　　　　　　　　　　　a〔　　　〕　　b〔　　　〕

　ア　平忠盛　　イ　平将門　　ウ　藤原純友　　エ　藤原清衡

(2)　空欄c・dにあてはまる語句をそれぞれ答えなさい。
　　　　　　　　　　　　　　　　　　c〔　　　　　　　　〕　　d〔　　　　　　　　〕

(3)　空欄e・fにあてはまる争乱を，次のア〜エからそれぞれ選び，記号で答えなさい。
　　　　　　　　　　　　　　　　　　　　　　　　　　　e〔　　　〕　　f〔　　　〕

　ア　後三年合戦　　イ　前九年合戦　　ウ　平治の乱　　エ　保元の乱

(4)　空欄gにあてはまる役職名を答えなさい。　　　　　　　　　　　　　〔　　　　　　　〕

(5)　下線部について，次の①，②に答えなさい。

　①　平清盛が行ったこととして適切でないものを，次のア〜エから1つ選び，記号で答えな
さい。　　　　　　　　　　　　　　　　　　　　　　　　　　　　　　〔　　　〕

　ア　娘を天皇のきさきとして，一族で高位高官を独占した。

　イ　兵庫の港を整備して，宋との貿易を進めた。

　ウ　広大な荘園や知行国を支配して経済的基盤とした。

　エ　仏教の力で国を守るため，国分寺・国分尼寺を建てさせた。

　②　海上交通の安全祈願の信仰を集め，清盛の信仰を受けた神社を次のア〜エから1つ選び，
記号で答えなさい。　　　　　　　　　　　　　　　　　　　　　　　　〔　　　〕

　ア　平等院鳳凰堂　　イ　中尊寺金色堂　　ウ　厳島神社　　エ　出雲大社

2　平氏の滅亡と鎌倉幕府の成立 　≫p.52・53

次の文章を読んで，空欄a〜eにあてはまる適当な語句を，あとのア〜エからそれぞれ選び，記号で答えなさい。

　平氏一門が実権をにぎる平氏の政治は，他の武士や貴族，天皇家の不満を高め，朝廷は平氏追討の命令を発した。これを受けた源頼朝は，義経らを派遣し，各地の戦いで次々に平氏をうち破り，1185年（　a　）の戦いでついに平氏一族を滅亡させた。

　頼朝は，挙兵以来，必要に応じて新しい政治の役所を整えた。1180年には御家人を統率して，軍事・警察の仕事にあたる（　b　）を設け，ついで財政や一般の政治にあたる公文所（のちの政所），土地の裁判などをつかさどる（　c　）を設けた。そして国ごとに（　d　），荘園や公領ごとに（　e　）を置いて本格的な支配に乗り出した。

a〔　　　〕　　b〔　　　〕　　c〔　　　〕　　d〔　　　〕　　e〔　　　〕

ア　一ノ谷　　イ　屋島　　ウ　壇ノ浦　　エ　問注所　　オ　地頭
カ　侍所　　　キ　守護　　ク　鎮西奉行

3　承久の乱と執権政治 　≫p.54

次の文章を読んで，あとの問いに答えなさい。

　1221年，<u>この上皇</u>は，北条氏中心の政治に不満をもつ武士や寺社をさそい，北条義時を討つよう命令した。しかし，御家人の団結を固めた幕府軍に敗れ，隠岐に流された。この反乱は，承久の乱とよばれる。

(1)　文章中の下線部の上皇の名を答えなさい。　　　　　　　　　　　〔　　　　　　　　　〕
(2)　この乱の後，土地の争いが多くなったため，北条泰時は裁判の基準となる法律をつくった。
　この法律を次のア〜エから選び，記号で答えなさい。　　　　　　　　　〔　　　　〕
　ア　冠位十二階　　イ　御成敗式目　　ウ　大宝律令　　エ　十七条の憲法
(3)　この乱の後，幕府が朝廷を監視するために京都に置いた役所を答えなさい。
　　　　　　　　　　　　　　　　　　　　　　　　　　　　　　　　〔　　　　　　　　　〕

4　鎌倉時代の生活と文化 　≫p.55・56

鎌倉時代の生活や文化の説明として適切なものを，次のア〜カから2つ選び，記号で答えなさい。　　　　　　　　　　　　　　　　　　　　　　　　　　　〔　　　〕〔　　　〕
　ア　浄土宗を開いた法然の弟子の一遍は，法然の教えを深めて浄土真宗を開いた。
　イ　後鳥羽上皇の命を受けて藤原定家が編さんしたのは「古今和歌集」である。
　ウ　牛や馬を耕作に利用するようになり，西日本の一部では二毛作が始まった。
　エ　武士の財産は一族の長である惣領がすべて相続し，女子には相続権はなかった。
　オ　栄西や道元が伝えた禅宗は，武士の気風に合い，幕府の保護を受けた。
　カ　鴨長明の「土佐日記」や慈円の「徒然草」などの日記・随筆が書かれた。

59

4 南北朝の争乱と室町幕府

🗺世界史　📙日本史政経　📗日本史文化

時代	年代	できごと
鎌倉時代	1206	●チンギス・ハンがモンゴルを統一
	1259	●モンゴル，高麗を征服
	1260	●フビライ，モンゴル帝国の皇帝即位
	1271	●モンゴル，国号を元とする ●マルコ・ポーロ，イタリアを出発し，東方にむかう （1275年フビライに会う）
	1274	●文永の役
	1279	●元，南宋をほろぼす
	1281	●弘安の役
	1285	●平頼綱が，安達氏をほろぼす ●「蒙古襲来絵詞」かかれる
	1297	●永仁の徳政令
	1321	●後醍醐天皇，院政を停止し，親政を行う
	1331	●再度の倒幕計画が発覚，後醍醐天皇は廃され隠岐配流
室町時代／南北朝時代	1333	●鎌倉幕府がほろび，後醍醐天皇復位
	1334	●年号を建武と改める
	1336	●足利尊氏，京都に光明天皇を立て，後醍醐天皇は吉野にのがれる（南北朝分裂）
	1338	●足利尊氏，征夷大将軍に

🗺 **モンゴル帝国**…チンギス・ハンがモンゴル民族を統一，東アジア・中央アジアに大帝国を築く。　　　　　　　　　　　　》p.62 ①

🗺 **高麗**…モンゴル軍の攻撃に高麗は根強く抵抗したが，ついにモンゴルの支配を受ける。　》p.62 ①

🗺 **フビライ・ハン**…第5代皇帝。モンゴル本土の国号を元と改め，大都（現在の北京）を都とした。
》p.62 ①

🗺 **南宋**…宋は北部を満州族の金に奪われ，長江の南に中心を移し南宋とよばれていた。　》p.62 ①

📙 **元寇**…元軍が2度にわたり北九州に来襲，幕府は苦戦の末，ようやくこれを撃退した。　》p.63 ②

📙 **幕府のおとろえ**…元との戦いに参加した御家人は十分な恩賞をもらえず，幕府に対する不満が増大した。御家人の借金を帳消しにする徳政令を出すが効果はなく，かえって幕府の権威は失墜した。
》p.63 ②

📙 **建武の新政**…鎌倉幕府滅亡後，後醍醐天皇は自ら政治を行うが，武士をはじめ人々の支持をえられず新政は2年ほどで失敗。　　　　　　》p.64 ③

📙 **南北朝の争乱**…吉野の後醍醐天皇方と，京都に別の天皇を立てた足利方が約60年間争いを続ける。
》p.64 ③

📙 **足利尊氏**…京都に幕府を開き，北朝の天皇から征夷大将軍に任じられた。　　　　　　》p.65 ④

時代	年代	できごと

| 南北朝時代 | 1368 | ●元がほろび, 明が成立 |

🗾 **明**…モンゴル族を北方に追いやってたてられた漢民族の王朝。　　　　　　　　　　>> p.66 ⑤

●倭寇, しばしば明・高麗の沿岸を襲う

✏ **倭寇**…北九州や瀬戸内海に住む海の人々は, 朝鮮や中国に出かけて貿易活動を行っていたが, しばしば海賊行為を行った。　　　　　　>> p.67 ⑥

| | 1378 | ●足利義満, 室町の「花の御所」に移る |

🗾 **朝鮮**…倭寇の取り締まりに功績のあった李成桂が高麗を倒して朝鮮をたてた。　　>> p.66 ⑤

✏ **勘合貿易**…足利義満は, 明との間に正式の国交を開き, 貿易を行った。勘合とは, 倭寇と貿易船を区別するために用いられた合い札。　　>> p.67 ⑥

| 室町時代 | 1392 | ●南北朝の合一
●李成桂, 高麗をほろぼし, 朝鮮をおこす |

✏ **農業・手工業の発達**…農業では, 二毛作が普及。商品作物の栽培も広まり, 各地に特産品が生れた。　　　　　　　　　　　　>> p.68 ⑦

●足利義満, 北山の別荘に金閣をつくる

✏ **商業の発達**…定期市が開かれ, 同業者は座をつくって営業の独占をはかった。流通の拡大にともない, 間(問丸)・馬借などが出現。　>> p.69 ⑧

| | 1404 | ●日明貿易(勘合貿易)を始める |

✏ **応仁の乱**…都を戦場として11年間続いた。将軍家や守護大名の力が衰え, 各地に戦国大名が出現した。　　　　　　　　　>> p.71 ⑩

| | 1428 | ●正長の土一揆 |

✏ **一揆**…生産力の向上にともない, 有力な農民は, 村を単位に惣とよばれる組織を形成した。団結した農民は, しばしば一揆をおこし, 領主に対抗した。　　　　　　　　　　　　>> p.70 ⑨

| | 1429 | ●尚氏, 琉球を統一 |

| 戦国時代 | 1467 | ●応仁の乱(〜1477) |

🏯 **室町文化**…足利義満のころの北山文化と, 足利義政のころの東山文化。　　　　>> p.72 ⑪

●足利義政, 銀閣造営を開始

| | 1485 | ●山城国一揆(〜1493) |

南北朝時代や戦国時代といった動乱の時期が続いているね。

| | 1488 | ●加賀の一向一揆(〜1580) |

① モンゴル・元の発展

モンゴル帝国は各地に遠征を行い，アジア・ヨーロッパにまたがる大帝国を築いた。

Key Word チンギス・ハン　モンゴル帝国　フビライ・ハン
元　大都　火薬　東方見聞録　高麗

(1) モンゴル帝国

① **チンギス・ハン**…中国の北方のモンゴル民族を統一，**1206年**，モンゴル帝国の初代ハン(**皇帝**)となった。

② **フビライ・ハン**…チンギス・ハンの孫で第5代皇帝。都を**大都**(北京)に移し，1271年には国号を**元**と改めた。

(2) 元

① **元の国内支配**…重要な役職は少数の**モンゴル人が独占**し，中国人は被支配民族として抑圧された。財政・経済の面では，中央アジアや西アジア出身の人々(**色目人**)を重用した。

② **東西の交流**…元の時代は**東西の交流**が進み，イスラム世界からは**数学・医学・天文学・砲術**などが伝わり，中国で発明された**火薬や羅針盤**は，イスラム世界を通してヨーロッパにも伝えられた。

(3) 高麗と南宋

① **高麗**…モンゴル(元)は，朝鮮半島には大軍を送り，30年におよぶ戦いの末，**高麗を服属**させた。

② **南宋**…長江流域に勢力を保っていた**南宋**も，1279年，元によってほろぼされ，中国全土がモンゴルの**支配下**に入った。

「東方見聞録」

イタリアのベニスの商人であった**マルコ・ポーロ**は，シルクロードを経て，1275年，元の都の大都にやってきた。元には17年間滞在し，フビライに仕えた。帰国後，彼の体験は「**東方見聞録**」にまとめられた。

この本の中で，日本は黄金の国ジパングとして紹介され，ヨーロッパの人々をアジアへの航海にかりたてる要因の1つとなった。

▲ フビライ・ハン

② 元の襲来と幕府のおとろえ

2度の元の襲来は，暴風雨もあって退けることができたが，幕府はおとろえていった。

Key Word 　文永の役　集団戦法　火薬の使用　弘安の役
防壁（防塁）　恩賞不足　徳政令

(1) 元の襲来（元寇）

① **元の日本遠征計画**…フビライは，高麗を通じて日本に朝貢を求めてきた。しかし鎌倉幕府はこれを拒否した。

② **文永の役**…1274年，元軍は高麗軍を加え，約3万人の軍勢で**対馬・壱岐を占領**し，**博多湾**（福岡市）に上陸した。幕府軍は，**集団戦法**や**火薬の使用**に苦戦したが，元は短期間で力を見せつける目的だったことや，元と高麗の対立などで退却した。

③ **弘安の役**…元の退却後，幕府は博多湾沿岸に**防壁（防塁）**を築いて再度の襲来に備えた。1281年，元軍は約14万の大軍で北九州に襲来，幕府軍は2か月にわたり防戦した。元軍は暴風雨の被害を受けて再び退却した。

(2) 幕府のおとろえ

① **御家人の不満**…元軍と戦った御家人は，**恩賞**の土地はもらえず，幕府への不満が高まった。また**分割相続による所領の細分化**や**貨幣経済の浸透**で御家人の生活は苦しくなった。元軍との戦いにそなえるための出費はさらに負担となり，なかには借金で土地を失うものも現れた。

② **徳政令**…1297年，幕府は御家人が失った土地をただで取り戻させる**徳政令**（永仁の徳政令）を出したが効果はなく，かえって幕府の権威を失墜させる結果となった。

③ **幕府のおとろえ**…元との戦いで幕府の財政が苦しくなる中，北条氏の独裁が進むと，**有力御家人の北条氏への不満は高まり**，しだいに幕府のまとまりは失われていった。

◐ 元軍との戦い

暴風雨で元軍が退却したため，人々はそれを神風とよび，日本は神が守る国であると思うようになったんだ。

参考

東路軍と江南軍
弘安の役の際，元は朝鮮半島から出発した元と高麗の混成軍である東路軍と，中国の慶元（寧波）を出発地とし中国人を中心とする江南軍に分かれて日本をめざした。しかし被征服民族をふくむ大軍は統制がとれなかった。

3度目の日本遠征計画があった

弘安の役後も，フビライは**日本遠征を計画**していたが，各地の反乱やベトナムの抵抗により行われなかった。しかし，**幕府滅亡まで九州の警備は続いた**。

③ 南北朝の動乱

後醍醐天皇は鎌倉幕府を倒して建武の新政を始めたが，失敗に終わった。

🔑 Key Word 後醍醐天皇　悪党　足利尊氏　新田義貞
建武の新政　吉野　南北朝時代

(1) 鎌倉幕府の滅亡

① **天皇家の分裂**…鎌倉時代中ごろから，天皇家は**持明院統**と**大覚寺統**に分かれ，皇位をめぐって争いを続けた。14世紀の初め，幕府の調停により，**両統が交代で皇位を継ぐこととなった。**

② **後醍醐天皇**…幕府のおとろえをみた**後醍醐天皇**は，朝廷に政治の実権を取りもどそうとした。倒幕の計画は幕府にもれ，**後醍醐天皇は隠岐**(島根県)に流された。

③ **幕府の滅亡**…後醍醐天皇の倒幕計画は失敗したが，畿内を中心に**楠木正成**ら幕府に不満をもつ新興の武士(**悪党**)が兵をあげた。幕府は大軍を派遣したが，**足利尊氏**は幕府に反旗をひるがえし，**六波羅探題**を攻撃した。また**新田義貞**も鎌倉を攻めたため，**1333年**，鎌倉幕府はほろんだ。

(2) 建武の新政

① **新しい政治**…京都にもどった**後醍醐天皇**は，1334年に年号を**建武**と改め，**公家と武家を統一した天皇中心の新しい政治**を始めた。これを**建武の新政**という。

② **新政への不満**…公家と武家の統一をめざした建武の新政も，実際は**公家中心**で，**人々の不満**を生んだ。

(3) 南北朝の争乱

① **新政の崩壊**…建武の新政に対する不満の高まりを背景に**足利尊氏**が兵をあげ，京都に別の天皇をたてると，**後醍醐天皇は吉野**にのがれ，新政は2年余りで終わった。

② **2つの朝廷**…後醍醐天皇が吉野に脱出すると，京都の**北朝**と吉野の**南朝**が並び立つことになった。両朝は全国の武士によびかけて戦い，また武士も時により有利な方についたため，60年近く争乱が続いた。この時代を**南北朝時代**という。

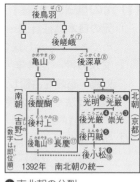

1392年　南北朝の統一

🔺 南北朝の分裂

参考
悪党
名主などの有力農民や非農民の中には，武装した集団で荘園領主や幕府の支配に反抗するものが現れた。

特に恩賞に対する不公平感をもっていた武士の不満は強かったんだね。

④ 室町幕府の成立

足利義満は京都の室町に花の御所とよばれる邸宅を建て，そこで政治を行ったことから，足利氏の幕府を室町幕府という。

🔑 Key Word 足利尊氏　足利義満　花の御所　室町幕府　管領　鎌倉公方　南北朝の統一

(1) 室町幕府の成立

① **武家政治の再興**…足利尊氏は1336年，建武式目を制定し，京都において武家政治を復活させた。その後，1338年には北朝の天皇により**征夷大将軍**に任命された。

② **室町幕府**…尊氏の孫の3代将軍**足利義満**は，京都の行政権なと朝廷の保持した権限を手に入れた。

(2) 室町幕府のしくみ

① **管領**…鎌倉幕府の執権にあたる**将軍の補佐役**で，**細川・畠山・斯波**の三氏が交代でついた。

② **侍所**…京都市中の警備も担当した。長官である所司には，**京極・山名・赤松・一色**の四氏が交代でついた。

③ **鎌倉府**…関東を支配するため，足利氏の一門を**鎌倉公方**として鎌倉に置いた。

④ **守護大名**…南北朝の争乱の中で，国内の地頭や新興の武士と主従関係を結び，国司にかわって国を領地として支配するようになった守護を**守護大名**という。室町幕府においては守護大名の力が強く，**将軍の権力は不安定**であった。

(3) 足利義満の政治

① **南北朝の統一**…南北朝の争乱は北朝が優位に推移し，1392年には足利義満の手により**南北朝の統一**が実現した。

② **足利義満**…**太政大臣**となり，公武の権力の頂点に立つ。有力守護大名を抑圧するいっぽう，**日明貿易**を開始する。

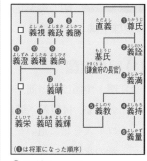

▲ 足利氏の系図

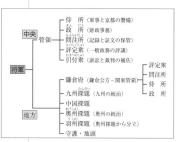

▲ 室町幕府のしくみ

📖 くわしく

室町幕府の財政

幕府の直轄領からの年貢に加え，田畑の面積・家屋にかける税，営業税，関所の通行税のほか，日明貿易の利益も重要な財源であった。

足利尊氏とは

足利氏は，北条氏と密接な関係で鎌倉幕府でも高い地位にあり，源 義家の子孫にあたる源氏の一族として，武家の棟梁にふさわしい家柄だった。足利尊氏は，「高氏」と名のっていたが，後醍醐天皇から「尊」の1文字をもらって尊氏と改めた。

⑤ 明と朝鮮

14世紀，モンゴル支配から自立し，漢民族の明が成立した。

🔑 Key Word　明　朝鮮国　李成桂　朱子学　倭寇　尚氏
琉球王国　中継貿易

(1) 明の建国

① **明**…中国は長い間，モンゴル人の王朝である元の支配を受けて
いたが，14世紀，漢民族の中から**朱元璋(洪武帝)**が出てモン
ゴル人を北に追いやり，**南京**を都として**明**を建てた。第3代皇
帝の**永楽帝**は都を**北京**に移し，領土を広げ，国力を充実させた。
しかし，明は**北方遊牧民の侵入**や，沿岸を襲う**倭寇**に苦しんだ。

② **鄭和の大遠征**…15世紀の初め，永楽帝に命じられた**鄭和**は，
艦隊を率い**東南アジア**，**インド**，**アフリカ東海岸**に遠征し，海
上貿易の道を開いた。

③ **明の産業**…南アジア・西アジアとの貿易がさかんになり，**綿織
物・絹織物・陶磁器・茶**などの商品生産が発展した。

④ **明の文化**…儒学では，実行を重んじる**陽明学**が生まれ，日本に
も影響をあたえた。また，「**西遊記**」や「**水滸伝**」のような庶民
的な小説もつくられた。

(2) 朝鮮

朝鮮国…朝鮮では**李成桂**が高麗を倒し，**朝鮮国**を建てた。朝鮮は
朱子学を重んじ，また**ハングル**とよばれる独自の朝鮮文字も考案
され，文化がめざましく普及・発展した。朝鮮と日本との間には
貿易が開かれ，日本は**綿織物・仏教経典**などを輸入し，**銅・硫黄**
などを輸出した。

(3) 琉球王国

琉球王国…沖縄は山北(北山)・中山・山南(南山)の3つの王国に
分かれていたが，**15世紀の初め，中山王の尚氏**がこれを統一して
琉球王国を築き，**首里**を都とした。琉球王国は東アジアと東南ア
ジアを結ぶ**中継貿易**を行い，胡椒などの南方の特産物を日本や朝
鮮に運んだ。

15世紀ごろの東アジア

参考
万里の長城の修復
北方遊牧民の侵入を防ぐため，秦
の始皇帝が築いた万里の長城を，
明は修復・増築した。現在残って
いる万里の長城の多くは，この時
代につくられたものである。

📖 くわしく

朱子学
　南宋の朱熹が大成した儒学の一
派で，君臣の別を説き，大義名分
を重んじた。

▲ 首里城(焼失前)

⑥ 日明貿易

日明貿易は，貿易船は証明書として勘合を携行したので，勘合貿易ともよばれる。

🔖Key Word 倭寇　日明貿易　日本国王　勘合　博多　堺
大内氏　細川氏　アイヌ

(1) 倭寇

① **海の人々**…北九州や瀬戸内海沿岸の人々は，古くから朝鮮や中国との貿易で生計を立てていた。14世紀に，日本や中国・朝鮮の国内が乱れ，貿易が困難になると，海賊として沿岸をおそった。

② **倭寇**…中国や朝鮮では，沿岸をおそう日本人の武装集団を**倭寇**とよんで恐れた。特に**高麗**の被害は大きく，滅亡の原因の1つともなった。明や朝鮮は，**倭寇の取り締まり**を室町幕府や西日本の大名に求めた。

(2) 日明貿易

① **勘合貿易**…1404年，**足利義満**による日明貿易が開始された。日本から明に行った貿易船(遣明船)は，倭寇と区別するため，明政府の発行する**勘合**という証明書を携行したので，**勘合貿易**ともいう。貿易船からの上納金は**幕府の財源**となった。

輸出品	刀剣・銅・硫黄・漆器
輸入品	銅銭(永楽通宝など)・生糸・絹織物・書画・陶磁器

② **博多と堺**…日明貿易は，はじめ幕府が実権をもっていたが，しだいに**大内氏**や**細川氏**などの守護大名の手に移り，**大内氏**と結んだ**博多**や細川氏と結んだ**堺**の商人が仕事にあたって活躍した。

コラム

アイヌの人々との関係

蝦夷地とよばれた北海道では，古くから先住民族が住んでいて，14世紀ごろになるとアイヌ民族としてのまとまりができるようになった。15世紀には蝦夷地南部に日本の本州の人々(**和人**)が移り住み，館を築いて進出した。交易をめぐり不満をもつようになったアイヌの人々は，15世紀半ばにコシャマインを中心に戦いをおこすなど，争いがくり返された。

日本国王
　明から倭寇の取り締まりを求められた幕府は，1401年，貿易の利を考えて明に使節を送って国交を開き，1404年から貿易を始めた。この結果，足利義満は明より日本国王に任じられた。

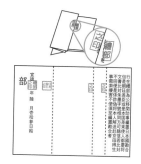

🔺勘合

参考

勘合
勘合の形や大きさといった基本的な問題ですら，学界では未解明のままであるが，さまざまな断片的史料を突き合わせた結果，従来考えられてきたもの以上に大きいものであることが判明した。

⑦ 産業の発達

農業技術の進歩と二毛作の普及で生産力は高まり, 商品作物の栽培も広まった。

🔑 Key Word　二毛作　国人　名主　水車　牛馬　職人　砂鉄

(1) 農業の発達

　農業工具や技術が進み, 田畑の開墾が活発になるとともに, 土地の生産性も向上した。生産力の向上は, **国人・名主**など地方有力者の荘園領主からの自立を促進することになった。

① **技術の進歩**…水車を利用したかんがい施設がつくられ, また**牛馬を利用した耕作や鉄製農具の普及**により, 深く耕すことが可能になり, **牛馬の糞尿や草木灰**などが肥料として使われるようになって生産が高まった。

② **二毛作**…鎌倉時代に始まった稲と麦の**二毛作**は近畿地方で普及し, 各地に広がった。二毛作の普及は, **水車**により水田と畑の切り替えが可能となったからである。

③ **商品作物**…茶・藍・麻などの**商品作物**がつくられ, 桑を栽培した**養蚕**もさかんになった。16世紀になると, 朝鮮から伝わった**綿**の栽培が広まった。

(2) 手工業・鉱山業の発達

① **特産物の生産**…専門の職人が生まれ, 京都や博多の**絹織物**をはじめ, 美濃や越前の**紙**, 近江(信楽焼)や尾張(瀬戸焼)の**陶磁器**, 山城(大山崎離宮八幡宮)の**油**などの特産物の生産が進んだ。また, 刀や鉄製農具をつくる鍛冶・鋳物業も各地でさかんになった。

② **砂鉄の採掘**…刀剣や農具の需要の増加により, 中国地方の**砂鉄**などの採掘が進んだ。また**金・銀**の採掘も増加し, 特に銀は, **灰吹法**とよばれる新しい製錬技術が開発されて生産が増加した。

くわしく

田植えのようす

　下の絵は, 室町時代の田植えのようすである。多くの女性が協力して田植えをしている。周囲では, 男性が笛や太鼓に合わせて踊っている。これは**田楽**とよばれ, 豊作を神に祈るものであった。田楽はさまざまな芸能のもととなった。

△田植えのようす*

⑧ 商業と都市の発達

農業や手工業の発達とともに，商業が活発化し，貨幣経済が浸透した。

Key Word 座　馬借　問　明銭　酒屋　土倉　町衆

(1) 商業の発達

農業や手工業の発達とともに，商品の取引がさかんに行われ，商業が急速に発達した。

① **定期市**…商品の交換の場である**市**が各地に開かれ，月3回ほどだったものが**月6回**に増え，常設の市も現れた。

② **座**…商人や手工業者は同業組合である**座**を結成し，貴族や寺社の保護を受けて**営業を独占**した。

③ **馬借・問**…物資の流通の範囲も広がり，重要都市や港など交通の要地には物資の**陸上輸送**をあつかう**馬借**や，運送業や倉庫業を営む**問(問丸)**が出現した。

(2) 貨幣経済の発達

① **明銭**…市場などで取引に貨幣の使用が一般的となり，鎌倉時代に輸入された**宋銭**や，日明貿易で輸入された**明銭(永楽通宝)**などの銅銭が使用された。

② **酒屋・土倉**…京都や奈良などの都市では，**酒屋・土倉**とよばれる富豪が**金融業**を営んでいた。幕府は彼らを保護するとともに，税を課して財源の1つとしていた。

(3) 都市の発達

産業や流通の発達により，**京都や鎌倉**に加え，各地に新しい都市が生まれた。

① **港町**…船による国内輸送や日明貿易によって，**博多・堺・兵庫・敦賀・大津**などおもな港に**港町**が生まれた。

② **門前町**…善光寺(信濃)の**長野**，伊勢神宮の**宇治・山田**など大きな寺社の**門前町**が生まれた。

③ **町の自治**…貿易で栄えた**堺**や**博多**，**町衆**とよばれる有力な商工業者により復興した**京都**など，自治を行った。

くわしく

座

座は，商工業の先進地域で，大寺社の集中する京都や奈良の周辺で多く結成された。座には綿座・油座・魚座などがある。

▲馬借

▲明銭

▲祇園祭

参考

祇園祭と町衆

毎年7月に京都で行われる祇園祭は，疫病の流行をしずめるため，平安時代に始まったが，応仁の乱でしばらく中断した。しかし町衆の努力で復活し，その後，町の人々が費用を出し合って続けられていった。

第2章 南北朝の争乱と室町幕府

⑨ 村の自治と一揆

村の人々は惣という自治組織を形成し，荘園領主や守護に対抗した。

Key Word　惣　村のおきて　土一揆　正長の土一揆
山城国一揆　加賀の一向一揆

(1) 惣の形成

① **惣**…農業生産が向上すると，村の人々は領主に対して自立した行動をとるようになった。特に**近畿地方**の村では，有力な農民を中心に**惣**とよばれる**自治組織**をつくるようになった。

② **村の自治**…惣の人々は**寄合**を開き，**村のおきて**をつくったり，山野や用水の共同利用や管理について相談したりした。**名主**など有力な農民の中には武力をたくわえて**国人(地侍)**となり，村を代表して領主と対決したり，村の自治を指導するものも現れた。

(2) 土一揆

農民は広い地域にわたって結びつき，**荘園領主や守護大名に抵抗**するようになった。集団で年貢を減らすように交渉したり，要求が通らない場合は村を捨てて逃げたりした。また，土倉や酒屋などをおそって借金の帳消しなどを求めることもあった。このような農民の行動を**土一揆**という。

① **正長の土一揆**…**1428(正長元)年**，**近江坂本**の馬借を中心に京都近郊の農民が**徳政**を要求して，**土倉・酒屋**や寺院をおそった。この事件は**土一揆の最初**といわれ，その後，徳政を要求する**土一揆**がしばしばおこった。

② **山城国一揆**…**1485年**，応仁の乱の後も**南山城地方**で分かれて争っていた守護大名の畠山氏の軍勢を国外に追い出し，8年間，国人を中心とした自治が行われた。

③ **加賀の一向一揆**…浄土真宗(一向宗)の信仰で結びついた武士や農民がおこした一揆を**一向一揆**という。**15世紀の末**に**加賀国**(石川県)でおこった一向一揆は，守護大名をたおし，100年余り信者を中心とした自治を行った。

史料　近江国今堀村のおきて

一. 薪や炭は，惣の共有物をたいてよい

一. 惣の共有の森の立木をきずつけたものは，村から出ていくこと

一. 家を売ったものは，代金から百文につき三文，一貫文につき三十文を惣へさし出すこと

📖**くわしく**

一揆
　一揆とは，本来は共同の目的のために神仏の前で団結をちかい合うことであったが，しだいに支配者に対する反抗の意味で使われるようになった。

徳政とは，本来はよい政治の意味だったが，鎌倉・室町時代には，質物の返還や借金の棒引きの意味で使われたんだね。

参考

一向宗
親鸞の流れをくみ，本願寺を中心とした浄土真宗の信者集団は一向宗ともよばれた。

⑩ 応仁の乱と下剋上の世

1467年におこった応仁の乱は，京都を戦場として11年続き，以降戦国の世となった。

🔑 **Key Word** 足利義政　日野富子　応仁の乱　細川勝元
山名持豊　下剋上　戦国大名

(1) 不安定な幕府政治

① **将軍権威の低下**…室町幕府では**守護大名の力が強く**，有力な守護大名によって政治が動かされることも多かった。15世紀中ごろには，将軍が守護大名に暗殺される事件もあり，しだいに将軍の権威はおとろえていった。

② **足利義政**…8代将軍義政の時代は**土一揆**がひん発し，徳政令が13回も出されるなど，**将軍の権威は低下**した。

(2)応仁の乱

① **原因**…8代将軍足利義政には子がなく，弟の義視を後継ぎの将軍に決めていた。しかし夫人の**日野富子**に義尚が生まれると，富子は**山名持豊（宗全）**を頼り，義尚を後継将軍にしようとした。これに対抗し，義視は**細川勝元**を頼った。こうして，**将軍義政の後継者争い**や**管領家の相続争い**に細川勝元と山名持豊の対立が結びついて戦乱に発展した。

② **経過**…**1467(応仁3)年**，細川方の軍勢と山名方の軍勢が京都で衝突し，明確な勝者はないまま戦闘は11年間続き，京都を荒廃させた。これを**応仁の乱**という。

③ **結果**…京都を戦場とした長期の**戦乱は幕府の権威を失わせ**，また，守護大名の力もおとろえた。いっぽう戦乱の中で，**国人**など地方の武士や庶民が力を強めていった。

(3)下剋上と戦国大名

下剋上…戦乱は地方にも拡大し，**身分が下の者が実力で上の者を倒す下剋上の状況**が強まった。守護の家来や地方の武士の中には，守護大名を倒して一国の支配者となる者も現れた。こうした状況の中で，実力で一国の支配者となった者を**戦国大名**という。

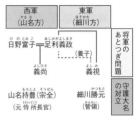

● 応仁の乱開始時の
対立関係図

高級絹織物の生産地である京都の西陣は，山名側の西軍の陣があったところからおこった地名なんだね。

参考

焼け野原となった京都
応仁の乱のいきさつを記した「応仁記」は，汝や知る都は野辺の夕ひばり　上がるを見ても　落つる涙は」という和歌をのせ，京都の荒廃ぶりを嘆いている。

⑪ 室町時代の文化

室町文化は，時期により北山文化と東山文化に分けられる。

(1) 文化の特色

① **禅宗の影響**…鎌倉幕府と室町幕府は，**禅宗**の臨済宗を保護した。禅宗の僧侶は，幕府の外交・政治でも大きな役割をはたし，文化にも大きな影響をあたえた。

② **北山文化**…3代将軍**足利義満**は，京都の北山に別荘をつくり，**金閣**を建てた。このため，室町時代前期の文化を**北山文化**という。

③ **東山文化**…8代将軍**足利義政**は，京都の東山に別荘をつくり，**銀閣**を建てて生活を送ったが，この時期の文化を**東山文化**という。

(2) 新しい文化

① **書院造**…銀閣には，書院造とよばれる建築様式が取り入れられている。ふすまでの間仕切り，**床の間**，畳敷きなど，**書院造**は現在の**和風建築の基礎**となった。

② **枯山水**…禅宗寺院では，庭園が発達した。なかでも石と砂だけで大自然を表現した**枯山水**はこの時代の文化を代表するもので，特に龍安寺石庭は有名である。

③ **水墨画**…禅宗の僧侶が明よりもたらした，**墨一色**で自然を描く絵画で，**雪舟**によって大成された。

④ **芸能**…平安時代以来，民衆の間で行われていた田楽や猿楽をもとに，**観阿弥・世阿弥**親子が舞踊劇として**能(楽)**を完成した。また，能(楽)の合間には**狂言**が演じられた。

⑤ **文芸**…おとぎ話に絵をそえた**御伽草子**は，庶民や武士の間で親しまれた。また，和歌の上の句と下の句を別の人が次々よみ続ける**連歌**が流行した。

🔺 雪舟の水墨画*

📖 **くわしく**

文化の地方への広がり
　貴族や学者の中には，戦乱の京都をのがれ，地方に下るものもいた。地方の有力大名も進んでこれを受け入れ，京都の文化は地方にも広がった。

- モンゴル帝国は，**チンギス・ハン**によって建国された。
- モンゴル帝国のフビライは，都を大都に移し，年号を**元**と改めた。
- 元のフビライが命じた一度目の日本襲来を**文永の役**，二度目の襲来を**弘安の役**とよぶ。
- 元寇後，幕府は御家人が失った土地をただで取り戻させる**徳政令**を出した。
- **後醍醐天皇**や足利尊氏らの力で，鎌倉幕府はほろぼされた。
- 鎌倉幕府を倒した後醍醐天皇は，**建武の新政**とよばれる新しい政治を始めた。
- 後醍醐天皇に反旗をひるがえした**足利尊氏**は，新しく立てた天皇から征夷大将軍に任命され京都に新しい幕府を開いた。
- 京都から逃れた後醍醐天皇は，**吉野**に南朝を立てた。
- 室町幕府の将軍の補佐役である**管領**は守護大名から選ばれた。
- 関東一円を支配するため，鎌倉に**鎌倉府**が置かれ，長官に足利氏の一族がついた。
- 室町幕府は，**足利義満**が将軍の時代が最も幕府権力が強かった。
- 中国では，元王朝が倒れて，**明**が建国された。
- 朝鮮半島や中国沿岸を襲う日本人の集団を**倭寇**とよんだ。
- 足利義満は，勘合で倭寇と区別をつけた**日明貿易**を始めた。
- 朝鮮半島では，高麗を倒した**李成桂**によって朝鮮が建国された。
- 15世紀，沖縄では尚氏が3つの王国を統一し，**琉球**王国を築いた。
- 室町時代に見られた，自立した村のことを**惣村**とよんだ。
- 農民たちがおこした一揆は**土一揆**とよばれた。
- 1467年，細川方と山名方の両軍が京都で衝突し，**応仁の乱**がおこった。
- 実力によりのし上がる風潮を**下剋上**といい，各地で下剋上により大名へのし上がったものを**戦国大名**とよんだ。
- 足利義満の時代に栄えた文化は**北山文化**，足利義政の時代に栄えた文化は**東山文化**とよばれる。
- 観阿弥・世阿弥親子によって**能（楽）**が完成した。
- 足利義政は，京都の東山の別荘に書院造を取り入れた**銀閣**を建てた。**書院造**は，畳を敷き詰め，床の間をもつ造りである。
- 東山文化のころ，和歌の上の句と下の句を別々の人がつくる**連歌**が地方にも伝わった。

定期試験対策問題④　解答➡p.259

1　モンゴル帝国と日本 ≫p.62・63

次の文章を読んで，あとの問いに答えなさい。

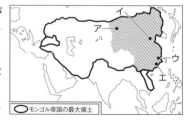

モンゴル帝国の最大領土

中国の北に広がる草原地帯では，古くからモンゴル人が遊牧生活をしていた。13世紀のはじめに，チンギスがモンゴルの諸部族を統一し，国を建てた。やがて子孫たちは，朝鮮半島の（　a　）など周辺の国々を従え，地図に示したようなヨーロッパにまでおよぶ大帝国をきずいた。

五代目の（　b　）は，都を<u>大都（北京）</u>に移し，国号を（　c　）と定めた。宋をほろぼして中国全土を支配した（　c　）の時代には，東西の貿易や文化の交流がさかんになり，ヨーロッパやイスラム世界の商人たちが（　c　）を訪れた。このなかには，日本を「黄金の国」と『東方見聞録』の中で紹介した（　d　）もいる。

(1)　文章中の空欄aにあてはまる国の名を，次のア〜エから選び，記号で答えなさい。〔　　　〕

　ア　高句麗　　イ　高麗　　ウ　百済　　エ　新羅

(2)　空欄bにあてはまる人物名を答えなさい。　　　　　　　　　　　　　〔　　　　　　　〕

(3)　空欄cには，地図中の▨▨で示した地域にできた国の名があてはまる。この国の名を漢字で答えなさい。　　　　　　　　　　　　　　　　　　　　　　　　〔　　　　　　　〕

(4)　(3)の国は，日本に2度にわたり攻めてきた。当時の日本の政治のようすを述べた文として正しいものを，次のア〜エから1つ選び，記号で答えなさい。　　　　　　〔　　　〕

　ア　後醍醐天皇が幕府を倒し，天皇を中心にした政治を行っていた。

　イ　藤原道長とその子頼通が摂政や関白となり，政治を行っていた。

　ウ　後鳥羽上皇が政治の実権を奪おうと，武士を集めて鎌倉を攻撃した。

　エ　北条時宗が執権として幕府の実権をにぎり，政治を行っていた。

(5)　空欄dにあてはまるイタリア商人の名を答えなさい。　　　　　　　〔　　　　　　　〕

(6)　下線部の都市を，地図中のア〜エから選び，記号で答えなさい。　　〔　　　〕

2　室町時代の政治 ≫p.64・65

室町時代について，**誤りを含むもの**を，次のア〜ウから1つ選び，記号で答えなさい。〔　　　〕

　ア　足利尊氏は1338年に征夷大将軍に任ぜられ，幕府政治を始めたが，吉野に移った後醍醐天皇と対立したため，諸国の武士も2つに分かれて対立した。

　イ　足利義満の時代に諸国の武士たちの多くが幕府に従うようになり，義満は南北朝を合一させた。太政大臣になった後も，政治の実権をにぎった。

　ウ　足利義満の死後，守護大名の間で勢力争いがおこり，将軍義教のあとつぎ問題などをめぐり，細川氏と山名氏との対立を契機に戦乱がおこった。

3　室町時代の経済と農民の成長 >>p.68〜70

次の文章を読んで，あとの問いに答えなさい。

　室町時代は，鎌倉時代に始まった牛馬耕や肥料の使用，1つの耕地で米と麦を栽培する（　a　）が各地に広がり，農業生産力が向上した。それに伴い，茶・藍・麻などの（　b　）の栽培が進み，それらを原料とする_c手工業も発達し，商工業が活発化した。商工業が活発になると，_d定期市の回数は月に（　e　）回に増え，常設の市も現れた。また，流通の範囲が広がり，_f運送業・倉庫業を営むものが登場した。こうした産業や流通の発達は，各地の都市の繁栄をうながし，中には大名に対抗して_g商工業者が自治を行う都市も現れた。一方，農村でも有力な農民を中心とした_h自治組織がつくられ，領主と交渉するなど，村の自治が進んだ。

(1)　文章中の空欄a，bにあてはまる語句をそれぞれ答えなさい。
　　　　　　　　　　　　　　　　a〔　　　　　　　　　〕　　b〔　　　　　　　　　　〕

(2)　下線部cの手工業者や，商人が営業を独占するために結成した同業組合の名を答えなさい。
　　　　　　　　　　　　　　　　　　　　　　　　　　　　〔　　　　　　　　　　　　〕

(3)　下線部dの市で使われた貨幣を，次のア〜ウから1つ選び，記号で答えなさい。　〔　　　〕
　　　ア　永楽通宝　　イ　和同開珎　　ウ　富本銭

(4)　空欄eにあてはまる数字を答えなさい。　　　　　　　　　　　　〔　　　　　　　　〕

(5)　下線部fについて，陸上の運送業者と，港で商品の保管などを行った倉庫業者の名を，次のア〜エからそれぞれ選び，記号で答えなさい。　　運送業者〔　　　〕　　倉庫業者〔　　　〕
　　　ア　問　　イ　土倉　　ウ　酒屋　　エ　馬借

(6)　下線部gについて，博多や堺，京都などで自治を行った有力な商工業者の名を答えなさい。
　　　　　　　　　　　　　　　　　　　　　　　　　　　　〔　　　　　　　　　　　　〕

(7)　下線部hについて，次の①，②に答えなさい。
　　①　農村でつくられた自治組織の名を答えなさい。　　　　　〔　　　　　　　　　　〕
　　②　①を中心に各地でおこった土一揆のうち，1428年に近江からはじまり，京都近郊の農民が徳政を求めた最初の土一揆の名を答えなさい。　　　〔　　　　　　　　　　〕

4　室町時代の社会と文化 >>p.67・71・72

次の文章を読んで，あとの問いに答えなさい。

　室町時代の文化は，足利義政が東山に建てた（　a　）に代表される。この文化の特色は，公家と武家の文化が融合していること，宋・元・_b明の影響を受けていることである。さらに，15世紀後半におこった（　c　）以降，文化が地方に普及し，庶民の文化も成長した。

(1)　文章中の空欄aにあてはまる建造物の名を答えなさい。また，この建造物に取り入れられた，現在の和風建築の基礎となる建築様式の名を答えなさい。
　　　　　　　　　　　　　建造物〔　　　　　　　　　〕　　建築様式〔　　　　　　　　〕

(2)　下線部bとの貿易の際に用いられた合い札の名を答えなさい。　〔　　　　　　　　　〕

(3)　空欄cにあてはまる，約11年間続いた戦乱を答えなさい。　〔　　　　　　　　　　〕

中世を図解!

> 荘園や武士団の
> しくみを理解しよ
> う!

● 荘園のしくみ

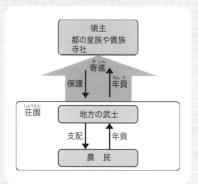

荘園の開発者のなかには，所領にかかる税負担を逃れることなどを目的として，都の皇族や大貴族，有力寺社などに荘園を寄進し，領主としてあおぐ者も多くみられるようになりました。領主は寄進した者を荘官として荘園の支配をまかせており，荘官はやがて武士化していきました。

荘園においては武士が農民を支配し，農民は年貢を納めていました。また，武士は領主に対して年貢を納め，領主は荘園と武士を保護する関係となっていきました。

● 武士団

地方では，豪族や有力農民などが勢力を維持・拡大するために武装していきました。また，朝廷の武官が地方の紛争を鎮圧するために各地に派遣され，地方の豪族などとの交流のなかから武士がおこり，やがて武士団が生まれていきました。

武士団は主人を中心に，主人に従う家の子，家の子が抱える郎党・下人という構造になっていました。

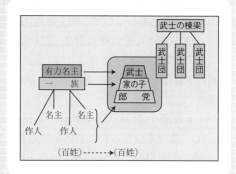

● 保元の乱と平治の乱

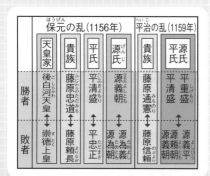

保元の乱は，天皇と上皇の対立に摂関家内の対立がからんで1156年に起こった争乱で，源氏・平氏ともに天皇方・上皇方に分かれて争いました。

平治の乱は，保元の乱に勝利した後白河上皇についた平清盛と源義朝の対立などから1159年に起こり，平清盛が勝利し，源義朝は滅ぼされました。

● 鎌倉幕府のしくみ

　鎌倉幕府では，当初は中央に侍所（御家人の統率・軍事）・政所（幕府の財政）・問注所（裁判）が置かれました。また，地方には国ごとに守護（国内の軍事・警察，御家人の統率）が，荘園・公領ごとに地頭（荘園・公領の管理，年貢の取り立て，警察）が置かれました。源 頼朝が死んだ後，北条氏が執権として侍所と政所の別当（長）を兼ね，政治の実権を握りました。3代執権北条泰時のときには，重要な政務などを合議するために，評定衆が設けられ，最高決済会議として評定が置かれています。地方では，承久の乱（1221年）の後，京都に六波羅探題が置かれ，朝廷の監視や西日本の武士の統率などを担いました。

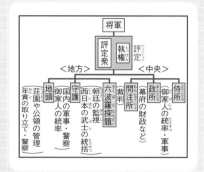

● 御恩と奉公

　鎌倉幕府の支配の根本は，将軍と御家人の御恩と奉公による主従関係でした。

　将軍は御家人に対して先祖伝来の領地を保護したり，新たな領地を与えたりする形で御恩を与えました。この御恩に対して，御家人は将軍に対して忠誠をつくし，ふだんは鎌倉や京都の警護などの任務にはげみ，戦時には戦いに出て働くという奉公をおこないました。

● 北朝と南朝

　1333年に鎌倉幕府が滅亡した後，後醍醐天皇が建武の新政を始めました。後醍醐天皇が公家重視の政策を続けたことから，武士の間で不満が高まり，足利尊氏が兵をあげると，建武の新政は2年ほどでくずれてしまいました。

　足利尊氏は京都に新たな天皇（光厳天皇）を立て，後醍醐天皇が吉野へ逃れたことから，二つの朝廷が生まれました。京都方は北朝，吉野方は南朝と呼ばれ，南北朝の対立から約60年にわたって動乱が続くことになります。

　南北朝の動乱は，1392年（室町幕府3代将軍足利義満のとき）に統一されています。

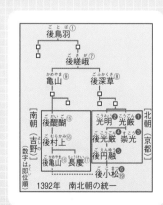

● 室町幕府のしくみ

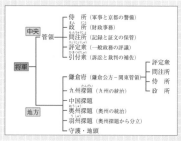

室町幕府では，中央には将軍を補佐する職として管領が置かれ，その下に侍所・政所・問注所が置かれました。管領には，細川氏・斯波氏・畠山氏の三氏から交代で任命されました。

地方では守護が国司の権限を吸収していき，守護大名となっていきました。また，鎌倉には関東地方などを支配する地方機関として鎌倉府がおかれました。

鎌倉幕府と室町幕府のしくみの違いに注意が必要だよ！

● 応仁の乱開始時の対立関係

応仁の乱は，室町幕府8代将軍足利義政のあとつぎ争いに，守護大名の細川氏と山名氏の対立がからんで，1467年に始まりました。

応仁の乱は11年にわたって続き，戦乱は京都から全国に広がることになりました。

応仁の乱以降，下剋上の風潮が広がり，戦国大名が各地に登場し，戦国時代と呼ばれる戦乱の時代を迎えました。

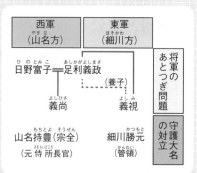

● 主な戦国大名

戦国大名には，守護大名が成長した者や，家来から下剋上によって主君の地位に変わった者がいます。

戦国大名は城を築き，城の周辺に家来を集めて住ませ，商工業者を呼び寄せるなどして，城下町をつくりました。戦国大名は，領国内でのみ通用する独自の分国法を定め，家来や領民の行動をとりしまりました。

代表的な戦国大名には，駿河などを支配した今川氏，甲斐の武田氏，越後の上杉氏，薩摩の島津氏，小田原を拠点とした北条氏，中国地方を支配した毛利氏などがいます。

第**3**章

近世の日本と世界

5 ヨーロッパ人の来航と全国統一

🏛世界史 ⚔日本史政経 🏯日本史文化

時代	年代	できごと
鎌倉時代	1299	●マルコ・ポーロの「東方見聞録(とうほうけんぶんろく)」がなる
		●ダンテの「神曲」がなる
室町時代 戦国時代	1453	●オスマン帝国, ビザンツ帝国(東ローマ帝国)をほろぼす
	1492	●コロンブス, 西インド諸島(カリブ海の島々)に到達(とうたつ)(アメリカの発見)
	1495	●北条早雲, 小田原城(おだわらじょう)を奪(うば)う
	1498	●バスコ・ダ・ガマ, インドに到達
	1517	●ルター, 「95か条の意見書」を提出(宗教改革の開始)
	1519	●マゼラン, 西回り世界一周に出発(〜1552)
	1526	●ムガル帝国の成立
	1533	●(スペイン出身の)ピサロ, インカ帝国をほろぼす
	1534	●イエズス会の結成

🏛 **ルネサンス**…14〜16世紀, イタリアの諸都市を中心に発達した人間や自然を合理的に見ようとする文化の動き。ダンテの「神曲(しんきょく)」はその先がけ的作品。 》p.84 **③**

🏛 **宗教改革**…ルターはカトリック教会の免罪符(めんざいふ)販売(はんばい)に抗議(こうぎ)し, 聖書(せいしょ)を中心とする信仰(しんこう)を説く。 》p.84 **③**

🏛 **オスマン帝国**…13世紀末に成立したイスラム教の国(ていこく)で, 16世紀にはヨーロッパ・アフリカにまで領土を広げた。 》p.83 **②**

🏛 **新航路の発見**…ヨーロッパでは, イスラム商人を通さないアジアとの直接貿易への要求があり, これが新航路の発見を促進(そくしん)した。 》p.85 **④**

🏛 **アメリカ大陸の植民地化**…独自の文明をもつ中南アメリカをスペインは武力で征服(せいふく), 大量の銀をヨーロッパに運びだした。 》p.86 **⑤**

⚔ **戦国大名(だいみょう)**…実力で国を支配する大名。戦国大名は, 検地の実施(じっし), 商工業者の保護, 分国法(ぶんこくほう)の制定などにより国内の統一的支配をはかった。 》p.87 **⑥**

時代	年代	できごと
戦国時代 室町時代	1543	● ポルトガル船が種子島に漂着し, 鉄砲を伝える
	1549	● ザビエル, 鹿児島に来る ● 翌年, 大内義隆の許可を得て布教を開始
	1560	● 織田信長, 桶狭間の戦いに今川義元を破る
	1568	● 信長, 足利義昭を奉じて京に上る
安土・桃山時代	1573	● 室町幕府がほろぶ
	1575	● 長篠の戦い, 織田・徳川連合軍, 鉄砲隊の威力で武田騎馬隊を破る
	1576	● 信長, 安土城を築く
	1577	● 信長, 城下に楽市・楽座を宣言
	1582	● 本能寺の変 ● 秀吉, 山城で検地
	1583	● 秀吉, 大阪城を築く
	1587	● 秀吉, バテレン追放令を出す
	1588	● 秀吉, 刀狩令を出す
	1590	● 小田原平定, 統一完成
	1592	● 秀吉, 朝鮮に侵略 (文禄の役)
	1597	● 再度, 朝鮮に侵略 (慶長の役)
	1598	● 秀吉没す

✒ **鉄砲の伝来**…種子島に漂着したポルトガル人が鉄砲を伝えた。鉄砲は短期間で国産化され, またたくまに全国に広まった。 　　　　>>p.88 ⑦

✒ **キリスト教の伝来**…イエズス会のザビエルが来日, 2年余り各地で布教活動を行う。その後, スペインやポルトガルの商人とともに宣教師が次々来日した。 　　　　>>p.88 ⑦

✒ **信長と秀吉の統一事業**…織田信長は足利義昭を奉じて入京, 天下統一にむけて前進したが, 明智光秀に襲われて自殺, その事業は豊臣秀吉に引き継がれた。 　　　　>>p.89 ⑧

✒ **検地**…秀吉は征服した土地を検地し, 耕作者の名, 田畑の別, 標準的な生産高(石高)を検地帳に記載した。 　　　　>>p.90 ⑨

✒ **刀狩**…秀吉は, 大仏建立を名目に農民から刀・やりなどの武器を取り上げた。 　　　　>>p.90 ⑨

✒ **朝鮮侵略**…明の征服を夢想した秀吉は2度にわたり朝鮮へ大軍を送ったが失敗に終わった。 　　　　>>p.91 ⑩

🏯 **桃山文化**…天守閣の城や障壁画・屏風に代表されるこの時代の文化は力強くはなやかで, ヨーロッパ文化の影響もみられる。 　　　　>>p.92 ⑪

豊臣秀吉が天下を統一して, 戦国の世を終わらせたよ。

キリスト教は，西ヨーロッパのカトリック教会と東ヨーロッパのビザンツ帝国と結びついた正教会に分かれた。

> **Key Word** ゲルマン人の大移動　西ローマ帝国
> ビザンツ帝国　封建制度　農奴　カトリック教会

(1) ゲルマン人の大移動とローマ帝国の分裂

① **ゲルマン人の大移動**…4世紀後半，北方のゲルマン人がローマ帝国内に移動を始めた。同じころにローマ帝国は，東西に分裂した。

② **ローマ帝国の分裂**…ローマ帝国が**西ローマ帝国とビザンツ帝国**に分裂した。その後，西ローマ帝国は476年に滅亡。ビザンツ帝国(東ローマ帝国)は，**コンスタンチノーブル**を首都として，以降1000年栄える。

(2) フランク王国

フランク王国の分裂…ゲルマン人の建てた**フランク王国**は西ヨーロッパの大部分を支配したが，その後に分裂し，**現在のフランス・ドイツ・イタリアのもととなった。**

(3) 西ヨーロッパの封建制度

① **封建制度のしくみ**…国王と諸侯，騎士が土地を仲立ちとして主従関係を結び，領内の農民を支配した。

② **農民のくらし**…農奴とよばれたが，自分の家・土地・家畜をもつことができた。生産物のうち，領主に納める年貢以外は自分のものにすることができた。

③ **カトリック教会**…カトリック教会の頂点に立つ**ローマ教皇(法王)**は，国王や諸侯から土地の寄進を受けて権威が強まって，国王をしのぐようになった。

西暦	できごと
395	ローマ帝国が東西に分裂
476	西ローマ帝国がほろびる
486	フランク王国がおこる
632	イスラム大国がおこる
870	フランク王国が分裂する
1038	セルジューク朝成立
1096	十字軍の開始

西ヨーロッパでは，フランク王国の分裂後，封建社会のしくみができたんだね。

▲サン・ピエトロ大聖堂（世界遺産）

カトリックとプロテスタント

キリスト教をめぐる宗派のうち，ローマ教皇を中心とする教えは，古くからの教えや制度を重視し，カトリックとよばれた。いっぽう，ローマ教皇に従わずカトリックに反対する人々はプロテスタントとよばれた。宗教改革の動きを受けて，カトリック教会でも勢力回復のためにアジアやアフリカに布教した。

② イスラム世界

十字軍の遠征によって，イスラムの文化や科学技術がヨーロッパにもたらされた。

> 🔑 **Key Word**　ムハンマド(マホメット)　アラー　メッカ
> イスラム帝国　十字軍　オスマン帝国　ムガル帝国

(1) イスラム教

アラビア半島のメッカの商人**ムハンマド(マホメット)**が，唯一神**アラー**への服従を説いた。622年，迫害を逃れてメディナに移住，630年には**メッカ**を占領し，やがてアラビア半島は彼の手によって統一された。

(2) イスラム帝国

① **イスラム帝国**…ムハンマドの死後，彼の後継者によって領土が広げられ，8世紀にはアジア・アフリカ・ヨーロッパにまたがる大帝国を築いた。

② **イスラム文化**…イスラム商人は，**東西貿易**を積極的に行い，中国で発明された**紙・火薬・羅針盤**なども彼らによってヨーロッパに伝えられ改良された。このため，イスラムでは**国際的な文化**が栄え，特に**数学・天文学・化学・医学**などの**自然科学**が発達した。

(3) セルジューク朝と十字軍の遠征

① **十字軍の遠征**…11世紀，西アジアにイスラム教徒がつくった**セルジューク朝**は，キリスト教徒の聖地**エルサレム**を占領し，巡礼者を迫害した。このため，ローマ教皇は国王・諸侯に聖地奪回をよびかけ，1096年から200年の間にたびたび**十字軍**が派遣された。

(4) オスマン帝国とムガル帝国

16世紀には，**オスマン帝国**，インドには**ムガル帝国**というイスラム教徒による国が栄えた。

🔺イスラム教の国々で発達した科学

> (参考)
> **自然科学の発達**
> 現在でもアルカリ，アルコール，ケミストリ(化学)など，アラビア語を語源とする自然科学に関する用語は多い。なお，アラビア数字は，インドの数字をもとにつくられ，ヨーロッパにもたらされた。

🔺十字軍地図

> (参考)
> **十字軍の影響**
> 教皇と教会の権威がおとろえ，かわって国王の力が強まった。戦費の負担が大きく，諸侯や騎士が困窮した。東方貿易がさかんになり，北イタリアで自治都市が栄えた。イスラムの文化がヨーロッパにもたらされ，学問や科学技術が発展した。

③ ルネサンスと宗教改革

ルネサンスと宗教改革により近代ヨーロッパの基礎が固まった。

Key Word 火薬　羅針盤　レオナルド・ダ・ビンチ
ミケランジェロ　宗教改革　ルター　イエズス会

(1) ルネサンス

① **ルネサンス以前のヨーロッパ**…ローマ教皇(法王)を頂点とする封建制度の社会で，教会が人々の精神生活を支配していた。

② **ルネサンス文化の特色**…教会の教えにしばられず，現実の人間をそのまま認め表現しようとし，**キリスト教化以前の古代ギリシャ・ローマ文化を復興させようとする動き**。

③ **ルネサンスの作品**

文学：ダンテ「神曲」

絵画：レオナルド・ダ・ビンチ「最後の晩餐」「モナ・リザ」

彫刻：ミケランジェロ「ダビデ」など

④ **ルネサンスの三大発明**…紙・火薬・羅針盤。火薬と羅針盤は，ともに東方から伝えられたものがヨーロッパで改良された。

(2) 宗教改革

① **イスラム世界との接触**…十字軍の遠征や東方貿易を通じ，イスラム世界の合理的な文化や古代ギリシャ・ローマの文化がヨーロッパにもたらされた。

② **イタリア諸都市の繁栄**…東方貿易や金融によって富を得たイタリア諸都市では市民が成長し，**自由に考えようとする気運**が強まった。

③ **改革のひろがり**…1517年，**ルター**はドイツで教会の**免罪符**の販売に反対して「95か条の意見書」を出して抗議した。これが**宗教改革の口火**となった。スイスでは，**カルバン**が勤労と蓄財は神の教えにかなうと説き，商工業者に受け入れられた。

④ **新教と旧教**…新しい教えを信じるキリスト教の一派を**プロテスタント(新教)**といい，これに対し，ローマ教会側の教えを**カトリック(旧教)**とよぶ。

⑤ **イエズス会**…カトリック教会側では，**ロヨラ**や**ザビエル**が結成した**イエズス会**が海外で布教活動を行った。

▲レオナルド・ダ・ビンチ「モナ・リザ」

▲アダムの創造（ミケランジェロ）

注目！

免罪符

　ローマ教皇(法王)が教会建設の資金を得るために販売したお札で，これを買えばすべての罪が許されるというもの。

④ ヨーロッパ人の海外進出

ヨーロッパ人は香辛料(こうしんりょう)などを求めてアジアを目指した。

Key Word　香辛料　マルコ・ポーロ　東方見聞録
バスコ・ダ・ガマ　マゼラン　無敵艦隊　東インド会社

(1) 新航路の発見

① **アジアとの貿易**…東南アジア産の**香辛料**，インド産の綿織物，中国産の絹織物などアジアの物産に対する需要が高まった。

② **マルコ・ポーロ**…13世紀のイタリア商人で元(げん)を訪れ，「**東方見聞録**(けんぶんろく)」で黄金の島ジパングなどを紹介(しょうかい)したことで，ヨーロッパ人のアジアへの興味・関心をかきたてた。

③ **新航路の発見**…東方貿易はイスラム商人と，これを結ぶイタリア商人が独占(どくせん)していた。このため**スペイン・ポルトガル人**は，**海路で直接アジアをめざそう**とした。バスコ・ダ・ガマは喜望峰回(きぼうほう)りでインドに到達(とうたつ)，**コロンブス**は大西洋を横断して西インド諸島に到達，**マゼラン**一行は西回りで世界一周を達成した。

(2) ヨーロッパ諸国の海外進出

① **スペイン**…アメリカ大陸に進出。インカなどの古代帝国(ていこく)をほろぼして植民地化。銀や農産物をヨーロッパに持ち出す。

② **ポルトガル**…インドのゴア，中国のマカオ，マレー半島のマラッカを根拠地(こんきょち)にアジアとの貿易を行う。

③ **イギリス**…北アメリカに植民地を開く。16世紀末にはスペインの無敵艦隊(てきかんたい)を撃破(げきは)。1600年，**東インド会社**を設立してインドに進出した。

参考

香辛料

アジアからもたらされるこしょうなどの香辛料は，肉の調理や保存にかかせないもので，たいへん高価なものであった。

◆羅針盤(らしんばん)

参考

じゃがいも

じゃがいもは，新大陸からヨーロッパにもたらされた。このほか，とうもろこしやトマトなど新大陸原産の農作物は少なくない。

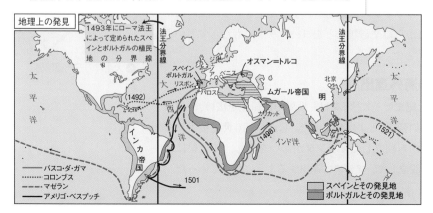

地理上の発見

1493年にローマ法王によって定められたスペインとポルトガルの植民地の分界線

法王分界線　　法王分界線

太平洋　　オスマン=トルコ　　太平洋

スペインポルトガル　北京

大　リスボン　　明

パロス

大西洋　ムガール帝国　カリカット(1498)　インド洋

インカ帝国　(1492)　　(1521)

1501

―――― バスコ・ダ・ガマ
・・・・・・ コロンブス
――― マゼラン
――― アメリゴ・ベスプッチ

▨ スペインとその発見地
▨ ポルトガルとその発見地

第3章 近世の日本と世界

85

⑤ アメリカ大陸の植民地化と奴隷貿易

アメリカ大陸が発見されるとスペインが植民地化し，ヨーロッパとの間で三角貿易を行った。

Key Word コロンブス　インカ帝国　マチュピチュ遺跡
植民地化　奴隷貿易　三角貿易　オランダ

(1) アメリカに到達

コロンブス…1492年，スペインの援助を受けたイタリア出身の**コロンブス**が大西洋を横断し，カリブ海の島に到達した。**コロンブス**は，そこをインドの一部だと考えたが，これが**アメリカ大陸発見**のきっかけとなった。

(2) アメリカ大陸の植民地化

① アメリカ大陸独自の文明…アメリカ大陸には，**マチュピチュ遺跡**など高度な石造建築技術を持つ**インカ帝国**や**アステカ帝国**など独自の文明が栄えていたが，**スペイン人**によって，**16世紀前半にほろぼされた**。

② **植民地化**…スペイン人などが本国から移り住み，先住民などを支配して，銀鉱山の開発や農園を開いて**さとうきび**などを栽培し，これらの産物をヨーロッパに運んだ。

③ **奴隷貿易**…労働力が不足すると，アフリカから住人を**奴隷**として，アメリカ大陸やカリブ海の島々に送り込んだ。

④ **三角貿易の開始**…ヨーロッパ人は，**武器**などをアフリカ西海岸に輸出し，アフリカから**奴隷**をアメリカ大陸やカリブ海の島々に送り，そこから**銀**や**砂糖**などをヨーロッパにもたらすという**三角貿易**を行った。

(3) オランダの海外進出

オランダ…16世紀まで，スペインは，世界中に領土を広げ，「**日のしずむことのない帝国**」とよばれていた。しかし，16世紀後半になるとスペイン領から独立した**オランダ**が勢いを増し，17世紀には**東インド会社**を設立して，アジアに進出するようになっていった。

▲上陸するコロンブス

コロンブスは，アメリカ大陸をインドの一部と信じていたんだよ。

▲インカ帝国の
マチュピチュ遺跡(世界遺産)

毛織物
銀・砂糖
武器・雑貨
金・象牙
奴隷

ヨーロッパ
アメリカ大陸
アフリカ

▲大西洋の三角貿易図

⑥ 戦国大名の領国支配

室町幕府の力がおとろえ，戦国大名が割拠する時代となった。

Key Word 戦国大名　検地　分国法　城下町　鉱山開発

(1)戦国大名の登場

① **室町幕府のおとろえ**…応仁の乱以後，将軍の力は弱まり，幕府の支配は京都とその周辺に限られるようになった。

② **守護大名から戦国大名へ**…守護は将軍から自立した領国支配者となったが，家臣に地位を奪われるものも少なくなく，実力で一国または数か国を支配する**戦国大名**が各地に割拠するようになった。このなかで，相模(神奈川県)の**北条**氏，越後(新潟県)の**上杉**氏，甲斐(山梨県)の**武田**氏，尾張(愛知県)の**織田**氏，越前(福井県)の**朝倉**氏，安芸(広島県)の**毛利**氏，薩摩(鹿児島県)の**島津**氏などが強い力をもつようになった。

(2)戦国大名の政策

① **検地**…戦国大名は，領内の田や畑を調査し，面積，年貢高や納入の責任もつ農民の名を**検地帳**に記した。

② **分国法**…戦国大名が領国を治めるために定めた法律で，**家臣の統制や裁判の基準**がおもな内容である。

③ **城下町**…戦国大名は，農村から切り離した家臣や商工業者をともに城下に集めて，**城下町**を形成した。

④ **富国強兵**…用水路の建設などの大規模な**治水・かんがい工事**によって農業生産力を高め，鉱山の開発や商工業者の保護により富の集中をはかった。特に**石見銀山**(島根県)では，質の良い銀を生産できるようになり，産出された銀は中国に輸出されて世界で流通し，世界の経済に影響をあたえた。

参考

北条早雲と斎藤道三

ともに実力で領国を切り取った典型的な戦国大名とされてきたが，近年は否定されつつある。早雲は伊勢の浪人と言われていたが実は室町幕府の将軍の側近の出身。道三は京都の油商人であったと言われているが，父の代から美濃に勢力を広げていた武士という説が有力になりつつある。

史料　分国法の例(一部)

一.けんかをした者は，いかなる理由によるものでも処罰する。
(甲州法度之次第)

一.今川家の家臣は，自分勝手に，他国より嫁や婿にとったり，他国へ娘を嫁に出すことは，今後は禁止する。
(今川仮名目録)

おもな戦国大名

❼ 鉄砲とキリスト教の伝来

鉄砲（てっぽう）とキリスト教の伝来は，戦国の世を大きく変えた。

> **Key Word** 鉄砲伝来　種子島　足軽鉄砲隊　ザビエル
> 南蛮貿易　キリシタン大名

(1) 鉄砲伝来

① **鉄砲伝来前夜**…16世紀，アジアに進出したポルトガル人は，ゴアやマラッカを根拠地（こんきょち）に貿易活動を展開。琉球（りゅうきゅう），鹿児島へもやってくるようになった。

② **鉄砲の国産化と普及（ふきゅう）**…種子島（たねがしま）に伝えられた2丁（ちょう）の鉄砲をもとに短期間で国産化に成功した。主な生産地は，**堺（さかい），根来（ねごろ）**(和歌山県)，**国友（くにとも）**(滋賀県)など。

③ **鉄砲伝来（えいきょう）の影響**

戦術の変化	足軽（あしがる）鉄砲隊による集団戦法の採用。
築城法の変化	高い石垣（いしがき）や厚い城壁（じょうへき），めぐらされた堀（ほり）など。

(2) キリスト教伝来

① **ザビエル**…ザビエルはスペイン人でイエズス会の宣教師。ポルトガル領ゴアから1549年鹿児島へ上陸，日本滞在（たいざい）は2年余り。

② **宣教師と貿易商人**…ポルトガル・スペインは，布教活動と貿易の利益追求，植民地獲得（かくとく）行動は一体のもので，宣教師自身が貿易にあたることもあった。

③ **南蛮貿易（なんばん）**…ポルトガル人やスペイン人との貿易のことで，南方からやって来た彼らを**南蛮人（なんばんじん）**とよんだことによる。この貿易は**長崎・平戸（ひらど）**を中心に行われ，**生糸（きいと）や絹織物**，火薬などが輸入された。

④ **西国（さいごく）の大名（だいみょう）とキリスト教**…貿易の利益と西洋文明への好奇（こうき）心や，領内の仏教勢力との対抗（たいこう）から**キリスト教**を保護し，自ら信者となる大名(**キリシタン大名**)も現れた。

参考

鉄砲の使用

1550年，京都での細川（ほそかわ）軍と三好（みよし）軍との戦いに用いられたことが当時の貴族の日記に記されている。これが鉄砲使用の最初の記録で，伝来からわずか7年後のことであった。

▲ザビエル

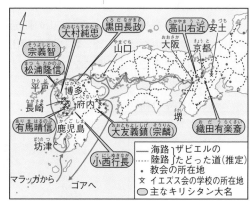

▲キリスト教の広まり

⑧ 信長と秀吉の統一事業

信長の後継者となった秀吉が全国統一を果たした。

Key Word 織田信長 桶狭間の戦い 足利義昭 延暦寺
楽市・楽座 本能寺の変 豊臣秀吉 明智光秀 関白 全国統一

(1) 信長の統一事業

① **織田信長の台頭**…織田氏は**尾張**(愛知県)の小大名。信長は1560年の**桶狭間の戦い**で駿河(静岡県)の**今川義元**を破り，東海の覇者となる。

② **室町幕府の滅亡**…将軍**足利義昭**は，上杉・武田ら諸大名や一向宗徒などと連携して信長に対抗するが，京より追放され，**室町幕府は滅亡**する。

③ **宗教政策**…**比叡山延暦寺の焼き討ち**，各地の**一向一揆の弾圧**など，寺社勢力であっても統一のさまたげとなるものに対しては武力で対決した。寺社勢力への対抗もあり，**キリスト教に対しては寛容**であった。

④ **経済政策**…関所の撤廃や**楽市・楽座**により，商工業者に対する公家や寺社の支配・保護を否定し，**城下への集住**をはかった。**堺の自治権**を奪った。

(2) 秀吉の統一事業

① **豊臣秀吉**…尾張の農民出身から信長の家臣として成長。初名は木下藤吉郎，後に羽柴秀吉と名乗り，1586年，朝廷より豊臣の姓を与えられた。**本能寺の変**の後，いちはやく**明智光秀**を討って信長の後継者の地位を固める。

② **関白任官**…1585年，**関白**となり，天皇の代理人として大名に戦いの停止を命令，従わぬものは武力で制圧。

③ **全国統一**…秀吉は九州平定後，バテレン追放令を出した。1590年，小田原攻めによる**北条氏滅亡**，伊達氏の降伏により**全国統一**は完了した。

▲織田信長

▲豊臣秀吉

秀吉の経済基盤
　秀吉の直轄地(蔵入地)は全国の総石高約1850万石に対し約220万石と少ない。しかし京都・大阪のほか堺・博多などの都市を直接支配下において流通をおさえ，また佐渡の金山，生野の銀山など主要な鉱山を直轄領として金銀を集積させていった。

❾ 検地と刀狩

豊臣秀吉の行った検地と刀狩によって武士と農民の身分が明確となった。

🔑 Key Word　太閤検地　検地奉行　度量衡の統一　検地帳
石高制　刀狩　兵農分離　身分統制令

(1) 太閤検地

① **全国的な実施**…秀吉は全国的に統一的基準で**検地**を行った。大名に領内の検地を行わせる場合もあるが，**検地奉行**を派遣して行わせる例も多かった。

② **度量衡の統一**…長さは1間を6尺3寸（約1.9ｍ）とし，面積は1間四方を1**歩**，300歩を1**反**と定め，またますの大きさも統一した。

③ **検地帳**…検地の結果，**土地の等級**，**面積**，**石高**，**耕作農民の名**などが検地帳に記された。

④ **石高制**…田畑の標準的な**収穫高**を表すものだが，これを**年貢徴収の基準**とした。大名の領地も**石高**で示され，大名に課す負担も**石高**をもとに決められた。

⑤ **検地の意義**…農民は**年貢納入**の義務は負うものの，**耕作権を保障**され土地に対する権利を強めた。また，**荘園制的支配が完全に消滅**した。

(2) 刀狩と兵農分離

① **刀狩令**…**一揆防止**のため，農村にあった刀・やりなどの武器を没収した。武器をもつ武士ともたない農民の区別が明確になった。

② **兵農分離**…検地・刀狩にあわせ，1591年に出された**身分統制令**では下級の武士が百姓・町人になること，また農民が商売や賃仕事のために田畑を離れることも禁じ，**武士と農民・町人の身分の別が固定**されることとなった。刀狩と身分統制令によって，**兵農分離**が進んだ。

信長の場合は秀吉と違い，領主に調査結果を報告させる「指し出し」形式のものも多かったんだ。

🔺 検地のようす

史料　刀狩（部分）

一．諸国の百姓が，刀，わきざし，弓，やり，鉄砲そのほかの武器を所有することはかたく禁止する。その理由は，不要な武器をたくわえて年貢を出ししぶり，もし一揆をおこして領主に反抗するものがいればもちろん処罰するが，田畑が耕作されず領地の支配がむだになってしまうからである。

一．没収した武器はむだにならないよう，大仏建設の釘やかすがいに利用する。

一．百姓は農具だけをもち，耕作に専念すれば，子々孫々まで安心である。

⑩ 朝鮮侵略

朝鮮侵略は，朝鮮に大きな被害をあたえたが，豊臣政権を弱体化させることにもなった。

←1592～96年の進路
←1597～98年の進路
✕ 主な戦場
明の軍
平壌
朝鮮
漢城
ハンソン
慶州
蔚山
ウルサン
釜山
朝鮮の水軍
対馬・名護屋
0　　200km

▲日本軍の進路地図

Key Word ▶ 文禄の役　義兵　李舜臣　慶長の役
壬申・丁酉の倭乱

(1) 朝鮮侵略

① **文禄の役**…1592年，豊臣秀吉は明の征服をめざし諸大名に出兵を命令。**釜山**に上陸した日本軍は1か月ほどで首都**漢城**(ソウル)を占領，明との国境に迫る。

② **戦いの長期化**…**義兵**を組織しての朝鮮民衆の抵抗や，明の援軍派遣により日本軍は苦戦，戦いは長期化した。

③ **慶長の役**…明との講和交渉も行われたが成立せず，**1597年**，ふたたび大軍を派遣した。今回の出兵は，朝鮮南部の割譲を求めてのものであった。1598年の**秀吉の死**により引き上げた。

④ **壬申・丁酉の倭乱**…2度にわたる日本軍の侵攻を朝鮮では**壬申・丁酉の倭乱**という。7年にわたる侵略戦争により国土は荒廃し，多くの人々が犠牲となった。

(2) 朝鮮侵略の影響

① **各地での焼き物**：戦場になった**朝鮮は荒廃**し，日本に連行されるものもいて、朝鮮から連れてこられた陶工が**有田焼**などの**焼き物**を始めた。

② **豊臣政権の弱体化**：朝鮮侵略は日本側にも**多くの犠牲者**を出し，武士や農民は重い負担に苦しんだ。また，秀吉恩顧の大名の間にも対立が生じ，**豊臣政権の弱体化**を招いた。

くわしく

李舜臣
イ スン シン

朝鮮水軍の指揮官で亀甲船とよばれる戦艦をあやつり，しばしば日本の水軍を破った。特に1592年7月の閑山島の戦いでは日本水軍に大きな打撃をあたえ，日本軍の海上補給を著しく制約させることとなった。

2万とも3万ともいわれる朝鮮の人々が日本に連行されたんだ。

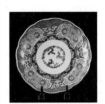

▲有田焼

倭城の遺跡

　朝鮮に渡った大名は，南部の海岸部や島に日本式の城を築いて拠点とした。中には天守閣をもつものもあった。これらの城跡は今も残り，倭城とよばれている。築城にあたったのは，日本から連れて行った職人や農民である。彼らの苦労は並大抵でなく，築城しながら籠城を強いられた蔚山では，材木を採りに行けば朝鮮兵に攻撃され，それを恐れて仕事を怠れば将兵から処罰されたと，従軍した僧の記録に残されている。

⑪ 桃山文化

桃山文化は，大名の城に代表される豪華で勇壮な文化である。

🔑 **Key Word** 南蛮文化　天守　狩野永徳　長谷川等伯
茶の湯　千利休　三味線　かぶきおどり　出雲の阿国

(1) 桃山文化の特色
① **新興大名や大商人が文化のにない手**…現世肯定的で，富(黄金)を大量に消費。
② **南蛮文化の影響**…ポルトガル人・スペイン人との貿易やキリスト教宣教師の活動により，**南蛮文化**とよばれるヨーロッパのさまざまな文化が伝えられた。

学問・技術	天文学や医学，航海術，油絵の技法など。
生活品	パン・カステラ，タバコ，ボタン，眼鏡など。

(2) 壮大な城
① **天守と書院造の御殿**…城には権威を示す**天守**がそびえ，書院造の御殿の内部は彫刻や絵でかざられた。
② **障壁画**…ふすまや壁，屏風には，華やかな色彩を用いた絵(濃絵)がえがかれた。**狩野永徳・狩野山楽**や**長谷川等伯**など。

(3) 茶の湯
室町時代に始まった**茶の湯**は，大名や大商人の社交の場として流行し，**千利休**が茶道として完成させた。また，茶の湯は茶碗などの茶器の創作をさかんにした。

(4) 庶民芸能の発達
① **小歌**…庶民の間に流行した歌謡で，恋愛が題材の歌が多く歌われた。琉球の三線(蛇皮線)を改良した**三味線**を合わせて浄瑠璃などが行われた。
② **かぶきおどり**…**出雲の阿国**という女性が始めた舞踊で，江戸時代に成立した**歌舞伎**の源流といわれる。

▲姫路城

▲唐獅子図屏風

参考

利休と秀吉
利休は堺の商人の出身で秀吉に仕え，秘書の役割もはたした。利休は小さな草庵で質素な道具を用いるわび茶を好んだが，一方で秀吉は京都の北野で大茶会を開いたり，黄金の茶室をつくったりした。

桃山ってどこ?

信長・秀吉の時代を安土桃山時代というが，桃山は政治の中心地ではない。桃山とは秀吉が隠居した伏見城のあった地の後世の名で，秀吉時代の政治の中心は，大阪城や関白の屋敷として造営された聚楽第(京都)である。

つまりこういうこと

- ● ヨーロッパで**ルネサンス**とよばれる文芸復興が生まれた。
- ● ドイツ人の**ルター**は宗教改革をおこした。
- ● ポルトガル人の**マゼラン**が率いた船隊は，初めて世界一周に成功した。
- ● 1492年，**コロンブス**は大西洋を横断し，アメリカに到着した。
- ● スペインはアメリカ大陸を植民地とし，**三角貿易**を行った。
- ● **オランダ**はスペインから独立し，17世紀には貿易・金融の中心となった。
- ● 1543年，種子島に漂着したポルトガル人が**鉄砲**を伝えた。
- ● スペイン人のフランシスコ・ザビエルが日本の**鹿児島**に来てキリスト教を伝えた。
- ● 織田信長は**桶狭間**の戦いで，駿河の今川義元を破った。
- ● 織田信長は室町幕府をほろぼし，1573年に将軍**足利義昭**を京都から追放した。
- ● 織田信長は，安土で自由な商売を保障する**楽市・楽座**や，関所の撤廃など行った。
- ● **明智光秀**が織田信長を裏切り，本能寺で自害させた。
- ● **太閤**検地では，役人を派遣し，検地帳をつくって田畑の面積を調べた。
- ● 豊臣秀吉は，農民の一揆を防ぐため，**刀狩**令を出した。
- ● 豊臣秀吉は，**関白**や太政大臣の地位に就き，天皇の権威を利用した。
- ● 二度にわたる**朝鮮**出兵で，豊臣氏の勢いは衰えた。
- ● ヨーロッパから伝わった文化のことを，日本では**南蛮**文化とよんだ。
- ● 安土城や大阪城の内部には，**狩野永徳**が描いた障壁画が飾られた。
- ● 堺の豪商**千利休**は，わび茶を完成させた。
- ● 人々の間では，**小歌**とよばれる流行歌や踊りが流行った。
- ● **出雲の阿国**がかぶきおどりを始めた。

定期試験対策問題⑤　解答➡p.259

1　ヨーロッパ世界の発展と日本　≫p.82～86

次の文章を読んで，あとの問いに答えなさい。

　　5世紀以降のヨーロッパでは，紀元前後にイエスが説いた，神の愛はすべての人におよぶという
キリスト教が信仰され，ₐ教会が人々の暮らしや生活に大きな影響を与えていた。特に，西ヨーロッ
パではローマ教皇を首長とする♭カトリック教会の影響力は強く，皇帝や国王と教皇（法王）はしば
しば対立したが，東ヨーロッパでは教会が東ローマ帝国の保護を受けギリシャ正教会が成立した。
　　一方，アラビア半島で生まれたイスラム教は，8世紀の中ごろまでに中央アジアからイベリ
ア半島を支配する勢力となり，西はヨーロッパ，東は中国と国境を接した。ₒイスラム世界は
商人の活躍や他国との戦いの中で，さまざまな文化を取り入れ，改良し，それをヨーロッパ
世界に伝える役割を果たした。

(1)　下線部aについて，次の①，②に答えなさい。

①　14世紀から16世紀に，aのような，神を中心とした教会の教えにとらわれず，現実の人
間を重視し，キリスト教化以前の古代ギリシャ・ローマ文化を復興させようとした動きが
おこった。これを何とよぶか，答えなさい。　　　　　　　　　〔　　　　　　　　　　〕

②　①の運動で活躍した人物と，その作品の組み合わせとして正しいものを，次のア～エか
ら1つ選び，記号で答えなさい。　　　　　　　　　　　　　　〔　　　　　　　　　　〕

ア　レオナルド・ダ・ビンチ—『神曲』　　**イ**　ボッティチェリ—「モナ・リザ」

ウ　ミケランジェロ—「ダビデ」　　　　　**エ**　ダンテ—「春」

(2)　下線部bについて，次の①～④に答えなさい。

①　16世紀初めに教会が資金集めのために免罪符を販売したことを批判し，信仰は聖書に基
づくべきだと唱え，ドイツで宗教改革を進めた人物を答えなさい。〔　　　　　　　　　〕

②　①を支持し，キリスト教の新しい教えを信仰してカトリック教会から離れた人々を何と
いうか，答えなさい。　　　　　　　　　　　　　　　　　　　〔　　　　　　　　　　〕

③　②がヨーロッパで勢力を広げる中で，カトリック教会が勢力の立て直しをはかるために
結成し，アジアなどでの布教を進めた会の名を答えなさい。　　〔　　　　　　　　　　〕

④　③の会の人物で，1549年鹿児島に上陸し，日本にキリスト教を伝えた人物を答えなさい。
　　　　　　　　　　　　　　　　　　　　　　　　　　　　　〔　　　　　　　　　　〕

(3)　下線部cの1つである羅針盤は，大海での航海を可能にしたが，15世紀に新航路を開拓し
た人物と航路の組み合わせとして正しいものを，次のア～ウから1つ選び，記号で答えなさい。
　　　　　　　　　　　　　　　　　　　　　　　　　　　　　〔　　　　　　　　　　〕

ア　マゼランの船隊—世界一周　　**イ**　コロンブス—喜望峰からインド航路開拓

ウ　バスコ・ダ・ガマ—アメリカ大陸付近の島に到達

(4)　(3)の航海を支援した国を答えなさい。　　　　　　　　　　〔　　　　　　　　　　〕

2 戦国大名と統一事業 >>p.87〜92

次の文章を読んで，あとの問いに答えなさい。

応仁の乱後，約100年にわたり全国各地で戦乱が続いた。この間に，かつて勢力をふるっていた守護大名が下剋上の風潮の中で実力のある家臣・土豪らに倒され，守護大名にかわって_a戦国大名が出現した。

天下統一をめざす大名の中でも，_b織田信長は，今川義元を破ってから勢力を伸ばし，敵対する大名や仏教勢力をおさえて京都に上り，統一事業をすすめた。しかし，信長は家臣の（　c　）に討たれたので，その統一事業は豊臣秀吉に受け継がれた。

秀吉は，_d農民に耕作の権利を保障し，それに応じた年貢を納める義務を負わせることで，農民の地位と責任をはっきりさせ，それまでの荘園を単位とする土地制度を改めた。さらに_e農民や僧侶から武器を取り上げ，住む場所も農民は村，武士は城下町と決め，_f下級武士が農民や町人になることを禁じるなど身分の区別をはっきりさせた。また，秀吉は織田信長が保護した（　g　）を国内統一の妨げになると考えて禁止したが，貿易はさかんに行った。一方で，秀吉は明の征服をくわだて，日本への服属と協力を求めて拒否した朝鮮に_h1592年と1597年の2度大軍を送った。

(1) 文章中の下線部aについて，戦国大名が領国を治めるために定めた法律を何というか，答えなさい。〔　　　　　　　〕

(2) 下線部bが行ったこととして適切でないものを，次のア〜エから1つ選び，記号で答えなさい。〔　　　〕

　　ア　琵琶湖のほとりに安土城を築いた。　イ　足利義昭を将軍に立て，室町幕府を保護した。
　　ウ　比叡山延暦寺を焼き討ちした。　　　エ　楽市・楽座で商工業を活発化させた。

(3) 空欄cにあてはまる人物を答えなさい。〔　　　　　　　〕

(4) 下線部d，eの政策をそれぞれ何というか，答えなさい。

　　　　　　　　　　　　d〔　　　　　　　〕　e〔　　　　　　　〕

(5) 下線部e，fによって身分の区別がはっきりしたが，これを何というか，漢字4字で答えなさい。〔　　　　　　　〕

(6) 空欄gにあてはまる語句を答えなさい。〔　　　　　　　〕

(7) 下線部hについて述べた文として正しいものを，次のア〜エから1つ選び，記号で答えなさい。〔　　　〕

　　ア　2度にわたる朝鮮侵略は成功し，朝鮮半島南部の割譲に成功した。
　　イ　戦場となった朝鮮から連れてこられた陶工によって，磁器の技術が伝えられた。
　　ウ　朝鮮では李舜臣率いる水軍の活躍で秀吉が殺されて撤退した。
　　エ　朝鮮侵略は失敗したものの，海外出兵した秀吉の支配力は高まった。

(8) 織田信長や豊臣秀吉の時代にヨーロッパから流入した文化を何というか，答えなさい。〔　　　　　　　〕

6 江戸幕府の成立と鎖国

🏯世界史　📘日本史政経　📕日本史文化

時代	年代	できごと
安土・桃山時代	1598	●秀吉没す
	1600	●オランダ船，豊後に漂着，ウィリアム・アダムズとヤン・ヨーステン，徳川家康の外交顧問となる
		●関ヶ原の戦い
江戸時代	1603	●徳川家康，征夷大将軍に
	1604	●幕府，蝦夷地を松前氏にあたえる
		●朝鮮国王，対馬住民が釜山で貿易を行うことを許可
	1605	●徳川秀忠，2代将軍に
	1607	●朝鮮との国交回復，第1回の朝鮮通信使が来日
	1609	●薩摩藩，琉球王国を征服
	1612	●徳川家康，幕領でキリスト教を禁止する
	1615	●大阪夏の陣，豊臣氏滅亡
		●武家諸法度および禁中並公家中諸法度を定める
	1616	●ヨーロッパ船の来航を長崎・平戸に限定

📘 **関ヶ原の戦い**…豊臣秀吉の死後，豊臣家臣団は分裂，全国の大名が石田三成方の西軍と，徳川家康方の東軍に分かれて戦った。　≫p.98 ①

📘 **将軍の世襲**…徳川家康は2年余りで将軍職を秀忠に譲り，天下が徳川氏の世襲であることを示した。　≫p.98 ①

📘 **幕藩体制**…大名の領地と支配のしくみを藩というが，徳川氏は天下の支配者であるとともに，多くの幕領をもつ最大の大名であった。幕府の統制のもと，大名が土地と人民を支配するしくみが幕藩体制である。　≫p.99 ②

📘 **士農工商**…幕藩体制のもと，身分制は固定され，人々は特権をもつ武士による支配を受けた。　≫p.101 ④

📘 **朝鮮通信使**…江戸時代を通して朝鮮とは国交をもち，将軍の代がわりには通信使が来日し，幕府は手厚くもてなした。　≫p.106 ⑨

📘 **琉球王国**…琉球は薩摩藩に征服された後も独立国の体裁をとり，清との間に朝貢関係を保っていた。　≫p.106 ⑨

📘 **武家諸法度**…大名を統制する法で将軍の代がわりごとに示され，大名は将軍への忠誠を誓った。　≫p.100 ③

📘 **禁中並公家中諸法度**…幕府は天皇の行動にも制限を加え，権威は利用しても，政治的には無力な存在とした。　≫p.100 ③

江戸時代	1623	●徳川家光，3代将軍に ●イギリス，平戸商館を閉鎖
	1624	●スペイン船の来航を禁止
	1630	●シャム（タイ）で山田長政が暗殺される
	1634	●長崎に出島を築かせる
	1635	●日本人の海外渡航と帰国をすべて禁止する ●参勤交代の制度を定める
	1637	●島原・天草の一揆
	1639	●ポルトガル船の来航を禁止
		●幕府，宗門改役をおく
	1641	●オランダ商館を長崎の出島にうつす
	1643	●田畑永代売買を禁止する
	1644	●明がほろび，清が成立する
	1669	●シャクシャインの反乱

📝 **スペイン船の来航を禁止**…幕府は禁教と貿易は切り離していたが，スペインにとって貿易と布教は不可分のものであったため，貿易船による宣教師の潜入を阻止することは困難であった。　≫p.104 ⑦

📝 **日本町（日本人町）**…朱印船貿易の展開により，東南アジア各地に日本町がつくられた。山田長政は，シャムのアユタヤに居住する日本人の頭であった。　≫p.103 ⑥

📝 **島原・天草一揆**…領主の過酷な収奪とキリシタン取り締まりに苦しむ島原・天草地方の農民が天草四郎（益田時貞）を大将として一揆をおこした。一揆にはキリシタン浪人も加わり，幕府軍に激しく抵抗した。　≫p.104 ⑦

📝 **ポルトガル船の来航を禁止**…島原・天草一揆の後，幕府はキリスト教徒に対する警戒を強め，ポルトガル船の来航を禁じ，日本に来航するヨーロッパ船はオランダ船のみとなった。　≫p.105 ⑧

📝 **長崎貿易**…鎖国下の日本では，長崎において，オランダ商人および清の商人とのみ幕府の監視のもとで貿易が行われた。　≫p.105 ⑧

1603年に徳川家康が征夷大将軍に就任して，のちに約260年続く江戸幕府が開かれたよ。

① 江戸幕府の成立

関ヶ原の戦いの後，征夷大将軍となった徳川家康は江戸に幕府を
開いた。

Key Word　徳川家康　江戸　石田三成　関ヶ原の戦い
徳川秀忠　大阪の陣

(1) 徳川家康

① **生い立ち**…**三河**(愛知県)の小大名出身で，幼いころは織田氏
や今川氏に人質にされた。今川氏の滅亡後，織田信長と同盟
を結び，東海地方の有力大名となった。

② **関東移封**…信長の死後，**小牧・長久手**で豊臣秀吉と戦ったが，和
を結んで臣従する。小田原の北条氏滅亡後，東海から関東に領
地を移され，**江戸**を本拠とした。

(2) 関ヶ原の戦い

① **豊臣恩顧の大名の内部対立**…秀吉の古くからの家臣の**加藤清正**
らと，新たに取り立てられた**石田三成**らが対立。

② **五大老・五奉行**…豊臣秀吉の死後，徳川家康は五大老の一人と
して政治を主導した。同じ五大老の前田利家の死後は，独裁的
なふるまいが目立ち，**五奉行の石田三成**らと対立を深めていた。

③ **関ヶ原の戦い**…1600年，家康らの東軍と石田三成らの西軍が
美濃(岐阜県)の関ヶ原で戦い，東軍が勝利した。

(3) 江戸幕府の成立

① **征夷大将軍**…1603年，家康は征夷大将軍に任じられた。2年後
には子の**秀忠**に将軍職を譲った。

② **関ヶ原以後の豊臣氏**…豊臣秀吉の子**秀頼**は，関ヶ原の戦いの
後も**大阪城**を本拠地とし，**朝廷の高い官位を保持して西国の
諸大名に影響力**をもっていた。このため，豊臣氏の処遇は，幕
府の課題となっていた。

③ **大阪の陣**…1614年，家康は諸大名を動員し，徳川氏への対抗を
やめない**大阪城**を攻めた(冬の陣)。いったんは講和となったが，
翌年，ふたたび大阪城を攻撃し，**豊臣氏をほろぼした**(夏の陣)。

▲徳川家康

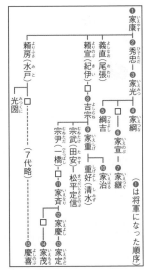

▲徳川氏の系図

② 幕府と藩による支配

幕府と藩によって，全国の土地と人民を支配するしくみを幕藩体制という。

> 🔑 **Key Word** 藩 徳川家光 老中 大老 寺社奉行 町奉行 勘定奉行 幕領 五街道 関所

(1) 幕府と藩

① **幕府と藩**…武家政権の首長としての**征夷大将軍(将軍)**が設けた支配のための組織を**幕府**といい，将軍によって保障された大名の領地とその支配の組織を**藩**という。

② **幕藩体制**…江戸時代は，**幕府**と**藩**によって全国の土地と人々が支配されていた。

(2) 幕府のしくみ

① **幕府のしくみ**…3代将軍**徳川家光**のころに右の図のような形となった。幕府のしくみの特色は，軍事組織と行政組織の性格を合わせもつところである。

② **おもな役職**…将軍のもとに置かれた4,5名の**老中**が月番で政治の運営にあたり，臨時の最高職である**大老**は重要事項の決定のみ合議に加わった。また老中を補佐する**若年寄**，幕政の監督などを行う**大目付**のほかに，**寺社奉行・町奉行・勘定奉行**の三奉行などが仕事を分担した。役職には原則として数名の大名・旗本らがつき，月交代で政務にあたった。

(3) 幕府の経済基盤

① **幕領**…幕府の直轄地は**幕領**または天領とよばれ，石高は約**400万石**。旗本・御家人の領地を合わせた幕府の支配地は約**700万石**で，全国の石高の4分の1ほどあった。

② **都市・鉱山の支配**…幕府は**京都・大阪・奈良・長崎**などの重要な都市や，**佐渡金山・石見銀山**など主な鉱山を直接支配し，貨幣の鋳造権も独占した。また，江戸を中心に東海道などの**五街道**を整備し，宿場を設けたが，要地には**関所**を置いて交通を統制した。

家康は，将軍を秀忠に譲ってから大御所とよばれたんだ。

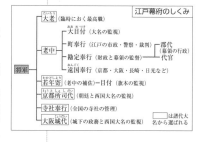

江戸幕府のしくみ

大老（臨時におく最高職）
大目付（大名の監視）
老中 ─ 町奉行（江戸の市政・警察・裁判） ─ 郡代（幕領の行政）
　　　 勘定奉行（財政と幕領の監督） ─ 代官
　　　 遠国奉行（京都・大阪・長崎・日光など）
若年寄（老中の補佐）─ 目付（旗本の監視）
京都所司代（朝廷と西国大名の監視）
寺社奉行（全国の寺社の管理）
大阪城代（城下の政務と西国大名の監視）

□は譜代大名から選ばれる

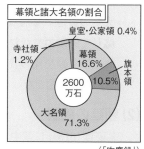

幕領と諸大名領の割合

2600万石
皇室・公家領 0.4%
寺社領 1.2%
幕領 16.6%
旗本領 10.5%
大名領 71.3%

（「吹塵録」）

③ 大名と朝廷の統制

幕府は大名を厳しく統制し，従わない者を処罰した。

Key Word 　大名　旗本・御家人　親藩　譜代　外様
武家諸法度　参勤交代　禁中並公家中諸法度　京都所司代

(1) 大名の統制

① **大名**…将軍と主従関係を結んで**1万石以上の領地**をあたえられ，将軍に対し奉公の義務を負った武士を**大名**という。領地が**1万石未満**のものが**旗本・御家人**である。

② **大名の種類**

親藩 （しんぱん）	家康の子およびその子孫で，中でも**尾張・紀伊・水戸家**は徳川姓を許され**御三家**とよばれた。
譜代 （ふだい）	徳川氏の家臣から取り立てられた大名で，関東・東海・近畿などの**要地に配置**された。
外様 （とざま）	豊臣政権下の大名で，関ヶ原の戦い前後に徳川氏に従った。外様大名は常に警戒され，**遠方の九州・東北**などに配置された。

③ **武家諸法度**…幕府は**1615年**に**武家諸法度**を定め，大名の築城や結婚などにさまざまな規制を加えた。

④ **参勤交代**…1635年，3代将軍**徳川家光**のときに，**参勤交代**が制度化された。大名は妻子の江戸在住を求められ，**1年ごとに江戸と領地を往復**させられた。

⑤ **大名の負担**…幕府は大名に対し，**石高に応じて労働力や資材の提供**を求めた。これらは参勤交代の費用とともに大名の**大きな財政負担**となった。

(2) 朝廷の統制

幕府は1615年に**禁中並公家中諸法度**を定め，天皇と公家の行動を細かく規制し，政治的権限を奪った。朝廷の監視には**京都所司代**があたった。

史料　武家諸法度（1615年）

一，学問や武芸のみにうちこむこと。

一，諸国の城は，修理するときでも，必ず幕府に申し出ること。新しい城をつくることは厳しく禁止する。

一，幕府の許可なしに，婚姻を結んではならない。(部分要約)

くわしく

大名行列

　大名が参勤交代の際に江戸と領地を往来するのが，大名行列である。大名は石高にもとづく格式によって行列の人数や威儀を整えねばならず，その出費は大きかった。参勤交代の経路は幕府が決定する陸路をとり，宿場には本陣や脇本陣が置かれた。西国では，京都までは瀬戸内海や淀川を船で往来することもあった。

■	幕領
大名	親藩・譜代大名と領地
大名	外様大名と領地
○	御三家

（）の数字は石高（万石）
・　主な幕府の支配地
○　主な都市・城下町
☆　主な鉱山

（1664年）

④ 身分制の社会

江戸幕府は厳しい身分制度を定め，身分と職業は世襲とした。

Key Word 武士 農工商 城下町 名字・帯刀 儒学
朱子学 えた・ひにん

(1) 江戸時代の身分制度

① **士と農工商**…豊臣秀吉の兵農分離を引き継ぎ，少数の**武士**が多数の**農工商**（百姓・町人）その他の民衆を支配するため，きびしい身分の上下関係が設けられた。

② **特権身分としての武士**…武士は**城下町**に集められ，主君より俸禄をあたえられた。武士は**名字・帯刀**などの特権を認められていたが，武士の中にも身分の上下があり，身分に応じて役職や生活の程度がことなっていた。

(2) 身分社会を支えた儒学

① **身分意識の広がり**…上下の身分意識は農工商の間にも広がり，親と子，**主人**と奉公人，長男と弟姉妹などとの別が強く求められた。妻の地位は低く，夫や**家長**に従い，子を産むことが，そのつとめとされた。

② **儒学の役割**…君臣の義，長幼の序を重要視する**儒学**，特に**朱子学**は身分社会を支える上で大きな役割を果たした。

(3) 支配のための身分差別

① **差別された人々**…幕府の支配下では，**えた・ひにん**などとよばれる身分が設けられ，きびしい**差別**を受けていた。こうした人々は条件の悪い土地に住まわされ，職業の制限や服装の規定など束縛された生活を強いられた。

② **民衆の差別意識**…幕府や藩は，差別された身分の人々を役人の下働きとして犯罪者の捕縛や刑の執行にあたらせた。こうした政策は**差別意識**を高めることとなった。

くわしく

士と農工商

江戸時代の身分制度は，上下関係で表現されるが，士と農工商の間はともかく，農工商の間には実際面での上下関係はない。農が武士に次ぐ身分とされ，商が最下位身分に置かれているのは，儒教的道徳観を反映したもので，実態を反映したものではない。

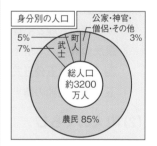

身分別の人口

公家・神官・僧侶・その他 3%
町人 5%
武士 7%
総人口 約3200万人
農民 85%

身分はその家に限定され，長男が受け継いでいったんだ。

身分の移動

江戸時代も身分が変化することはあった。武士が町人を養子にしたり，農民が取り立てられ幕臣になったりした。また，町人の娘が大奥に入り，将軍の生母になった，6代将軍家宣の母・順性院の例などもある。

⑤ 農民と町人のくらし

幕藩体制の基本は，検地帳に記載され年貢を負担する本百姓を維持することだった。

Key Word 本百姓　水のみ百姓　庄屋　村役人　五人組
町人　奉公人

(1) 農民のくらし

① **江戸時代の村**…検地帳に記載された年貢を負担する**本百姓**と，その下で耕作にあたる耕地をもたない**水のみ百姓**らがいた。山野や用水は村全体で利用し，田植えや祭りの行事を村人同士の協力で行うなど，**共同体**としての性格をもっていた。

② **村の支配**…幕府や藩は，有力な本百姓を**庄屋（名主）・組頭・百姓代**などの**村役人**に選んで村の運営にあたらせ，庄屋には検地帳の管理と年貢徴収の責任を負わせた。

③ **農民の負担**…幕府や藩は年貢を米で徴収することを原則とし，**四公六民**や**五公五民**という高率の税を課した。

④ **五人組**…犯罪の防止や年貢の納入に共同責任を負わせた。

(2) 町人のくらし

① **町人**…都市に住む商人や職人を**町人**といった。町人は営業税を納めたが，農民に比べてその負担は軽く，富を蓄えた**大商人**も出現した。こうした大商人などが，名主などの町役人に選ばれて，町の運営を行った。また都市には多数の借家人が生活し，日雇いや行商などで生計を立てていた。

② **奉公人と弟子**…商家には**奉公人**，職人の家には**弟子**が住み込み，身分的な上下関係の下で働いていた。

しきたりや寄合で定められたおきてを破る者には，葬式以外には協力しない村八分というばつがあたえられたよ。

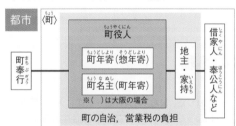

都市　〈町〉
町奉行 ─ 町役人〔町年寄（惣年寄）／町名主（町年寄）〕※（ ）は大阪の場合 ─ 地主・家持 ─ 借家人・奉公人など
町の自治，営業税の負担

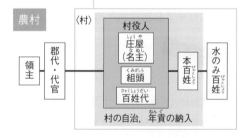

農村　〈村〉
領主 ─ 郡代・代官 ─ 村役人〔庄屋（名主）／組頭／百姓代〕─ 本百姓 ─ 水のみ百姓
村の自治，年貢の納入

⑥ 朱印船貿易と日本町

徳川家康の行った朱印船貿易の活発化により，東南アジアに日本町がつくられた。

🔑 Key Word　朱印状　朱印船貿易　日本町　平戸　禁教令

(1) 家康の対明政策

明との国交回復…徳川家康は，朝鮮侵略で断絶していた明との国交回復と勘合貿易の復活を望んだが，明は申し入れを拒絶した。

(2) 朱印船貿易

① **朱印状**…徳川家康は日本の商船が東南アジアに出かけて明やヨーロッパの商人と貿易することを奨励し，渡航を許可した船には朱印状をあたえた。

② **朱印船貿易**…朱印状をあたえられた船を**朱印船**といい，**西国の大名**や**京都・堺・長崎**などの大商人が船主となって貿易を行った。朱印船貿易では主に中国産の**生糸**と日本産の**銀**が交換された。

③ **日本町**…朱印船貿易が活発になると寄港地に住みつく日本人が増え，ルソン（フィリピン），シャム(タイ)の**アユタヤ**，安南(ベトナム)のツーランなど**東南アジアの各地**に**日本町**ができた。日本町では中国人やヨーロッパ人の居住区とともに**住民の自治**が認められ，国際的な取引が行われた。

(3) オランダ・イギリスとの貿易

オランダ・イギリス…東南アジアでは，ポルトガル・スペインのほか**オランダ・イギリス**の商船も競って貿易活動を行っていた。徳川家康は新たに来日したオランダ・イギリスにも貿易を許可し，**平戸**には，両国の商館が設けられた。

(4) 禁教令

禁教令…徳川家康は，当初はキリスト教の布教を黙認していたが，**1612年**に**禁教令**を出して幕領での布教を禁止し，翌年に禁止を全国へと拡大させた。禁教を明確にしたのは，イエスの教えのみに従うキリスト教徒が団結し，一向一揆のような対抗勢力となることを恐れたからである。

◯ 日本人の南方進出

◯ 朱印状（相国寺蔵）

（参考）

家康の外交顧問
徳川家康は，豊後に漂着したオランダ商船リーフデ号の乗組員のオランダ人ヤン・ヨーステンとイギリス人ウィリアム・アダムズを外交顧問とした。オランダとイギリスは，キリスト教の布教と貿易活動を分離していたため，幕府は両国との貿易を歓迎した。ウィリアム・アダムズは，三浦按針という日本名をあたえられた。なお，東京駅付近の八重洲という地名は，ヤン・ヨーステンにちなむもの。

❼ 禁教と鎖国への歩み

禁教が行われた島原・天草一揆の後，オランダ船以外の来航は禁じられた。

> **Key Word** 殉教事件　スペイン船来航禁止　島原・天草一揆
> 天草四郎（益田時貞）　絵踏　宗門改

(1) 禁教政策

① **殉教事件**…幕府は**キリスト教徒に改宗**を迫り，従わないものは国外追放や死刑にした。宣教師の摘発も強化し，多くの**殉教事件**がおこった。

② **島原・天草一揆**…1637年，キリスト教徒への迫害と領主のきびしい収奪に苦しんだ**島原・天草地方**の人々が**天草四郎（益田時貞）**を大将として一揆をおこした。キリスト教への信仰で団結した一揆の勢力には浪人も加わり，幕府や藩の軍勢力と武力で対決し，その**鎮圧**には**4か月を要した**。

③ **絵踏と宗門改**…島原・天草一揆に衝撃を受けた幕府は，キリスト教信者の摘発の強化を諸大名に命じた。信者の摘発には**絵踏**も行われた。また**宗門改**を行い，信者でないことを仏教寺院に証明させた。

(2) 鎖国の過程

① **貿易の制限**…幕府は日本船の渡航を制限し，ヨーロッパ船の来航も**長崎・平戸**に制限した。こうした制限は，**貿易の利益を幕府が独占**し，西国大名の経済力の強大化を防ぐねらいもあった。

② **オランダの動き**…新教国のオランダは，東南アジアでの覇権をめぐり旧教国のポルトガル・スペインと激しく対立し，幕府にポルトガル・スペインの排除を働きかけた。このため幕府は1624年に**スペイン船の来航を禁止**した。

③ **日本人の海外渡航の禁止**…1635年，幕府は朱印船貿易を停止するとともに，日本人の海外渡航と，海外から帰国することも禁止した。また同年には，全国の大名にキリスト教徒の摘発を命じ，禁教をいっそう強化した。

（参考）

鎖国への歩み

1609	オランダ，平戸に商館設置
1612	家康，幕領に禁教令を出す
1616	ヨーロッパ船の来航を平戸・長崎に制限
1623	イギリス，平戸の商館を閉鎖
1624	スペイン船の来航を禁止
1635	日本船の海外渡航と帰国を禁止
1637	島原・天草一揆（～1638）
1639	ポルトガル船の来航を禁止
1641	オランダ商館を出島に移すこのころからオランダ人に風説書を出させる

▶ 踏絵＊

▶ 絵踏の様子

📖 **くわしく**
宗門改帳

　人々はキリスト教信者でないことを明らかにするため，寺の檀家として宗門改帳に登録された。宗門改帳は，明治維新後に近代的な戸籍がつくられるまで，戸籍の役割もはたした。

⑧ 鎖国の完成と長崎貿易

長崎は，幕府が直接海外との交流をもった唯一の窓口であった。

Key Word ポルトガル船来航禁止　鎖国　唐人屋敷
出島　オランダ風説書　オランダ商館長

(1) 鎖国の完成

ポルトガル船来航禁止…幕府は1639年，ポルトガル船の来航を禁止し(鎖国体制が固まる)，沿岸の防御を固めた。1641年には，**オランダ商館**が平戸から**長崎の出島**に移され，**オランダ船と中国船**のみが長崎で貿易を許されることになった。

(2) 海外との窓口としての長崎

長崎貿易…鎖国のもとでは，幕府が**長崎**で中国・オランダとの貿易を独占的に行っていた。この時代の対外交流としては，対馬藩と朝鮮，薩摩藩支配下の**琉球**と中国，松前藩と蝦夷地の交流もあるが，幕府と外国との直後の交流は長崎貿易のみであった。

(3) 中国との交流

① **清の建国**…1644年に**明**が農民の反乱によってほろび，その後東北部の**女真族(満州族)**が中国を統一，国号を**清**と改めた。

② **日本と清**…日本と清との間に正式な国交は開かれなかったが，中国の商人は来航して貿易を続け，鎖国後も長崎の**唐人屋敷**での貿易を許された。

(4) オランダとの交流

① **出島**…鎖国後もオランダ商船の来航は認められたが，正式な国交は開かれなかった。オランダ商館は長崎の**出島**に移され，商館員と日本人との交流はきびしく制限された。商館員は，ふだん出島から出ることを禁じられていたため，出島の中でバドミントン，ボウリング，ビリヤードなどの娯楽を楽しんだ。

② **オランダ風説書**…**オランダ商館長**は，着任すると江戸に出向いて将軍にあいさつをし，献上品のほか海外事情を1年ごとに記した**オランダ風説書**の提出を求められた。

(参考)

長崎でのおもな貿易品
輸入…生糸・絹織物，薬種・香木など。
輸出…金・銀・銅，漆器，俵物など。

▲出島

!

文化交流の窓口
　長崎でのオランダ人や中国人との交流はきびしく制限されていた。しかし，オランダ船と中国船がもたらす文物は，鎖国下の日本にもたらされる唯一の海外情報であったため，長崎には，外国の学問を学ぼうとする人々が各地から集まってきた。

⑨ 朝鮮との交流，琉球と蝦夷地

鎖国の時代も他の国や地域との交流は行われていた。

📍 **Key Word** 対馬藩 倭館 朝鮮通信使 薩摩藩 琉球
松前藩 蝦夷地 シャクシャイン

(1) 対馬藩と朝鮮

① **朝鮮との貿易**…1609年，対馬藩と朝鮮の間で貿易が再開された。**対馬藩**は釜山に**倭館**とよばれる居留地を設け，そこで貿易が許された。この貿易により朝鮮からは**生糸**や**朝鮮にんじん**，絹織物などが輸入された。

② **朝鮮通信使**…日本との国交回復後，朝鮮は将軍の代がわりごとに使節を派遣することになった。この使節は**朝鮮通信使**とよばれ，江戸までの行列は400〜500人の規模であった。朝鮮との外交は**対馬藩**にゆだねられたが，幕府は対馬に出張所を置き，文書のやりとりを監視した。

(2) 薩摩藩と琉球

① **琉球侵攻**…1609年，薩摩藩は琉球に出兵し，**首里城**を占領して国王を捕虜とした。琉球侵攻に許可を与えていた徳川家康は，薩摩藩が琉球を所領に加えることを認めた。

② **琉球使節**…薩摩藩は，琉球がそれまでどおりに**中国に朝貢することを認め，琉球を通じた貿易で利益をあげた。将軍や琉球国王の代がわりごとに使節を江戸におくらせた。**

(3) 松前藩と蝦夷地

① **蝦夷地**…現在の北海道は蝦夷地とよばれ，大部分は**アイヌの人々**の住む土地であった。

② **松前藩による交易**…松前氏は，15世紀中ごろより蝦夷地南端の渡島半島を領地とし，1604年には**蝦夷地交易の独占権**をあたえられた。

🔺朝鮮通信使

📖 **くわしく**

シャクシャインの反乱

松前藩は，米などの本州の産物と，さけ・にしん・こんぶなどの海産物とを交換をしていたが，しばしばアイヌの人々に不利な貿易を強いた。このため，1669年にはシャクシャインに率いられた反乱がおこった。しかし反乱は失敗に終わり，松前藩の勢力はほぼ蝦夷地全域に広がった。

1669年，シャクシャインの戦いが起こる

● **徳川家康**は，関ヶ原の戦いで豊臣秀吉の家臣である**石田三成**を倒した。

● 関ヶ原の戦いに勝利した徳川家康は，征夷大将軍に任命され，**江戸**に幕府を開いた。

● 幕府と藩による全国の土地と人々の支配のしくみを，**幕藩体制**という。

● 江戸幕府は，天皇家や公家に対して**禁中並公家中諸法度**を定めて監視した。

● 1615年の**大阪**の陣で，豊臣氏はほろんだ。

● 昔から徳川氏に従ってきた大名を**譜代**大名といい，関ヶ原の戦い以後に徳川氏に従った大名を**外様大名**という。

● 3代将軍**家光**のときに，大名の参勤交代が制度化された。

● 江戸時代の身分は**武士**が政治を行う支配者の身分であった。

● **町人**は，商人や職人から成り，幕府や藩に営業税を納めた。

● 江戸時代の人口の約85％を占めたのは**百姓**であった。

● 土地を持つ百姓を**本百姓**という。

● 土地を持たず小作を行う百姓を**水のみ百姓**という。

● 農民には**五人組**をつくらせ，互いを監視させ連帯責任を取らせた。

● 家康は渡航を許可した船に**朱印状**を与え，海外との貿易を奨励した。

● 日本人が東南アジア各地に移り住み，**日本町**とよばれる町ができた。

● 1637年，九州の**島原・天草**地方の農民が一揆をおこした。

● 島原・天草一揆の後，オランダ商館は長崎の**出島**に移された。

● 1639年，幕府はポルトガル船の来航を禁止し，**鎖国**を完成させた。

● 江戸幕府は，**オランダ**や中国に対し風説書とよばれる海外情勢の報告書を提出させた。

● 対馬藩の**宗氏**によって，江戸時代に朝鮮との国交が回復した。

● 江戸幕府の将軍が代わるたびに，朝鮮から**朝鮮通信使**が来日した。

● 薩摩藩の島津氏は，幕府の許可を得て1609年に**琉球王国**を征服した。

● アイヌの人々がおこした**シャクシャイン**の戦いは，松前氏によって鎮圧された。

● 江戸時代初期，日本は**銀**を輸出し，中国産の生糸などを輸入した。

● 中国では明がほろび，女真族が**清**を建国した。

● 禁教の徹底により，キリストやマリアの像を踏ませる**絵踏**を行った。

第 **3** 章

近世の日本と世界

定期試験対策問題⑥ 〔解答➡p.259〕

1 江戸幕府の成立と鎖国 　>>p.98・103〜106

次の文章を読んで，あとの問いに答えなさい。

　　a豊臣秀吉の死後，豊臣方の家臣を倒して江戸幕府を開いた（　b　）は，幕府の財政を豊かにするために外国船の入港や平戸に商館を建てることなどを許すとともに，国内の大名や商人に（　c　）を与えて貿易をすることを勧めた。

　　その後，（　d　）はスペイン船の来航を禁止し，e海外に居住する日本人が帰国することも禁止した。そして，1637年におこったf島原・天草一揆を平定したのち，1639年，ポルトガル船の来航も禁止し，のちに，gオランダ商館を長崎の（　h　）に移した。以後約200年間続く，このような禁教，i外交の独占，貿易統制の体制を鎖国という。

(1) 文章中の下線部aの，豊臣方と徳川方が天下を争った戦いの名を答えなさい。
〔　　　　　　　　　〕

(2) 空欄b，dにあてはまる将軍をそれぞれ答えなさい。
b〔　　　　　　　　　〕　　d〔　　　　　　　　　〕

(3) 空欄cにあてはまる，貿易の許可証を何というか，答えなさい。〔　　　　　　　　　〕

(4) 下線部eにあるように，このころ東南アジア各地には多くの日本町があったが，日本町がつくられなかった都市を，次のア〜エから1つ選び，記号で答えなさい。　　〔　　　〕
ア　プノンペン　　イ　アユタヤ　　ウ　タイペイ　　エ　ツーラン

(5) 下線部fの後，幕府がキリスト教信者をさがし出すため，キリストやマリアの像を踏ませ，信者かどうかを調べたことを何というか，答えなさい。　　　　〔　　　　　　　　　〕

(6) 下線部gについて，鎖国体制においてオランダの他に長崎での貿易が認められた国を答えなさい。また，その国とオランダが貿易を認められた理由を次のア〜エから1つ選び，記号で答えなさい。　　　　　　　　　　国〔　　　　　　〕　　理由〔　　　〕
ア　強大な軍事力がなかったから。
イ　キリスト教の布教をしなかったから。
ウ　両国のすすんだ学問を吸収しようとしたから。
エ　両国の産出する銀がほしかったから。

(7) 空欄hにあてはまる人工島の名を答えなさい。　　　　　　　〔　　　　　　　　　〕

(8) 下線部iについて，この時期に長崎以外の場所で行われていた貿易や外国との交流について述べた文として正しいものを，次のア〜エから1つ選び，記号で答えなさい。　　〔　　　〕
ア　対馬藩が窓口となり，蝦夷地に住むアイヌの人々との交易が行われていた。
イ　朝鮮との外交は琉球藩を通じて行われ，将軍の代がわりごとに朝鮮通信使が派遣された。
ウ　薩摩藩は中国に朝貢していた琉球王国を支配下に置き，琉球を通して貿易の利益をあげた。
エ　松前藩は蝦夷地の交易独占権を得て，さらにロシアとの貿易を行った。

2 幕藩体制 >>p.99・100

次の文章を読んで，あとの問いに答えなさい。

　江戸幕府は，全国を支配するしくみとして幕藩体制をとった。そのため，幕府はとくに大名の統制に工夫をこらし，大名を親藩・譜代大名・外様大名とに分け，a大名の領地をたくみに配置し，たがいに監視させた。また，幕府はb大名を取り締まる法令を定めて統制を強化していった。

(1)　下線部aについて，外様大名が配置されたところとして正しい説明を，次のア～エから1つ選び，記号で答えなさい。　〔　　　〕

ア　その多くは，幕府を守る役目を与えられ，江戸周辺に配置された。

イ　その多くは，幕府から遠い地の東北，四国，九州などに配置された。

ウ　その多くは，幕府の監視の目がとどく関東，東海，近畿に配置された。

エ　その多くは，幕府の政治上の要地で，江戸から遠い京都周辺に配置された。

(2)　右の史料は，下線部bの一部である。これを読んで，次の①～③に答えなさい。

①　この法令の名を次から1つ選び，記号で答えなさい。　〔　　　〕

ア　武家諸法度　　イ　永仁の徳政令

ウ　御成敗式目　　エ　大宝律令

②　史料中の下線部の制度の名を答えなさい。

〔　　　　　　　　　　　〕

| 一，学問や武芸のみにうちこむこと。 |
| 一，大名や小名は，領地と江戸に交代に生活するように定める。 |
| 一，新しく城をつくることは，かたく禁止する。 |

③　②の制度によって大名が受けた影響について述べた次の文の（　　）にあてはまる語句を漢字2字で答えなさい。　〔　　　　　〕

江戸と領地の往復の交通費や江戸での生活費が藩の（　　　　）を圧迫した。

3 江戸時代の農民 >>p.101・102

次の文章を読んで，あとの問いに答えなさい。

　江戸時代の人々は，a武士と百姓（農民など），町人（商人・職人）の身分に分けられていた。武士には特権が認められる一方，武士の生活を支えた百姓の生活は衣食などの面でも厳しく規制され，b村ではc5～6戸を1つの単位として年貢の納入や犯罪に連帯責任を負わされていた。

(1)　文章中の下線部a以外の身分として，犯罪者の捕縛や刑の執行などを行わされ，差別を受けていた人々を何とよぶか，答えなさい。　〔　　　　　　　　〕

(2)　下線部bについて，百姓が住む村について述べた文として正しいものを，次のア～エから1つ選び，記号で答えなさい。　〔　　　〕

ア　庄屋・組頭・百姓代などの村役人が年貢の納入などを行っていた。

イ　惣とよばれる自治組織が，領主と年貢の引き下げなどの交渉をした。

ウ　町衆が自治を行い，大名に対抗して自治を行う村もあった。

エ　耕地をもつ水のみ百姓が中心となり，田植えや祭りを協力して行っていた。

(3)　下線部cの組織を何というか，答えなさい。　〔　　　　　　　　〕

7 産業の発達と幕府政治の動き

🌏 世界史　📖 日本史政経　⛩ 日本史文化

時代	年代	できごと
江戸時代	1666	●幕府，掟を定め，草木乱伐・川筋新田・焼畑を禁止する
	1673	●三井高利，江戸と京都に越後屋呉服店を開く
		●徳川綱吉，5代将軍になる
	1682	●井原西鶴「好色一代男」刊
	1685	●生類憐れみの政策
	1689	●松尾芭蕉，「奥の細道」の旅に出発
	1702	●赤穂浪士の討ち入り
	1703	●近松門左衛門「曽根崎心中」初演
	1709	●幕府，新井白石を登用する
	1716	●徳川吉宗，8代将軍となり，享保の改革を始める
		●幕府，新田開発を奨励する
	1732	●享保の大ききん，各地で一揆がひん発
		●江戸市民，米問屋を襲撃，各地で打ちこわし発生
	1772	●田沼意次，老中となる
	1774	●杉田玄白・前野良沢ら「解体新書」刊
	1776	●平賀源内，エレキテル完成
	1782	●天明の大ききん
		●印旛沼の干拓に着手

📖 **新田の開発**…幕府や諸藩は新田の開発につとめ，江戸時代中期には，耕地面積は太閤検地の時代の約2倍となった。　　≫p.112 ①

📖 **林業・水産業の発達**…都市住民の需要をまかなうため，林業や水産業も発達した。　≫p.113 ②

📖 **町人の台頭**…産業の発達，流通の拡大により，商業もさかんになり，大商人が力をつけてきた。　　　　≫p.114 ③

📖 **三都**…城下町・宿場町・港町など多くの都市が発達，なかでも江戸・大阪・京都は三都とよばれ，特に繁栄した。　　≫p.115 ④

📖 **徳川綱吉**…5代将軍。制度・儀礼を整え文治政治を行ったが，幕府財政が悪化。悪評をよんだ生類憐れみの政策。　　≫p.116 ⑤

⛩ **元禄文化**…17世紀末～18世紀はじめ，上方を中心とした町人文化。　　≫p.117 ⑥

📖 **享保の改革**…8代将軍吉宗の行った幕府政治の改革。質素倹約，新田開発と年貢の増徴，上げ米の制，目安箱，公事方御定書など。　≫p.118 ⑦

📖 **百姓一揆**…生産力は向上したが，不安定さは変わらずしばしば凶作・ききんにみまわれ，生活に苦しむ農民はしばしば一揆をおこした。　　≫p.119 ⑧

📖 **田沼の政治**…田沼意次は，財政の立て直しに商人の経済力を利用しようとした。　≫p.120 ⑨

時代	年代	できごと
江戸時代	1787	●松平定信，老中となり，寛政の改革を始める
	1790	●幕府，湯島聖堂で朱子学以外の講義を禁じる
	1792	●ロシア使節ラクスマン，根室来航
	1798	●近藤重蔵，蝦夷地を探検 ●本居宣長「古事記伝」完成
	1802	●十返舎一九「東海道中膝栗毛」刊
	1804	●ロシア使節レザノフ，長崎来航
	1808	●イギリス軍艦フェートン号，長崎に侵入
	1809	●間宮林蔵，間宮海峡を発見
	1821	●伊能忠敬の死（1818年）後，「大日本沿海輿地全図」が完成
	1825	●異国船打払令を出す
	1829	●葛飾北斎「富嶽三十六景」
	1833	●天保の大ききん ●歌川広重「東海道五十三次」
	1837	●大塩の乱 ●モリソン号事件
	1839	●蛮社の獄
	1841	●天保の改革が始まる
	1842	●異国船打払令をゆるめる

🖋 **寛政の改革**…老中松平定信の行った幕府政治の改革。質素倹約と文武の奨励，農村の立て直し，寛政異学の禁，棄捐令。　≫p.121 ⑩

🖋 **工場制手工業**…機織業では19世紀ごろ出現。資本主義的生産に先行する生産のしくみで，手工業ではあるが，工場に労働者を集め，分業と協業で生産を行う。　≫p.122 ⑪

🏛 **化政文化**…18世紀末〜19世紀はじめ，江戸を中心とした庶民文化。江戸の経済力の発達とともに文化の中心地が上方から江戸へ移動した。　≫p.124 ⑬

🏛 **国学**…儒教・仏教などの外来思想に影響されない日本古来の思想を求め，古典文学の研究を行った。国学のなかから復古神道が生まれ，後の尊王攘夷運動に影響をあたえた。オランダ語を通して西洋の学問を学ぶ蘭学とともに，幕藩体制への批判勢力を生み出した。　≫p.123 ⑫

🖋 **外国船の接近**…18世紀終わりごろより沿岸にロシア・イギリス・アメリカなどの外国船が現れ，開国と通商を求めるが，幕府は鎖国政策を堅持し，沿岸の防備を強化し，異国船打払令を出す。　≫p.125 ⑭

🖋 **天保の改革**…老中水野忠邦の行った幕府政治の改革。質素倹約，風俗の取り締まり，株仲間の解散，人返し令，上知令。　≫p.126 ⑮

日本近海に欧米諸国の船が現れるようになったよ。

111

① 農業の発達

江戸時代前半には農業の発達が進み，耕地面積は太閤検地のころと比べ，約2倍になった。

> **Key Word** 新田開発 備中ぐわ 千歯こき 干鰯
> 商品作物 綿 菜種 藍

(1) 新田開発と耕地の増加

① **大開発の時代**…江戸時代前半は，大開発の時代であった。農民は耕地の周辺を開墾し，領主は湖沼の干拓や用水路・排水路の建築により**耕地を拡大した**。いっぽう耕地の増加は自然破壊をもたらし，自然災害による**凶作**が発生した。

② **耕地の増加**…18世紀はじめごろには，太閤検地のころに比べ，**耕地面積は約2倍に増えた**。その後は明治時代になるまで耕地面積はあまり増加しなかった。

(2) 農地技術の進歩

① **農具の改良**…鉄製の**備中ぐわ**は，田畑を深く耕すことを可能にし，開墾にも役立った。**千歯こき**や**唐箕**は，脱穀とその後の処理の時間を大幅に短縮させた。

② **肥料の改善**…従来の下肥や草木灰に加え，**干鰯**や**油かす**が肥料として使われるようになった。干鰯や油かすは土地の生産性を高めた。

③ **商品作物の栽培**…農業技術の進歩による土地生産性の向上は，米以外の**商品作物栽培**を可能とした。近畿・瀬戸内地方は農業の先進地域で，**綿・菜種・藍**などの栽培が普及していった。

◉各時代における農地の増大

（参考）

干鰯
いわしの油をしぼった残りをほしたもの。干鰯の材料として，いわしの需要が増えたことも漁業が発達した要因である。

◉綿花

◉紅花

◉藍

② 諸産業の発達

江戸時代は，さまざまな産業が発達した。

 Key Word 九十九里浜　地引き網　にしん・さけ・こんぶ漁
塩田　金貨　銀貨　両替商

(1) 林業の発達

都市での建築資材の需要の増加や道具の改良により，**林業**がさかんになった。

(2) 水産業の発達

需要の増加と漁法の進歩により漁獲高が増え，**網元**による大規模経営も行われた。

① **需要の増加**…都市生活者の食料として，また**干鰯**など肥料の材料としての需要が増えた。

② **漁法の進歩**…漁網の改良で多量の漁獲が可能となり，**九十九里浜**では**地引き網漁**が行われるようになった。

③ **蝦夷地での漁業**…水産資源が豊かな蝦夷地では，**にしん漁，さけ漁，こんぶ漁**などが発達したが，労働力として**アイヌの人々**が用いられるようになった。

④ **製塩業**…瀬戸内海沿岸などで，**塩田**による製塩が発達。

(3) 鉱業の発達

幕府・諸藩は鉱山の開発につとめ，採掘・精錬の技術も進んだ。

① **おもな鉱山**…金…**佐渡**，銀…**生野・石見**，銅…**足尾・別子**など。特に銅の生産量が増加し，18世紀には金・銀に代わって**長崎貿易の主要な輸出品**となった。

② **貨幣制度**…幕府は**金座・銀座**を設け，小判・丁銀・豆板銀・**寛永通宝**などの貨幣を発行した。江戸を中心とする東日本では**金貨**が，大阪・京都を中心とする西日本では**銀貨**がおもに使われ，金貨と銀貨の交換を業とする**両替商**も増えた。

第**3**章

近世の日本と世界

参考
各地の特産物

絹織物	京都(西陣織)・福岡県(博多織)・兵庫県・栃木県
綿織物	福岡県・奈良県・愛知県
麻織物	奈良県・鹿児島県・新潟県
陶器	佐賀県(有田焼)・石川県(九谷焼)・京都府(清水焼)・山口県(萩焼)
漆器	石川県(輪島塗)・福島県(会津塗)・岐阜県(春慶塗)
紙	岐阜県・高知県・島根県・福井県
酒	兵庫県・大阪府
しょうゆ	千葉県

◎江戸時代に使われた貨幣
（慶長小判）

参考

藩札

大名は幕府の許可を得て，藩札とよばれる紙幣を発行し，領内で流通させるものが多かった。しかし，幕府貨幣との交換の裏付けのない藩札の発行は，藩札相場の下落，物価の上昇をまねき，百姓一揆の原因の1つとなった。

③ 流通の発達と町人の台頭

商業活動が活発になると，大商人を中心とする町人が力をつけていった。

Key Word　蔵屋敷　五街道　宿場　西廻り航路・東廻り航路　菱垣廻船　樽廻船　株仲間

(1) 都市と農村

　被支配者としての農民は，農村に住んで生産にあたり，支配者としての武士は，城下町や江戸などの都市に住んで消費生活を送っていた。

(2) 年貢米の流通

　幕府や藩は，年貢米を大阪や江戸に設けた**蔵屋敷**に送り，必要に応じて売りさばいた。
① **蔵元**…蔵屋敷での売りさばきや代金の保管にあたるものを**蔵元**というが，しだいに商人にまかせる例が多くなった。蔵元には，大名相手の**金融業**を兼ねるものもいた。
② **米の取引**…米は豊凶があり，価格は常に変動していた。価格の変動を見込んだ売買で利益を上げる商人もいた。

(3) 交通の発達

① **陸上の交通**…参勤交代や商品の移動の増加により，**五街道**などの交通量が増え，**宿場**が形成された。
② **水上交通**…17世紀後半には**西廻り航路・東廻り航路**が整備され，北陸・東北地方の米を大阪や江戸へ運ぶことが可能となった。江戸—大阪間には定期航路として**菱垣廻船・樽廻船**が就航し，上方産の酒・しょうゆ・木綿・油などが江戸へ運ばれた。

(4) 町人の台頭

① **株仲間**…都市では，問屋・仲買などの大商人が，**株仲間**という同業者団体をつくった。株仲間商人は，**営業の独占**を許され，流通を支配した。
② **両替商**…金貨や銀貨などの貨幣の交換を業としていたが，大名に金を貸し付ける商人も現れた。また江戸—京都・大阪間で，**為替手形**による送金業務も行われた。

▲ 大阪の蔵屋敷

くわしく

五街道

　起点はいずれも江戸の日本橋で，大名の参勤交代のときは，五街道のいずれかを通路とすることが指定された。
・東海道　江戸—京都
・中山道　江戸—草津
　　（東海道に合流）
・甲州道中　江戸—下諏訪
　　（中山道に合流）
・奥州道中　宇都宮
　　（日光道中と分岐）—白河
・日光道中　江戸—日光

参考

宿場

宿場には，大名・公家・幕府役人・外国使節などが泊まる**本陣**，本陣の予備の**脇本陣**，庶民の泊まる旅籠・木賃宿などがあった。

▲ 越後屋の店内

④ 三都のにぎわい

江戸時代は各地に都市が発達，中でも江戸・大阪・京都は三都と
よばれた。

(1) 都市の発達

　商品の流通や交通の発達にともない，**城下町・港町・宿場・門
前町**などがにぎわい，今日の都市の原型ができた。

　① **城下町**…大名の居城の周辺には武士や商人が集まり，領内
　の政治・経済の中心として栄えた。

　② **港町**…**長崎**は唯一の外国貿易港としてにぎわった。国内に
　おいても物資の主要な輸送手段は船だったので，集荷地に
　は港町が成立して繁栄した。

　③ **宿場**…物資の移動や参勤交代により，街道には宿場が発達した。

　④ **門前町**…江戸時代には個人の往来も増え，観光をかねた寺
　社参拝も流行した。有名な寺社の近辺には，参拝者を対象と
　する商店ができ，しだいに都市が形成された。

(2) 江戸

　「**将軍のおひざもと**」とよばれ，18世紀のはじめには**人口100万
人**をこえる世界有数の大都市であった。

　人口の半分は，将軍とその家臣である旗本・御家人，大名と家
臣といった武家が占め，**日本最大級の消費地**であった。

(3) 大阪

　「**天下の台所**」とよばれ，**経済の中心地**であった。諸藩の年貢米
や特産物は大阪に集められ，売買された。また，付近では集めら
れた品を加工する織物・酒造などの手工業が発達し，製品は江戸
など各地に送り出された。

(4) 京都

　朝廷の所在地であり，本山級の寺社も多く存在する文化的・宗
教的都市である。また古代・中世以来，朝廷・公家の需要を満た
してきた手工業の伝統をもつ工業都市で，**西陣織**などの高級織物
の生産地であった。

🔺 江戸の日本橋*

くわしく

江戸の人口

　1733年の町奉行支配地の人口
は，約54万人（男34万人，女20万
人）であった。武家人口もほぼ同
じと考えられている。人口100万
をこすと推定される江戸に対し，
ヨーロッパ最大の都市ロンドンの
人口は，19世紀はじめに86万人で
あった。

大阪に運ばれた商品
のベスト3は米・菜
種・材木だよ(1647
年)。

⑤ 綱吉の政治

徳川綱吉のころから幕府は文治政治を行うようになった。

Key Word　徳川綱吉　儒学の奨励　生類憐れみの政策
物価上昇　新井白石　長崎貿易の制限

(1) 綱吉の政治

① **5代将軍徳川綱吉**…徳川綱吉は，兄の4代将軍徳川家綱の養子
となり，1680年，将軍職を継いだ。綱吉は，政治の実権を老中
からとりもどし，自ら意欲的な政治を行った。

② **文治政治**…綱吉の政治は，軍事的統率者として力で大名を従
えるのでなく，制度や儀礼を整えることで幕府の権威を維持し
ようとした。

③ **儒学の奨励**…綱吉は，儒学を重要視した。**湯島**に**聖堂**を建て，
付属の**学問所**で林家の学者に講義させた。

④ **幕府財政の悪化**…綱吉の時代，仏教の保護と寺社の造営をさ
かんに行ったこともあり，財政が悪化した。そこで幕府は，**金
の含有量を減らした貨幣**の発行により財政を改善しようとし
たが，貨幣の品位が低下し，かえって経済を混乱させることに
なり，結果として**物価の上昇**を招いた。

⑤ **生類憐れみの政策**…綱吉は，**生類憐れみの政策**を出して動物
の愛護を強制し，特に犬は大事に扱われた。

(2) 新井白石の政治

綱吉の死後，6代・7代将軍の下で**朱子学者**の**新井白石**が政策
立案にあたった（**正徳の治**）。

① **生類憐れみの政策の禁止**…白石は，綱吉の死後，生類憐れ
みの政策を廃止するなど，**綱吉の政治の修正**をはかった。

② **財政の立て直し**…物価の安定をはかるため，質のよい紙幣を
発行した。また，**長崎貿易を制限**して，金銀の流出を抑えよう
とした。

③ **朝鮮外交**…白石は，**朝鮮通信使の接待を簡素**なものにした
り，将軍の呼称を日本国大君から**日本国王**に改めたりするな
ど，将軍の権威を高めようとした。しかし，反発をまねき，8
代将軍徳川吉宗のときには，もとにもどされた。

くわしく

聖堂
　孔子をまつる建物を聖堂という
が，上野の林羅山の家塾にあった
ものを，5代将軍綱吉が湯島に移
した聖堂はとくに有名。湯島聖堂
付近の学問所では，朱子学の講義
が行われた。

⑥ 元禄文化

江戸時代前半の上方を中心とした町人の文化を元禄文化という。

🔑 **Key Word**　井原西鶴　浮世草子　歌舞伎　近松門左衛門
松尾芭蕉　人形浄瑠璃　尾形光琳　菱川師宣　俳諧　浮世絵

(1) 元禄文化

綱吉の治世(1680～1709)の元禄年間には,都市の繁栄を背景に,おもに**京都・大阪**を中心として,**町人の新しい文化**が生まれた。

(2) 文学・観劇

① **井原西鶴**…利益を求める町人の姿を,**浮世草子**という小説で肯定的に描いた。

② **近松門左衛門**…**歌舞伎**や**人形浄瑠璃**の脚本家で,義理と人情の世界に生きる男女の姿を描いた作品も多い。

③ **松尾芭蕉**…連歌からわかれた**俳諧**に,自己の内面を表現する新しい作風をうち立てた。「**奥の細道**」は東北地方への旅をもとにした俳諧(俳句)と紀行文。

(3) 美術

① **俵屋宗達・尾形光琳**…大和絵の伝統を生かしながら,大胆な着想と構図による**装飾画**の技法を完成した。

② **菱川師宣**…町人の風俗を題材に浮世絵を描いた。**浮世絵**は版画として大量に刷られ,庶民の間に広まった。

(4) 芸能

① **人形浄瑠璃**…近松の作品は竹本義太夫らによって語られて民衆の共感をよんだ。

② **歌舞伎**…演劇として発達し,上方に**坂田藤十郎**,江戸に**市川団十郎**などの名優が出た。

(5) 庶民の生活

1日3食の食事,**木綿**の着用,土台の上に建てた家など,今日の生活文化の原型が整えられた。

🔺 人形浄瑠璃

🔺 見返り美人(菱川師宣) *

117

❼ 享保の改革

徳川吉宗の政治を，享保の改革という。

📍 **Key Word**　徳川吉宗　8代将軍　倹約令　目安箱
公事方御定書　新田開発　打ちこわし

(1) 吉宗の登場

　7代将軍徳川家継が死亡して将軍家の直系が絶えたため，紀伊徳川家より徳川吉宗を迎えて8代将軍とした。

(2) 享保の改革

　徳川吉宗は，江戸時代はじめの家康のころの政治を理想として，幕府政治を改革しようとした。

(3) おもな政策

① **質素倹約と武芸の奨励**…倹約令を出すとともに，鷹狩りを復活させるなど武芸をすすめた。

② **上げ米の制**…諸大名に対し，参勤交代による江戸在住期間を半減するかわりに，幕府に米を献上させた。

③ **足高の制**…幕府の役職には相当する石高の基準があったが，吉宗は，**在職期間中に限り石高を加増**することで，人材を確保しようとした。

④ **目安箱**…目安箱を置き，広く意見を求めようとした。

⑤ **実学の奨励**…幕府の役人にオランダ語を学ばせ，**さつまいも(甘藷)**・さとうきび・薬用人参などの苗や種子を取りよせて栽培を試みた。

⑥ **法律の整備**…法令や判例を集めて**公事方御定書**を編さんし，**裁判の基準**とした。

⑦ **年貢の増徴と新田開発**…年貢率の引き上げや，算定方法を年貢率を決めて数年間一定の年貢を納入させる定免法に変えて収入の増加をはかった。また，**新田開発**には町人の経済力を活用しようとした。

⑧ **町火消しを組織**…火事の多い江戸の各町に火消しを組織させた。

(4) 改革の成果

　幕府の年収は増加し，財政は一応の立ち直りを見せた。しかし年貢の増徴に農民は苦しみ，ききんにもみまわれて農村では**百姓一揆**がひん発し，江戸では，初めて**打ちこわし**がおこった。

🔺徳川吉宗

目安箱

　吉宗は広く意見を求めるため，江戸城評定所の門前に目安箱を設けた。吉宗はここに寄せられた投書に直接目を通し，政治の参考にした。貧しい町民を救済するために設けられた小石川の養生所も，この投書をもとにしたものである。

⑧ 貨幣経済の拡大と百姓一揆

商品作物の生産拡大は，農村を貨幣経済に巻き込み，本百姓の分解を促進した。

> **Key Word** 商品作物　貨幣での年貢納入　出かせぎ
> 年貢増徴　百姓一揆

(1) 貨幣経済の拡大

① **商品作物の栽培**…野菜や綿，菜種などの商品作物の栽培が増加した。商品作物は農村に現金収入をもたらしたが，いっぽうでは農具や肥料購入のための支出も増大した。

② **貨幣での年貢納入**…畑地からの年貢は，貨幣で納めることが多くなった。

③ **都市への人口流入**…農民の中には，出かせぎや職を求めて都市へ流れ込むものも増えた。

(2) 百姓一揆

① **年貢増徴と農民の抵抗**…幕府や藩は年貢を増やすようになり，商品作物栽培の統制によって収入増加をはかった。これに対して，**百姓一揆とよばれる農民の抵抗**がしばしばおこった。

② **百姓一揆の広がり**…当初は村の代表者が年貢の軽減や役人の不正を訴える形が多かったが，**18世紀**になると，多くの村が団結して城下におし寄せるなど，**規模は大きくなった**。

③ **幕府・藩の対応**…幕府や藩は，要求の一部は認めながらも，指導者を死刑や流刑にするなど，きびしく処罰した。

くわしく

貨幣での年貢納入
　畿内・西国地方の幕府領では，享保の改革のころより，耕地の3分の1は畑地で商品作物を栽培しているとして，年貢の3分の1を貨幣で納めさせる方法も採用された。

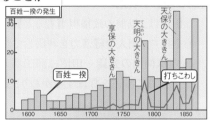

◎からかさ連判状

貧富の差の拡大

　農業の生産性は上がったが，不安定さは解消されず，天候不順はしばしば凶作やききんを引きおこした。農民の中には，借金のため田畑を質入れするものも増えた。質流れによって土地を失う農民と，土地を集めて地主となるものが現れ，田畑の売買を禁じていた幕府としては幕藩体制を根底からゆるがすものであった。

⑨ 田沼の政治

田沼意次は，商人の経済力を幕府財政の立て直しに利用しようとした。

> **🔑 Key Word** 　田沼意次　株仲間の公認　蝦夷地の開拓
> 俵物　印旛沼の干拓　わいろ　天明のききん

(1) 田沼意次の進出

徳川吉宗の後の2代にわたる将軍は指導力を発揮することなく，**側用人**という側近が政治を動かすようになった。**田沼意次**は，身分の低い武士から昇進し，1772年には側用人から**老中**となった。

(2) 田沼の政治

田沼は，以前の政権担当者らと異なり流通・金融面の収入に関心を持ち，**商人の経済力を利用**して財政の立て直しをはかった。

① **株仲間の公認**…田沼は商工業者の**株仲間**の結成をすすめ，営業の独占を保証するかわり，**運上金・冥加金**といった営業税を納めさせた。

② **長崎貿易の奨励**…金銀の流出防止のため，新井白石以来，長崎貿易には制限が加えられていた。田沼は逆に**貿易を拡大**し，銅や海産物を積極的に輸出し，**金銀の輸入**をはかった。輸出用海産物(**俵物**)の増産のために**蝦夷地の開拓**もくわだてたが，これは実現しなかった。

③ **大規模新田開発**…田沼は大商人の出資を得て，**印旛沼・手賀沼の干拓**を計画したが，いずれも失敗に終わった。

(3) 田沼の政治への反発

新興大名である田沼に対する旧来の譜代大名の反発は強く，また地位や利権を求めての**わいろ**が横行したため，田沼への批判が高まり，しだいに政治はゆきづまっていった。

(4) 天明のききん

1782年から1786年にかけて，天候不順，洪水，**浅間山の大噴火**などによって凶作が続き，全国的なききんとなった。農村では**百姓一揆**が多発し，米価の高騰した江戸では大規模な**打ちこわし**がおこった。

▲田沼意次

田沼意次は，こうした社会的混乱の責任を問われ，将軍の交代とともに失脚したんだ。

⑩ 寛政の改革

松平定信の政治は，農村の復興と商業活動の抑制によって幕藩体制の再建をめざすもので，寛政の改革とよばれている。

🔑 Key Word 松平定信　寛政の改革　棄捐令　寛政異学の禁
昌平坂学問所　藩校　専売制

(1) 松平定信の登場

1787年，老中となった松平定信は徳川吉宗の孫で，田安家から白河藩主松平家を継いだ。

(2) 寛政の改革

① 農村の立て直し…江戸に流れ込んだものには資金をあたえて農村に帰した。また，ききんに備えて穀物をたくわえさせたり，商品作物の作付けを制限したりした。

② 旗本・御家人の救済…質素・倹約を命ずるとともに，棄捐令を出して札差からの借金を帳消しにした。また文武をすすめ，武士としての教養や能力をつけさせた。

③ 学問の統制…湯島聖堂を官立の昌平坂学問所とし，旗本の子弟に朱子学を講義した。朱子学以外の学派は，風紀を乱す異端の学問とされた(寛政異学の禁)。

④ 風紀の取り締まり…政治を風刺したもの，恋愛を描いたものは出版を禁止した。

(3) 改革の成果

改革があまりに厳しく，また経済の発達に逆行するものであったため，大きな成果をあげられぬまま，定信は6年で失脚した。

(4) 諸藩の改革

諸藩でも，藩校の設置や，倹約令による風紀の引き締め，特産物の奨励と専売制の実施で財政の再建をはかった。

くわしく

松平定信
御三卿の田安家に生まれ，8代将軍徳川吉宗の孫にあたる。英明な人物として将軍後継候補の一人と目されていたが，白河藩に養子として出された。

参考

専売制
おもなものとしては，薩摩藩の黒砂糖，佐賀藩の陶磁器，赤穂藩の塩，徳島藩の藍などがある。

松平定信は，農村の復興と商業活動の抑制で幕藩体制の立て直しをはかったんだ。

コラム
寛政の改革への不満

定信による寛政の改革は，当初「田や沼やよごれた御代をあらためて清らにすめる白河の水」と期待をもって迎えられたが，その引き締め政策は，武士ばかりでなく庶民にも評判が悪く，のちに「白河の清きに魚のすみかねて　もとの濁りの田沼こひしき」などと風刺されるようになった。

⑪ 社会の変動と工業制手工業の出現

19世紀に入ると，分業と協業によって生産を行う工場制手工業が出現した。

Key Word 問屋制家内工業　工場制手工業(マニュファクチュア)
分業と協業　絹織物業　酒造業　村方騒動

(1) 19世紀の農村

19世紀になると，農村では土地を集めた豊かな農民と，土地を手放した貧しい農民の二極化がいっそう進んだ。貧しい農民は**小作人**となるほか，さまざまな仕事で収入を得ようと賃労働者になるものも増加した。

(2) 問屋制家内工業

製糸や**織物業**では，賃金・道具・原料を前もって農家に貸し付け，加工賃を払って製品を引き取る**問屋制家内工業**のしくみが出現した。商人が資金や生産手段を所有し，労働の対価として加工賃を支払う問屋制家内工業は，資本主義生産のめばえということができる。

(3) 工場制手工業

19世紀には，**工場制手工業(マニュファクチュア)**とよばれる生産のしくみが各地に現れた。工場制手工業では，作業場に労働者を集め，分業と協業によって生産が行われた。例としては，桐生や足利の**絹織物業**，野田のしょうゆ製造業，伏見や伊丹の酒造業などがある。

(4) 打ちこわしと村方騒動

① **打ちこわし**…ききんによる米不足や，米の買い占めは米価を高騰させ，都市住民の生活を直撃した。生活に苦しむ都市の下層民は，しばしば米の値下げや放出を求めて米商人を襲った。こうした騒動を**打ちこわし**という。

② **村方騒動**…農村の変化により，**百姓一揆**にも変化が現れた。このころになると，一般農民が村役人や豊かな農民の不正を領主に訴え，不公正を正そうとする**村方騒動**が現れた。

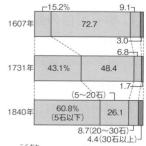
○石高による農家戸数の変化（河内国下小坂村の例）

○工場制手工業

江戸での打ちこわしのひん発は，幕府の支配を足下からゆさぶるものであったんだ。

⑫ 国学と蘭学

国学・蘭学など新しい学問が発展する中で，幕藩体制に対する批判も生まれた。

(1) 国学のはじまり

国学とは，日本の古典文学を**儒教**や**仏教にもとづく価値観にとらわれることなく理解しよう**とする研究方法として，18世紀ごろにおこった。

(2) 国学の大成

国学は18世紀後半，**賀茂真淵**や**本居宣長**らによって大成されたが，しだいに日本固有の文化や精神を明らかにしようとする復古主義的運動になった。

① **本居宣長**…「源氏物語」を論ずるにあたっては，「**もののあわれ**」という日本的美意識を読み取ることを主張した。その後，日本古来の精神を求めて，「**古事記伝**」を完成した。

② **平田篤胤**…19世紀前半の人で，本居宣長の後継者を自認。復古神道を唱え，のちの**尊王攘夷運動**に影響をあたえた。

▲本居宣長

(3) 蘭学

洋学ともいい，オランダ語の書物を通してヨーロッパの学術・文化を学ぶものである。徳川吉宗がキリスト教関係以外の**洋書の輸入を解禁**して以来さかんになり，**医学・天文学・地理学**などの分野が熱心に研究された。

① **杉田玄白**…**前野良沢**らとともにオランダ語版医学書の翻訳に取り組み，「**解体新書**」として出版した。

② **平賀源内**…博物学・物理学・西洋画などに才能を発揮し，日本ではじめて寒暖計やエレキテルをつくった。

③ **伊能忠敬**…伊能忠敬が全国を測量して作成した「**大日本沿海輿地全図**」は伊能図とよばれるが，当時としてはきわめて精巧なもので，明治以降の地図製作の基礎となった。オランダ商館の医師**シーボルト**が国外追放となったシーボルト事件は，この地図を国外に持ち出そうとしておこったものである。

▲解体新書

⑬ 化政文化

江戸時代の後半におこった，江戸の町人を中心とする文化を化政文化という。

Key Word 十返舎一九 曲亭(滝沢)馬琴 与謝蕪村 小林一茶 錦絵 葛飾北斎 喜多川歌麿 歌川広重 東洲斎写楽 寺子屋

(1) 化政文化

文化・文政年間(1804～1829)は，厳しい統制が加えられた寛政の改革への反動から政治がゆるんだが，**江戸町人を中心とする**「**いき**」と「**通**」を重んずる独自の文化が育っていった。この町人文化を**化政文化**という。18世紀後半になると，江戸の文化が全国的に広まった。

(2) 文学

① **小説**…貸本屋がたくさんできて読者層が拡大し，人々の日常生活や人情を描いたものや，勧善懲悪の道徳を説くものが多くなった。**十返舎一九**は，「**東海道中膝栗毛**」を会話まじりの平易な文体で描き，**曲亭(滝沢)馬琴**は，歴史や伝説を題材に「**南総里見八犬伝**」などの長編小説を著した。

② **俳諧(俳句)**…**与謝蕪村**は，自然の美しさを絵画的に表現し，**小林一茶**は，農民の視点で多くの句をよんだ。

③ **川柳・狂歌**…世相を題材とし，風刺・皮肉をきかせた**川柳**や**狂歌**が庶民の間に流行した。

(3) 美術

浮世絵は，**錦絵**とよばれる**多色刷り**の技法によって大量に刷られ，庶民の間に広まった。

① **美人画・役者絵**…美人画の**喜多川歌麿**，役者絵の**東洲斎写楽**など，特色をもった作者が多数活躍した。

② **風景画**…民衆の旅が一般化する中で，錦絵の風景画が流行し，**葛飾北斎・歌川広重**らの絵は安価で広く普及した。

(4) 文化の広がり

寺社への参詣など**旅**の習慣が広がり，都市と地方の交流がさかんになった。また，町や農村に**寺子屋**が開かれ，読み・書き・そろばんなどを教えた。

史料 俳諧・川柳・狂歌

●俳諧
菜の花や　月は東に　日は西に
　　　　　　　　　　(与謝蕪村)
われときて　遊べや親の　ない雀
　　　　　　　　　　(小林一茶)

●川柳
役人の子はにぎにぎを
能く覚え　　　　「柳多留」

●狂歌
目に青葉　耳に鉄砲
ほととぎすかつおはいまだ
口へははいらず
　　　　　　　　(大田南畝)

▲ 喜多川歌麿の美人画

▲ 富嶽三十六景「神奈川沖浪裏」*
　　　　　　　　　(葛飾北斎)

⑭ 外国船の接近

外国船が日本近海に現れ通商を求めてくるようになるが，幕府は鎖国政策を堅持し，沿岸警備を強化した。

🔑 Key Word　ラクスマン　レザノフ　間宮林蔵　フェートン号
異国船打払令　モリソン号　蛮社の獄

(1) ロシア船の接近

18世紀半ばごろから，**ロシア船**が樺太（サハリン）や千島に姿を現すようになった。

① **ラクスマンの来航**…1792年，ロシア使節**ラクスマン**が**根室**に来航し，日本人漂流民の大黒屋光太夫を送り届けるとともに通商を求めた。幕府は通商要求を拒絶した。

② **レザノフの来航**…1804年，レザノフが**長崎**に来航し，通商を求めたが，幕府はこれも拒否した。

③ **蝦夷地の警備の強化**…ラクスマンの来航後，幕府はロシアの南下を警戒し，**間宮林蔵**らに蝦夷地や樺太を調査させた。そして東北地方の大名に警備を命じた。

(2) イギリス・アメリカの接近

① **フェートン号事件**…1808年，イギリスの軍艦**フェートン号**が，オランダ船を追って**長崎に侵入**する事件がおこった。長崎奉行は事態に何ら対応することができず，幕府は改めて沿岸防備の強化をはかることになった。

② **異国船打払令**…19世紀になると，外国の捕鯨船や商船がしきりに太平洋岸に接近し，燃料や飲料水を求めることもあった。このため，幕府は**1825年に異国船打払令**を出し，接近した外国船は砲撃を加えて追い返すこととした。

③ **モリソン号事件**…1837年，アメリカ船が浦賀沖に来航し，日本人漂流民を返還しようとしたが，浦賀奉行が異国船打払令により砲撃を加えて撃退する事件がおこった。

④ **蛮社の獄**…蘭学者の**渡辺崋山・高野長英**はモリソン号事件に対する幕府の対応を批判する書物を書き，鎖国政策を改める必要を説いたため，幕府から厳しい処罰を受けた。

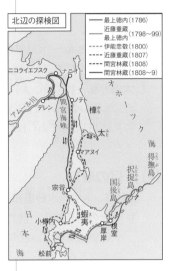

北辺の探検図

凡例
── 最上徳内(1786)
── 近藤重蔵
── 最上徳内(1798~99)
---- 伊能忠敬(1800)
---- 近藤重蔵(1807)
---- 間宮林蔵(1808)
── 間宮林蔵(1808~9)

（参考）

異国船打払令の緩和

1842年，清がアヘン戦争でイギリスに敗れたとの知らせが届いた。そこで，幕府は異国船打払令をゆるめ，接近した外国船に対しては，食料・燃料などをあたえて退去させようとする薪水給与令を定めた。

⑮ 天保の改革

天保の改革は，天保のききんによる社会的混乱などを背景に行われたが，改革の失敗で幕府の威信の低下が進んだ。

> **🔑 Key Word** 天保のききん　大塩平八郎　水野忠邦
>
> 天保の改革　倹約令　株仲間解散　上知令　雄藩

(1) 大塩の乱

① **天保のききん**…1830年代には，**天保のききん**が全国をおそい，**百姓一揆や打ちこわし**もひんぱんにおこった。

② **大塩の乱**…1837年，大阪町奉行所の元役人であった**大塩平八郎**が，米価の値上げに苦しむ町民を救おうと大商人をおそった。この乱は1日でしずめられたが，元役人の反乱は幕府に衝撃をあたえた。

(2) 天保の改革

1841年，老中の**水野忠邦**は**天保の改革**を始めた。

① **政治の引きしめ**…**倹約令**を出し，ぜいたく品を禁止し，出版や風俗にも厳しい取りしまりを加えたことにより，人々の反発がおきた。

② **人返し令**…江戸への流入者を**強制的**に帰村させた。

③ **株仲間解散**…物価を下げるため，**株仲間解散**を命じたが，逆効果で物価は上がった。

④ **上知令**…江戸・大阪周辺の大名・旗本領を**幕領**としようとしたが，大名・旗本の反対で撤回した。

⑤ **水野忠邦の失脚**…改革は，2年余りで失敗に終わった。

(3) 藩政改革

薩摩藩(鹿児島県)は，奄美群島で作られる**黒砂糖の専売制**や，**琉球を使った密貿易**などで経済力をたくわえた。**佐賀(肥前)藩**(佐賀県・長崎県)は陶磁器を専売制にし，**ヨーロッパ**に輸出した。**長州藩**(山口県)は，下関でほかの藩の船に対する金融業を行った。また，佐賀藩・薩摩藩・長州藩は，外国船に対する軍備を強化し，**反射炉**を建設して，大砲などを製造した。これらの藩は，**雄藩**とよばれ，幕府に対して政治的な発言力をもつようになった。

▲大塩平八郎

📖 くわしく

大塩平八郎

　大阪町奉行所の役人であったが，行動を重視する陽明学に傾倒し，役職を辞したのちは，私塾を開いて子弟の教育にあたった。天保のききんにあたっては，大阪町奉行所にその政策を提案したり，蔵書を売り払って貧民救済にあてたりした。しかし，町奉行の無策は改められず，貧農や市内の貧民，被差別民などによびかけて兵を挙げ，市内の豪商を襲撃した。

● 土地を深く掘るための**備中ぐわ**や，脱穀用の**千歯こき**が使われた。
● **西廻り航路**・**東廻り航路**で東北・北陸地方の年貢米を江戸・大阪に運んだ。
● 江戸時代は，儒学のなかでも身分の上下を重んじる**朱子学**が広まった。
● 5代将軍**徳川綱吉**は，生類憐れみの政策を行った。
● **江戸**は「将軍のおひざもと」とよばれ，日本最大の人口であった。**大阪**は「天下の台所」とよばれ，商業都市として栄えた。
● 17世紀末から18世紀初めにかけて栄えたのは，上方中心の**元禄**文化である。
● 演劇である**歌舞伎**では，坂田藤十郎や市川団十郎が活躍した。
● **井原西鶴**の小説は，浮世草子として人気を得た。
● 18世紀前半，8代将軍吉宗が，**上げ米の制**で参勤交代の滞在期間を半減させるなどの，**享保の改革**を行った。
● **田沼意次**は，**株仲間**を公認し，運上・冥加の収入を増やした。
● 1787年，老中の**松平定信**は，農村を復興して幕藩体制を立て直そうとし，**寛政の改革**を行った。
● 18世紀ごろより，**問屋制家内工業**が行われるようになった。
● **工場制手工業**では，分業にして共同作業でものをつくった。
● 日本古来の精神を学ぼうとする**国学**が，本居宣長によって大成した。
● 杉田玄白・前野良沢が解剖書を翻訳して「**解体新書**」を出版した。
● 江戸後期の文化・文政年間にさかんになった江戸中心の文化を，**化政文化**という。
● 浮世絵では，**錦絵**という多色刷りの版画が人気を得た。
● 化政文化期には，**与謝蕪村**や小林一茶などの俳諧(俳句)が親しまれた。
● 江戸の後半になると，村では年貢の引き下げや代官の交代を求める**百姓一揆**がおこり，町では**打ちこわし**がおこった。
● 18世紀ごろに，ロシアの**ラクスマン**や**レザノフ**らが，日本との通商を求め来航したが，日本は通商を拒否した。
● 1837年，大阪町奉行所の元役人の**大塩平八郎**が，米価の値上げに苦しむ町民を救おうと大阪の大商人らをおそった。
● 水野忠邦が進めた**天保の改革**は失敗に終わった。
● **寺子屋**では，庶民に読み・書き・そろばんを教えた。

定期試験対策問題⑦ （解答➡p.259）

1 江戸時代の政治と社会 ≫p.116・118〜122・125・126

次の徳川家の系図を見て，あとの問いに答えなさい。なお，系図中の1〜11の数字は，将軍になった順序を示している。

(1) 系図中のa〜cにあてはまる将軍の名を，次の各文を参考にそれぞれ答えなさい。

a〔　　　　　　　　〕
b〔　　　　　　　　〕
c〔　　　　　　　　〕

```
                                    秀忠2―[ a ]3―家綱4 （12〜15代は省略）
                        ―義直(尾張)    ○―家宣6―家継7―家治10
                家康―                    綱吉5        家重9―重好(清水)
                                                           宗武(田安)―定信(松平)
                        ―頼宣(紀伊)…○―[ b ]8    宗尹(一橋)―家斉11
                        ―頼房(水戸)―[ c ]…(6代略)…斉昭
```

・aは，武家諸法度に参勤交代を制度として定め，大名の統制を強めた。
・bは，青木昆陽に命じてさつまいもの栽培を始めさせ，ききんに備えさせたほか，新田開発を進めた。
・cが命じた『大日本史』の編さんは死後も続けられ，完成したのは1906年である。

(2) 系図中の綱吉が出した極端な動物愛護の法令を答えなさい。　〔　　　　　　　　〕

(3) 系図中の家宣，家継に仕え，政策立案にあたった朱子学者を次のア〜エから1つ選び，記号で答えなさい。　〔　　　〕

ア　本居宣長　　イ　林羅山　　ウ　新井白石　　エ　渡辺崋山

(4) 系図中のbの将軍が行った政治改革の内容にあてはまるものを，次のア〜エから2つ選び，記号で答えなさい。　〔　　　〕〔　　　〕

ア　上げ米の制の制定　　イ　株仲間の解散　　ウ　異国船打払令の発布
エ　公事方御定書の制定　　オ　異学の禁止

(5) 系図中のbの将軍の死後，老中となり，長崎貿易を活発化させた人物を次のア〜エから1つ選び，記号で答えなさい。　〔　　　〕

ア　松平定信　　イ　田沼意次　　ウ　水野忠邦　　エ　平田篤胤

(6) 系図中の家斉のころのできごとについて，次の①〜③に答えなさい。

① 1792年に日本人漂流民を送り届けるとともに通商を求めて来航した人物と，来航した場所の組み合わせとして正しいものを，次のア〜エから1つ選び，記号で答えなさい。〔　　　〕

ア　ラクスマン―長崎　　イ　レザノフ―長崎
ウ　ラクスマン―根室　　エ　レザノフ―根室

② 1837年にききんや米の値上げに苦しむ人々を救うため，大商人を襲った大阪町奉行所の元役人を答えなさい。　〔　　　　　　　　〕

③ 19世紀に見られた，1つの作業場に労働者を集めて分業で生産を行うしくみを何というか，答えなさい。　〔　　　　　　　　〕

2　江戸時代の文化 >>p.117・123・124

次の文章を読んで，あとの問いに答えなさい。

　江戸時代の文化は大きく2つに分けられる。幕府の政治・経済が安定した_a17世紀末から18世紀初めに上方で栄えた文化と，_b江戸で商工業が発達した18世紀後半に町人を中心に生まれた文化である。上方で栄えた文化は，幕府が鎖国政策をとっていたことから，外国の影響を受けない日本独自の文化となった。また，学問の中心は身分の上下を重視する_c儒学であったが，そこからさまざまな学問が発達した。一方，18世紀後半の文化では8代将軍の時代にキリスト教以外の洋書の輸入が認められたことから，_d洋学が学ばれ，実用的な学問が発展した。

(1)　文章中の下線部a，bの文化はそれぞれ何とよばれるか，答えなさい。

　　　　　　　　　　　　　　　　a〔　　　　　　　　　　〕　b〔　　　　　　　　　　〕

(2)　下線部cのうち，特に幕府に奨励された学問は何か，答えなさい。〔　　　　　　　　　　〕

(3)　次の①〜④は，下線部a，bのどちらの文化について述べたものか，それぞれ記号で答えなさい。　　　　　　　　①〔　　　〕　②〔　　　〕　③〔　　　〕　④〔　　　〕

　①　浄瑠璃では，近松門左衛門が義理と人情の世界に生きる町人の悲劇を美しい文章で書き，竹本義太夫がそれを語って人気を集めた。

　②　俵屋宗達や尾形光琳が大和絵の伝統を生かしながら，屏風やまき絵などに装飾画を描く一方で，菱川師宣の風俗を題材にした浮世絵は，版画として大量生産され，庶民に広まった。

　③　浮世絵では，錦絵とよばれる多色刷りの技法で描かれた喜多川歌麿の美人画や葛飾北斎の「富嶽三十六景」，歌川広重の「東海道五十三次」などの風景画が流行し，人々に喜ばれた。

　④　勧善懲悪の世界を描いた小説が貸本屋を通じて人々の間に広まり，俳諧も広く親しまれて小林一茶や与謝蕪村が活躍したほか，俳諧から生まれた川柳や狂歌が庶民の間で流行した。

(4)　下線部dについて，次の①，②に答えなさい。

　①　洋学のことを何というか，答えなさい。　　　　　　　　　〔　　　　　　　　　　〕

　②　実用的な学問として測量や暦学を学び，「大日本沿海輿地全図」の作成を始めた人物を，次のア〜エから選び，記号で答えなさい。　　　　　　　　　　　　〔　　　　　　〕

　ア　十返舎一九　　イ　前野良沢　　ウ　杉田玄白　　エ　伊能忠敬

3　江戸時代の都市 >>p.115

　江戸時代，日本各地で城下町をはじめ，宿場町や門前町などの都市が発達した。なかでも江戸・大阪・京都は三都とよばれ，特に重要な都市であった。これについて，あとの問いに答えなさい。

(1)　三都のうち，「天下の台所」とよばれた都市を答えなさい。　〔　　　　　　　　　　〕

(2)　幕府や藩が江戸や大阪に設けた倉庫で，年貢米を必要に応じて売り，利益を得ていたが，この倉庫の名を答えなさい。　　　　　　　　　　　　　　　〔　　　　　　　　　　〕

(3)　宿場町は大名の参勤交代に伴う人と物の移動により発展した都市である。参勤交代の通路として使われた5つの道を合わせて何というか，答えなさい。　〔　　　　　　　　　　〕

(4)　(3)のうち，江戸と京都を結ぶ道の名を答えなさい。　　　　〔　　　　　　　　　　〕

近世を図解!

日本が近世のころ, 世界はどうなっていたか, おさえておこう!

● 大西洋の三角貿易

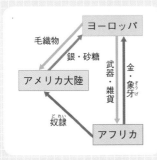

大航海時代を経て, ヨーロッパの国々がアメリカ大陸を植民地としました。アメリカ大陸では銀が採掘され, さとうきびから砂糖がつくられました。銀や砂糖はヨーロッパへ運ばれ, ヨーロッパからアメリカ大陸へは, 毛織物などが運ばれました。

先住民だけではアメリカ大陸での労働力が足りなくなったことから, ヨーロッパ人はアフリカから奴隷をアメリカ大陸へ輸入しました。

アフリカからヨーロッパへは金や象牙が輸出され, ヨーロッパからアフリカへは武器や雑貨が輸出されました。

● 江戸幕府のしくみ

江戸幕府は, 将軍が任命した老中を中心に, 若年寄が補佐する形で政治が行われました。また, 非常の時には老中の上に大老が置かれました。

寺社奉行・町奉行・勘定奉行は三奉行と呼ばれました。

地方では, 朝廷や西日本を監視するために京都所司代が置かれ, 西日本の軍事を担当する大阪城代も置かれました。また, 重要な都市の支配のために遠国奉行が置かれました。

● 幕藩体制と主な大名の配置

江戸幕府は重要な都市や鉱山を幕府の領地(幕領)として直接支配しました。

さらに, 徳川氏の一族である親藩や, 関ヶ原以前から徳川氏に従っていた譜代大名が, 幕領につぐ, 重要な土地や江戸周辺などに配置されました。

一方で, 関ヶ原の戦い前後から徳川氏に従った外様大名は, 江戸から離れた場所を中心に配置されました。

● とりつぶされた大名

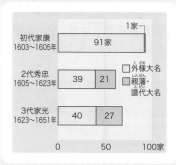

初代家康
1603～1605年　91家　1家

2代秀忠
1605～1623年　39　21

3代家光
1623～1651年　40　27

□ 外様大名
□ 親藩・譜代大名

0　50　100家

江戸時代の初期には，外様大名を中心に多くの大名がとりつぶされました。

初期には軍事的な理由などから外様大名が多くとりつぶされましたが，1615年の大阪夏の陣が終わった後からは，武家諸法度に反したことや，あとつぎがいないことなどを理由にとりつぶされる事例が多くなり，親藩や譜代大名も多くとりつぶされました。

● 日本町と江戸時代初期の貿易

日本人の南方進出
● 日本町所在地
● 日本人在住地
― 日本船の航路

江戸時代初期には，徳川家康が日本船の渡航を許す朱印状を発行したことから，海外との貿易が発展しました。朱印状を得た商人や大名などが現在のフィリピンやベトナム，カンボジア，タイなどに貿易船（朱印船）を派遣しますが，この東南アジアなどとの朱印船による貿易を，朱印船貿易といいます。

朱印船貿易とともに，多くの日本人が海外へ移住し，日本人が多く住んだところには日本町もできました。

● 江戸時代の農具

備中ぐわ　千歯こき

千石どおし　とうみ

鎖国の前には朱印船貿易が行われていたんだね！

江戸時代には，農業技術が発展し，さまざまな農具が作られ，使用されるようになりました。
・備中ぐわ…深く耕すことができるようになりました。
・千歯こき…脱穀が効率的におこなえるようになりました。
・千石どおし…玄米ともみを選別するのに使われました。
・とうみ…玄米ともみ殻や塵などを簡単に選別できるようになりました。

● 鎖国後の江戸時代の交易

　1639年にポルトガル人が追放され，1641年にオランダ商館が長崎の出島に移されて，鎖国と呼ばれる幕府による貿易統制，外交独占の体制が完成します。鎖国後，幕府は長崎でオランダ，中国とのみ交易を行いました。鎖国下において，朝鮮との連絡や貿易は対馬藩が担いました。

　また，琉球王国は薩摩藩に攻められて服属しています。朝鮮からは将軍の代替わりごとに朝鮮通信使が，琉球からは将軍の代替わりの際などに使節が派遣されました。

　蝦夷地に住むアイヌ民族との交易は，松前藩が独占しました。

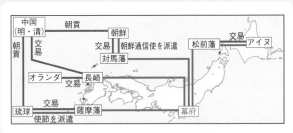

鎖国下における交易相手について，整理しておこう！

● 江戸の町人人口の変化

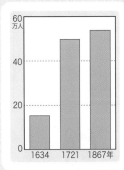

　江戸の町人人口は，江戸という都市の発展とともに増加していきました。江戸は武家地・寺社地・町人地に分けられますが，町人地は人口の割には狭く，人口密度は高い状態となっていました。

　江戸時代の半ばになると，都市には，農村部から出かせぎなどで流入してきた人たちも多くいました。

　江戸の人口は最盛期には武家・町人などをあわせると100万人を超えていました。

● 百姓一揆と打ちこわし

　百姓一揆は農村で，打ちこわしは都市でおこりました。百姓一揆は領主に対して年貢の軽減を求めたり，不正を働く代官の交代を求めて農民が団結しておこしたものです。打ちこわしは，米の買い占めを行った商人などに対して，都市の住民がおこしたものです。

　ききんがおこると，百姓一揆や打ちこわしが多くおこったことが資料からもわかります。

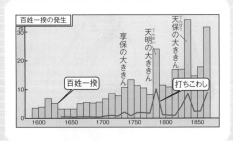

第**4**章

近代の日本と世界

8 欧米諸国のアジア進出と開国

🗺️世界史　⚔️日本史政経　⛩️日本史文化

時代	年代	できごと
江戸時代	1620	●イギリスの清教徒がメイフラワー号で北アメリカに移住する
	1628	●イギリス議会，国王に「権利の請願」を提出
	1640	●イギリスのピューリタン（清教徒）革命
	1688	●イギリスの名誉革命
	1689	●「権利章典」
	1710	●ベルサイユ宮殿完成
	1732	●北アメリカに13植民地ができる
	1748	●モンテスキュー「法の精神」
	1762	●ルソー「社会契約論」
	1769	●アークライト，水力紡績機を発明
		●ワット，蒸気機関を改良
	1775	●アメリカ独立戦争（〜83）
	1776	●アメリカ独立宣言
	1785	●カートライト，蒸気を動力とした力織機を発明
	1789	●フランス革命
	1792	●フランス，王政を廃止し，共和制をしく
	1804	●ナポレオン，皇帝となる

🗺️ **ピューリタン（清教徒）革命**…絶対王政の国王と議会が対立。国王派と議会派の内乱に発展。クロムウェル指導の議会派が勝利し，共和政に。　≫p.136 ①

🗺️ **名誉革命**…王政復古後，専制政治を行う国王を議会が追放。権利章典と議会政治の確立。　≫p.136 ①

🗺️ **権利章典**…議会の権利を認めたもの。名誉革命の翌年に発布。　≫p.136 ①

🗺️ **アメリカの独立戦争**…北アメリカ植民地に対する課税強化，本国と植民地の武力衝突に。植民地軍司令官ワシントン。　≫p.137 ②

🗺️ **独立宣言**…ジェファーソン起草，基本的人権の尊重と人民主権。　≫p.137 ②

🗺️ **産業革命**…18世紀後半，イギリスの綿工業から始まる。工場制手工業から工場制機械工業へ。　≫p.139 ④

🗺️ **資本主義社会**…産業革命をへて出現。工場・機械などの生産手段を私有する資本家と労働力を提供して賃金を受け取る労働者の出現。　≫p.140 ⑤

🗺️ **フランス革命**…三部会の召集，国民議会，バスチーユ牢獄の襲撃，帝政の廃止と共和制樹立。　≫p.138 ③

🗺️ **人権宣言**…自由・平等・人民主権，思想・言論の自由などの原則。　≫p.138 ③

🗺️ **ナポレオン**…フランス革命後の混乱を収拾し皇帝に。ヨーロッパ各地に遠征。　≫p.138 ③

時代	年代	できごと
江戸時代	1830	●フランスの七月革命
	1832	●イギリスの第一次選挙法改正
	1840	●アヘン戦争（～42）
	1848	●フランスの二月革命 ●マルクス「共産党宣言」
	1851	●太平天国の乱（～64）
	1853	●ペリーの浦賀来航
	1854	●日米和親条約を結ぶ
	1857	●インド大反乱（～59）
	1858	●日米修好通商条約を結ぶ ●安政の大獄が始まる
	1860	●桜田門外の変
	1861	●アメリカの南北戦争（～65）
	1863	●アメリカの奴隷解放宣言 ●薩英戦争
	1864	●四国連合艦隊，下関砲台を占領
	1866	●薩長同盟 ●幕府の第二次長州征討失敗
	1867	●大政奉還，王政復古の大号令
明治時代	1868	●戊辰戦争（～69）
	1870	●イタリアの統一
	1871	●ドイツの統一

選挙権の拡大…イギリスでは3回の選挙法改正が行われ，市民・労働者・農民にも選挙権があたえられた。　　≫p.141 ⑥

アヘン戦争…イギリスは貿易赤字解消のためインド産アヘンを密輸，これをとりしまる清との間で戦争に発展。敗れた清は南京条約を結び，5港を開く。南京条約は清にとって不平等条約。　≫p.142 ⑦

インド大反乱…東インド会社の雇い兵の反乱が全土に拡大。反乱鎮圧後はイギリスのインド直接支配，植民地化が完成。　　≫p.142 ⑦

日米和親条約…再来航したペリーとの間で結ばれる。下田・函館2港を開港，鎖国の終わり。　　≫p.143 ⑧

日米修好通商条約…ハリスとの間での調印を大老井伊直弼が強行，貿易の開始とその後の混乱は幕府への批判，攘夷運動に。　　≫p.144 ⑨

長州藩…攘夷運動の中心，外国船に砲撃を加えるが，四国連合艦隊に下関砲台を占領され，薩摩藩とともに攘夷から倒幕へ方針を転換。≫p.145 ⑩

大政奉還…15代将軍慶喜は，政権を朝廷に返上，幕府支配終わる。　　≫p.146 ⑪

王政復古の大号令…薩摩・長州など倒幕派は慶喜の新政権参加を認めず，天皇を中心とする新しい政権の樹立を宣言。　　≫p.146 ⑪

欧米諸国がアジアにも植民地を広げていったよ。

① イギリスの市民革命

17世紀におこった，ピューリタン（清教徒）革命，名誉革命を経て，イギリスの議会政治が確立した。

🔑Key Word 絶対王政　ピューリタン（清教徒）革命　クロムウェル
工場制手工業（マニュファクチュア）　名誉革命　権利章典

(1) 都市と市民の成長

　18世紀のヨーロッパでは，都市に豊かな商工業者を中心とする**市民**が形成され，自由で批判的な思想が力をもつようになっていった。

(2) イギリスの革命と議会政治の確立

① **国王の専制政治**…イギリスの絶対王政は，16世紀後半のエリザベス1世のときに，もっとも栄えた。

② **中産市民階級の形成**…**工場制手工業（マニュファクチュア）**が発達し，その経営者は都市の商工業者と結び，**中産市民階級**として大きな力をもつようになった。

③ **ピューリタン（清教徒）革命**…1642年，議会派と国王軍の間で戦いがおこった。1649年には**クロムウェル**が率いる**議会派**が勝利し，国王を処刑して共和政をしいた。

④ **名誉革命**…クロムウェルの死後，国王による**専制政治**が復活したため，1688年，議会は国王を追放し，オランダより新しい国王をむかえた。

⑤ **議会政治の確立**…1689年，議会は「**権利章典**」を出し，国王に対する議会の優位を明らかにした。

🔺17世紀のイギリス議会

🔺エリザベス1世

くわしく

絶対王政
　ローマ教皇や諸侯の没落が進んだ16〜18世紀のヨーロッパにみられる強大な王権による専制政治を絶対王政という。国王はすべての権力をにぎり，官僚と常備軍によって国内を支配した。

🔺クロムウェル

史料　権利章典（部分）

第1条　国王は議会の承認なしに法律を停止してはならない。
第6条　議会の同意なく平時に軍隊を召集してはならない。
第8条　議員の選挙は自由である。
第9条　議会における言論・討議は自由で，議会以外でそれを批判してはならない。

② アメリカの独立革命

アメリカの独立宣言は，基本的人権の尊重，人民主権の近代民主政治の原則にもとづく。

> **Key Word** 13の植民地　独立戦争　独立宣言　ワシントン
> アメリカ合衆国憲法　基本的人権の尊重

(1) 北アメリカ植民地

① **13植民地**…北アメリカには，**イギリスが植民地**を建設していたが，17世紀に入り，国王の清教徒圧迫を逃れて渡ってくる人々が増え，18世紀半ばまでに，東海岸にそって**13の植民地**が形成された。

② **本国の植民地政策**…植民地で商工業が発達してくると，イギリス本国は植民地の産業・貿易に統制を加え利益をすい上げた。さらにフランスとの戦争後の財政難に苦しむイギリス本国政府は，北アメリカ植民地に**新しい税**をかけ，収奪を強めようとした。

③ **独立戦争**…このような本国の政策に対し，植民地の人々は「代表なくして，課税なし」と主張して反発を強め，1775年には，本国と植民地の武力衝突に発展した。

(2) アメリカ合衆国の成立

① **独立宣言**…ワシントンを司令官とする植民地軍は苦戦したが，しだいに独立の気運が高まり，1776年には各植民地の代表が集まり，**独立宣言**を発表した。

② **アメリカ合衆国憲法**…植民地軍は，フランスなどの支援も得て，ついに勝利をおさめ，1783年の**パリ条約**で13植民地の独立が認められた。1787年には人民主権，連邦制，三権分立を柱とする**アメリカ合衆国憲法**が制定された。そして初代大統領には**ワシントン**が選ばれた。

③ **独立革命**…アメリカ独立の戦いは，本国の圧政に対する植民地の抵抗だけでなく，**基本的人権の尊重**にもとづく**民主主義思想**を具体化したものとして，のちのヨーロッパ諸国に大きな影響をおよぼした。

東部13州の独立

1776年独立を宣言した13州

1783年（独立達成の年）イギリスから取得した地域

▲ ジョージ・ワシントン

史料 独立宣言（部分）

われわれは，自明の真理として次のことを信ずる。すなわち，すべての人は平等につくられ，創造主によって一定のおかすことのできない神からあたえられた権利を持ち，その中には，生命・自由および幸福を追求することがふくまれていること。また，これらの権利を確保するために人類のあいだに政府が組織され，そして政府の正当の権力は治められる者が同意することによって生まれるものであること。

③ フランス革命

1789年，国民議会を支持するパリ民衆が蜂起(ほうき)し，専制政治を倒(たお)して共和政治を実現。

🔑Key Word モンテスキュー　三権分立　ルソー　人民主権
国民議会　人権宣言　フランス革命　共和政　ナポレオン

(1) 絶対王政への不満

① **革命前のフランス**…絶対王政下のフランスでは，特権をもつ第一身分の**聖職者**と第二身分の**貴族**に対し，第三身分の**平民(市民や農民)**は無権利状態で，とくに農民は，重い税に苦しんでいた。

② **啓蒙思想(けいもう)**…古い制度や考えから人々を解放しようとする啓蒙思想が広まり，**モンテスキュー**は「**法の精神**」の中で**三権分立**を説き，**ルソー**は「**社会契約論(けいやくろん)**」を著(あらわ)して**人民主権**を主張した。

(2) フランス革命

① **国民議会**…1789年，財政難をのりきるために国王が身分制の議会(三部会(しょうしゅう))を召集すると，平民代表は**国民議会**の結成を宣言した。

② **バスチーユ牢獄(ろうごく)の襲撃(しゅうげき)**…国王が国民議会を武力でおさえようとすると，パリの民衆は立ち上がり，**バスチーユの牢獄**を襲(おそ)った。古い専制政治への攻撃は全国へ広がり，**フランス革命**に発展した。

③ **人権宣言と共和政**…国民議会は「**人権宣言**」を出して身分制の廃止(はいし)，自由，平等などの原則をうち立てた。1792年に**共和政**をしき，翌年には**国王ルイ16世**を処刑(しょけい)した。

④ **ナポレオン**…革命後の不安定な社会状況(じょうきょう)の中で，軍人の**ナポレオン**が独裁的な権力をにぎった。**1804年**には**皇帝(こうてい)**の位につき，武力によるヨーロッパ征服(せいふく)をくわだてたが，そのいっぽうでは革命の成果を法律にして定着させ，市民革命の理念を各国に広める役割も果たした。

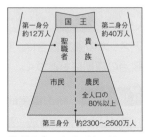

▲革命前の身分別人口比

▲ルソー

史料　人権宣言(部分)

人権宣言(部分)第1条　人間は生まれながらにして自由で平等な権利を持っている。
第3条　すべての主権の根源は本来国民の中にある。
第11条　思想と言論の自由な発表は，人間のもっとも尊い権利の一つである。

▲ナポレオン・ボナパルト

④ 産業革命

産業革命は，18世紀後半イギリスの綿工業から始まった。

🔑 **Key Word** 工場制手工業(マニュファクチュア)　工場制機械工業
産業革命　市民革命　紡績機　織機　ワット　蒸気機関

(1) イギリスの産業革命の前提

① **マニュファクチュア**…早くから毛織物工業がさかんで，**工場製手工業(マニュファクチュア)**が発達していた。

② **広い市場**…海外の広大な植民地を商品の市場とし，また世界有数の海運・商業国として資本の蓄積が進んでいた。

③ **豊かな資源と労働力**…石炭・鉄などの資源に富み，土地を失った農民を工場労働者として活用できた。

④ **市民革命の成果**…17世紀には**市民革命**を達成し，経済活動の自由を獲得していた。

(2) 産業革命

イギリスでは，18世紀に入ると機械を使った**工場制機械工業**が出現，生産力が急速に増大し，社会のしくみが大きく変化した。

① **機械の発明**…イギリスではインド産綿布の輸入が増え，綿製品の需要が高まっていた。そのため大量生産の可能な**紡績機**や**織機**などの機械の発明と改良が進んだ。

② **動力の革命**…1769年，ワットによって石炭を燃料とする蒸気機関が改良され，機械の動力として使用されるようになると，さらに生産力は高まった。また，工場が各地にでき，新しい工業都市も生まれた。

③ **交通の発達**…汽車や汽船などの交通機関の発達は，原料や商品，労働力の大量・高速輸送を可能にした。

④ **産業革命のひろがり**…**イギリスの産業革命は1830年ごろ完成**されたが，その後，産業革命は世界にひろがった。

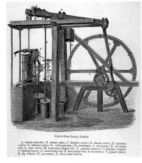

⬤ ワットの蒸気機関

参考

機械の発明・改良

1710	ニューコメン，蒸気機関発明
1733	ジョン・ケイ，飛びひ発明
1764	ハーグリーブズ，ジェニー紡績機発明
1769	アークライト，水力紡績機発明
1769	ワット，蒸気機関改良
1785	カートライト，力織機発明
1807	フルトン，蒸気船発明
1825	スチーブンソン，蒸気機関車実用化

工場法の成立

イギリスでは，1802年，綿工場で働く子どもを保護する法律が初めてつくられた。労働時間が10時間以下と定められるのは，1840年以降の工場法となる。これにならって，欧米諸国では同様の法律が成立した。

⑤ 資本主義の確立

産業革命により成立した資本主義社会では，さまざまな社会問題が発生した。

🔑 Key Word ▶ 資本家　資本主義　労働者　低賃金・長時間労働　参政権　労働組合　社会主義　マルクス

(1) 産業革命後の社会

産業革命によって工場制機械工業が確立すると，工場や機械を私有する**資本家**と，賃金を得て工場で働く**労働者**の2つの階級を主要な構成要素とする**資本主義社会**が出現した。

(2) 資本主義社会の社会問題

① **不景気と失業**…資本主義は市場での売買を見込んだ自由な生産が原則である。このため過剰生産から不景気になることがあり，労働者は失業の不安にさらされた。

② **低賃金・長時間労働**…熟練技術は不要となり，女性や児童などが**低賃金**で**長時間**働かされるようになった。

(3) 社会主義思想の出現

① **労働組合の結成**…社会問題の解決のため，労働者は**参政権**を要求したり，団結して**労働組合**をつくってみずからの生活や労働条件を改善しようとしたりした。

② **社会主義思想**…失業や貧困の原因は生産手段を私有する資本家が労働者を搾取する社会のしくみにあると考え，平等な社会の実現をめざす**社会主義**の考えも生まれた。

くわしく

資本主義
　工場や機械を私有する少数の資本家が，多数の労働者を雇い，商品として売るために大量生産を行うしくみが資本主義である。好景気と不景気をくり返す景気の変動がつきものである。

🔺 **マルクス**

参考

マルクス
マルクスは資本主義社会を分析し，生産手段の共有化により平等社会の実現を主張した。

 コラム

産業革命でめばえた社会主義

　産業革命は，「機械はしゃれた質のよい品物が安く大量生産できる」という，これまでにない画期的な生産体制が達成されておこった。これを最初に達成したイギリスは，たちまち豊かな国になっていった。

　しかし，一方で労働者を低賃金で雇い，労働者を極めて悪い生活環境で働かせたため，ドイツのマルクスによる平等な社会を築くべきだという社会主義がめばえた。

　工場や機械を持つ資本家を倒してこれを共有することで，平等な社会を築こうという考え方がしだいに広がっていった。

⑥ 19世紀の欧米諸国

19世紀の欧米諸国では，民主主義の進展とともに，近代的な統一国家が形成された。

Key Word 大英帝国　二月革命　フランス共和政　ビスマルク

ドイツ帝国　リンカン　南北戦争　奴隷解放宣言

(1) 激動するヨーロッパ

① **大英帝国の形成**…世界で最初の産業革命を達成して世界初の工業国となったイギリスは，19世紀に最も栄えた。強力な海軍の力を背景に，世界各地に植民地をもつようになり，**大英帝国**とよばれるようになった。機械でつくった製品を大量に生産して世界中に輸出したので「**世界の工場**」とよばれた。

② **フランス共和政の確立**…ナポレオンの没落後，フランスでは王政が復活したが，1848年の**二月革命**により共和政が復活し，**成年男子による普通選挙**も実現した。その後，ナポレオンのおいにより帝政が行われたが，1870年以降は**共和政**が確立した。

③ **ドイツの統一**…小国に分裂していたドイツでは，プロイセン首相ビスマルクのもとで統一が進められ，1871年，プロイセン国王を皇帝とする**ドイツ帝国**が成立した。

(2) アメリカ合衆国の発展

① **領土の拡大**…独立したアメリカは，ヨーロッパからの移民を大量に受け入れ，農業と工業が発達した。また，**西部への移住と開拓**を進め，19世紀中ごろまでには大西洋岸から太平洋岸に領土が拡大。

② **南部と北部の対立**…商工業の発達した**北部**と，**黒人奴隷**による綿花栽培など農業のさかんな**南部**は，自由貿易や奴隷制度をめぐり対立を深めていた。

③ **南北戦争**…1860年，北部の立場を代表する**リンカン**が大統領に当選すると，南部諸州は合衆国からの離脱を宣言し，1861年，**南北戦争**に発展した。リンカンは**1863年**，奴隷解放宣言を出して，世論を味方に付けた。1865年，内戦は北部の勝利に終わり，南北の統一が回復されるとともに奴隷が解放された。

参考

イギリスでの選挙権の拡大

イギリスでは3回の選挙法改正が行われ，市民・労働者・農民にも選挙権が与えられた。

ビスマルクは，問題を解決するのは演説や多数決でなく，鉄と血のみであると議会で演説し，「鉄血宰相」とよばれたんだ。

アメリカ合衆国の発展

参考

自由貿易と保護貿易

工業化を進めていた北部は，輸入されるイギリス製品に高い関税をかける保護貿易の政策をとった。これに対し，南部は綿花を輸出するかわりにイギリス製品を輸入していたため，自由貿易を主張していた。

▲エイブラハム・リンカン

第**4**章 近代の日本と世界

141

❼ ヨーロッパのアジア侵略

欧米諸国は，原料の供給地と市場を求め，アジアへ進出した。

🔑 Key Word　**インド大反乱　東インド会社　アヘン戦争**
南京条約　関税自主権　領事裁判権　太平天国の乱

(1) イギリスのインド支配

① **インド大反乱**…産業革命後，イギリスは大量の綿製品をインドに送り込んだため，インドの手工業はおとろえ，人々の生活は苦しくなり，イギリスへの反感が高まっていた。**1857年，東インド会社**の雇い兵が反乱をおこすと，反乱は各地に広まった。

② **直接統治**…インドの大反乱を鎮圧して全土を掌握したイギリスは，**ムガル帝国皇帝**を退位させ，**東インド会社**を解散し，インドを直接統治することとした。

(2) 中国の半植民地化

① **イギリスの中国貿易**…清は貿易を広州に限り，統制していた。大量の茶の輸入により銀が流失したイギリスは，インド産アヘンを密輸出して，銀の流失を防ごうとした(**三角貿易**)。

② **アヘン戦争**…アヘンの密輸入をきびしく取り締まった清に対し，**1840年**，イギリスは軍艦を派遣して降伏させた。

③ **南京条約**…イギリスは清との間に**南京条約**を結び，**香港**を割譲させるとともに上海など**5港**の開港を認めさせた。この条約は，**関税自主権**がなく，**領事裁判権**を規定するなど清にとって**不平等**なものであった。

④ **太平天国の乱**…アヘン戦争後，清政府は戦費や賠償金のために重税を課したため，民衆の不満は高まり，**1851年**，**太平天国の乱**がおこった。清はこの反乱をイギリス・フランスなどの援助を得て1864年にようやく鎮圧した。

▲18〜19世紀のインド

▲三角貿易

太平天国
　太平天国の指導者洪秀全は，キリスト教の影響を受け，人はみな上帝(神のこと)のもとに平等であると主張した。そして土地の私有を認めず，均等に分配して貧富の差のない社会をつくろうとして，農民の支持を得た。

　イギリスの貿易赤字からはじまった三角貿易

　イギリスは，東インド会社が清に銀を売って茶を買っていたが，イギリス製の綿織物を清が輸入しないため，貿易赤字が続いていた。そこでイギリスは，インドに綿織物を輸出し，インドから清にアヘンを密輸させ，清から茶を買う三角貿易を行った。

⑧ ペリーの来航と日米和親条約

1853年，アメリカ東インド艦隊司令長官のペリーが，4隻の軍艦を率いて浦賀沖にあらわれた。

> **Key Word**　ペリーの来航　日米和親条約　日本の開国
> 下田・函館　浦賀沖　黒船

(1) ペリーの来航

① **来航の背景**…アメリカは，19世紀に入ると太平洋沿岸各地への開拓がすすみ，中国と貿易する商船が寄港する港と，北太平洋での捕鯨船の燃料や水を補給する港を確保するため，**日本の開国**を求めていた。

② **幕府の対応**…ペリーはアメリカ大統領の国書を渡し，日本の開国を強く要求したが，幕府はすぐに回答できず，翌年に回答することを約束して帰らせた。

(2)日米和親条約

① **朝廷への報告**…その対応に苦慮した幕府は，それまでの前例を破って朝廷に事態を報告し，諸大名や旗本にも対策をはかったが，意見はまとまらなかった。

② **ペリーの再来航**…1854年，ペリーは再び神奈川(横浜)沖にきて，幕府に回答をせまった。

③ **日米和親条約の締結**…幕府は朝廷や諸大名の意見を統一できないまま，**日米和親条約**を結び，ついに開国した。幕府はイギリス・オランダ・ロシアとも同様の条約を結んだ。

④ **日米和親条約の内容**
  1. **下田・函館**の2港を開く。
  2. 下田にアメリカ領事を置く。
  3. 入港する船に燃料などを供給。

◯ ペリー

 くわしく

開国をめぐる幕府の対応
　幕府は，ペリーの来航とその要求を諸大名に知らせ，朝廷にも報告した。こうした幕府の対応は，政治から遠ざけてきた朝廷に政治的発言を認め，雄藩と朝廷を接近させるものとなった。

 ペリーは大西洋経由で琉球に立ち寄った後，日本にやってきたんだ。

◯ 横浜に上陸したペリー一行*

 コラム

黒船

　ペリーは4隻の軍艦で来航したが，うち2隻は蒸気船であった。

　当時の人々は，日本近海に現れた欧米の軍艦のことを黒船とよんだ。人々がペリーの来航に驚いたよ

うすは，「泰平の眠気をさます上喜撰(蒸気船)たった四杯で夜もねむれず」という狂歌によくあらわれている。なお上喜撰とは，上質なお茶の銘柄のことである。

⑨ 日米修好通商条約と開国後の社会

日米修好通商条約により貿易が始まったが，経済と社会の混乱を招いた。

> **🔑 Key Word** ハリス　攘夷論　井伊直弼　日米修好通商条約
> 領事裁判権　関税自主権　物価上昇

(1) 日米修好通商条約

① **ハリスとの交渉**…日米和親条約の締結をうけて下田に着任したアメリカ総領事ハリスは，日本との貿易を開始するため，幕府と通商条約を結ぶ交渉を始めた。

② **攘夷論の台頭**…通商条約の締結については，幕府内部にも慎重論，反対論があり意見をまとめきれなかった。また，人々の間には，外国人撃退を主張する**攘夷論**が強まり，朝廷も外国人との交流には否定的であった。

③ **条約の締結**…1858年，通商条約の締結は避けられないと考えた大老**井伊直弼**は反対意見をおしきり，朝廷の許可を得ないまま**日米修好通商条約**に調印した。この条約の締結により，**函館・神奈川(横浜)・長崎・新潟・兵庫(神戸)**の5港を開き，自由貿易を行うこととなった。

④ **安政の五カ国条約**…幕府はアメリカに続き，オランダ・ロシア・イギリス・フランスとの間にもほぼ同じような条約を結び，貿易を開始することとなった。

⑤ **不平等条約**…5か国との間に結ばれた通商条約は，**領事裁判権**を認め，**関税自主権がない**など日本にとって不利な内容をふくんでいて，その後の外交課題となった。

(2) 開国の影響

① **国内産業への打撃**…安価な綿製品の輸入により，国内の木綿生産地は大きな打撃を受けた。

② **物価の上昇**…日本からは生糸，茶などがさかんに輸出されたが，品不足から**国内価格が上昇**した。

③ **金の流出**…開国直後，大量の**金が海外に流出**したが，金と銀の交換比率が，日本では金1：銀5であったのに対し，国際的相場では金1：銀15だったからである。この結果，流出した金貨は50万両に達したともいわれている。

参考
条約勅許
1856年，着任したアメリカ総領事ハリスとの間に通商条約締結にむけた交渉が開始されたが，時の老中は堀田正睦であった。堀田は上洛して孝明天皇に調印の許可(勅許)を求めたが，朝廷はこれを許さなかった。堀田はその後，将軍後継問題で井伊直弼らに敗れ，井伊の大老就任の後，外交処置の不手際を理由に老中を解任された。

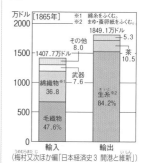

[1865年]
※1 綿糸をふくむ。
※2 まゆ・蚕卵紙をふくむ。

輸入 1407.7万ドル：綿織物※1 36.8／毛織物 47.6／武器 7.6／その他 8.0
輸出 1849.1万ドル：生糸※2 84.2％／茶 10.5／5.3

(梅村又次ほか編「日本経済史3 開港と維新」)

● 幕末の貿易

海外で金と交換した銀を日本に持ち込んで金に交換すると3倍になったんだね。

144

⑩ 攘夷から倒幕へ

開国後の混乱の中で，尊王攘夷運動がさかんになった。

📍**Key Word** 　安政の大獄　尊王攘夷運動　井伊直弼　桜田門外の変
吉田松陰　尊王論　長州藩　生麦事件　薩英戦争

(1) 安政の大獄

① **将軍後継問題**…13代将軍家定の後継をめぐり紀州藩主徳川慶福をおす譜代の諸大名と，**一橋慶喜**(前水戸藩主徳川斉昭の子)をおす越前藩主松平慶永・薩摩藩主島津斉彬らが対立したが，**井伊直弼**は慶福を後継と決定した。

② **安政の大獄**…慶喜擁立派は，開国反対派と結んで幕府をはげしく批判した。井伊直弼は1858年から1859年にかけて**反対派の公家や大名を処罰**し，さらに攘夷論を唱える**長州藩**の**吉田松陰**らの志士を**処刑**した。反対派の弾圧は強い反発を招き，1860年，**井伊直弼**は江戸城**桜田門外**で水戸藩などの浪士に暗殺された(**桜田門外の変**)。

③ **公武合体策**…井伊直弼暗殺後の幕府では，朝廷の伝統的権威と結びつくことで，幕藩体制を立て直そうとする**公武合体策**が強まった。孝明天皇の妹**和宮**と将軍**家茂**の結婚はそのあらわれである。

(2) 尊王攘夷運動の高まり

① **尊王攘夷運動**…攘夷論は天皇の権威を強調する**尊王論**と結びつき，幕府に対抗する運動となった。

② **攘夷の実行**…1863年，幕府は朝廷や攘夷派に動かされ，攘夷の命令を出した。これを受けて攘夷派の中心である**長州藩**は，**関門海峡**を通過する**外国船に砲撃**を加えた。

③ **長州藩**…長州藩の砲撃に対し，イギリス・アメリカ・フランス・オランダの**四国連合艦隊**は，1864年，**下関の砲台を攻撃**した(下関戦争)。

④ **薩摩藩**…薩摩藩は**生麦事件**の報復として，翌年1863年イギリス艦隊の砲撃を受け，鹿児島市街を焼き払われた(**薩英戦争**)。外国と戦い，攘夷の不可能なことを知った両藩は，幕府を倒して強力な統一国家をつくり，外国に対抗する方向に転換することとなった。

🔵吉田松陰

吉田松陰
　長州藩士で松下村塾を開き，高杉晋作，伊藤博文など多くの維新の志士を育てた。安政の五カ国条約の調印に反対して攘夷を主張し，安政の大獄で処刑された。

幕府が勅許のないまま条約を結んだことで，尊王論が攘夷論と結びついたんだ。

⑪ 大政奉還と王政復古

1867年，徳川慶喜の大政奉還に対し，倒幕派は王政復古を宣言した。

> 🔑 **Key Word** 高杉晋作　木戸孝允　西郷隆盛　大久保利通　薩長同盟
> 第二次長州征討　徳川慶喜　大政奉還　王政復古　戊辰戦争

(1) 第一次長州征伐

　1864年，幕府は攘夷運動の中心となっていた**長州藩に征討軍**を派遣した。これに対し四国連合艦隊の攻撃を受けた直後の長州藩は，戦わずして降伏した。

(2) 倒幕への動き

① **軍備の近代化**…長州藩や薩摩藩は，軍事力の強化と近代化をはかった。**長州藩**では，**高杉晋作・木戸孝允**が藩政の実権をにぎり，武力倒幕の方針を固めた。薩摩藩でも，**西郷隆盛**や**大久保利通**が実権をにぎった。

② **薩長同盟**…薩摩藩と長州藩は，土佐藩出身の**坂本龍馬**の仲介で，1866年に同盟を結び，倒幕をめざすこととなった。

③ **第二次長州征討**…1866年，幕府はふたたび長州を攻めたが，各地で征討軍が敗れ，将軍家茂の死を契機に征討は中止された。

(3) 江戸幕府の終わり

① **大政奉還**…15代将軍となった**徳川慶喜**は**1867年**，土佐藩のすすめで政権を朝廷に返し(**大政奉還**)，260年あまり続いた幕府はほろびた。

② **王政復古の大号令**…これに対し西郷隆盛や公家の岩倉具視らは朝廷を動かして**王政復古の大号令**を出し，天皇を中心とする政治に戻すことを宣言した。

(4) 戊辰戦争

　旧幕府軍は，1868年，**鳥羽・伏見**の戦いで敗れた。新政府は軍を進めて，西郷隆盛と**勝海舟**の交渉の結果，江戸城を無血開城させた。その後も旧幕府を支持する勢力との間に戦闘が続いたが，**1869年**，函館の**五稜郭**での旧幕府軍の降伏により戦いは終結した。

徳川慶喜

> **参考**
>
> **世直し一揆**
>
> 世直しを期待した一揆がおこり，「ええじゃないか」といって人々が熱狂する騒ぎもおこった。

- イギリスでは，国王を議会側が処刑する**ピューリタン(清教徒)革命**がおこった。
- 18世紀後半に成立したアメリカ合衆国の初代大統領は**ワシントン**である。
- 1789年，パリ民衆がバスチーユ牢獄を襲撃し，**フランス革命**に発展した。
- 1688年から1689年の**名誉革命**によって，議会を尊重する国王が新たに選ばれ，**権利章典**が定められた。
- 外国との戦争で活躍した軍人の**ナポレオン**が権力をにぎり，革命の終結を宣言して，1804年に皇帝となった。
- ドイツ(プロイセン)の成長は目覚ましく，鉄血宰相とよばれた**ビスマルク**の指導のもと，統一帝国となった。
- **産業革命**とは，機械の発明などで社会が変わったことである。
- 産業革命を初めておこした**イギリス**は，インドや中国へ進出した。
- 18世紀後半，綿工業をはじめにイギリスで**産業革命**がおこった。
- 産業革命により，生産手段をもつ者が労働者を雇い生産する**資本主義**社会が生まれた。
- **社会**主義とは，貧富の差をなくそうとするものであった。
- イギリスの首都**ロンドン**は世界最大都市として栄えた。
- イギリスは世界に植民地をもつようになって，**大英帝国**とよばれた。
- アメリカでは，イギリスの干渉を排除する**独立戦争**がおこった。
- **帝国主義**とは，武力で領土や植民地をもとうとする考え方である。
- インドでは，インド兵士たちが1857年に**インド大反乱**をおこした。
- 1840年，イギリスと清の間に**アヘン**戦争が起こり，清がイギリスに敗れた。
- 清は，**領事裁判権**を認める条約をイギリスやアメリカなどと結んだ。
- 1853年，**ペリー**が4隻の軍艦を率いて浦賀沖に現れ，日本に開国を求め，翌年，**日米和親条約**が結ばれた。
- 大老**井伊直弼**は，1858年にハリスと日米修好通商条約を結んだ。
- 欧米諸国との貿易は，日本から**生糸**や茶が輸出された。
- 朝廷と幕府が協力する動きを**公武合体運動**とよんだ。
- 大老の井伊直弼は，一橋派を処罰する**安政の大獄**を行った。
- 水戸と薩摩の志士たちは，井伊直弼を殺害する**桜田門外の変**をおこした。
- 徳川慶喜は，土佐藩からのすすめで政権を返上する**大政奉還**を行った。
- 朝廷は，幕府や摂政・関白などをなくし天皇を中心とする**王政復古の大号令**を出した。
- 1868年から翌年まで行われた旧幕府軍と新政府軍との戦いを**戊辰戦争**という。

定期試験対策問題⑧ 〔解答 ➡ p.260〕

1 フランスの絶対主義 》p.138
次の文章を読んで，あとの問いに答えなさい。

　　フランスでは，18世紀になっても国王が強力な権力をにぎる（　a　）王政が続き，農民は高い税金に苦しめられ，商工業も産業の自由をさまたげられた不満をもっていた。これに対する批判は，ものごとを合理的に考えようとする啓蒙思想を生み，（　b　）が『法の精神』を書いて三権分立を説き，（　c　）も『社会契約論』を著して，主権が人民にあることを強調した。また，1776年に発表されたアメリカの（　d　）は，フランスの民衆に影響を与え，<u>フランス革命</u>へと結びついた。

(1) 文章中の空欄aにあてはまる語句を漢字2字で答えなさい。　　　　〔　　　　　　　〕
(2) 空欄b・cにあてはまる人物の名を次のア～エからそれぞれ選び，記号で答えなさい。

　　　　　　　　　　　　　　　　　　　　　　　b〔　　　〕　　c〔　　　〕

　ア　ルソー　　イ　ホッブズ　　ウ　ロック　　エ　モンテスキュー
(3) 空欄dにあてはまる語句を答えなさい。　　　　　　　　〔　　　　　　　〕
(4) 下線部について，パリの民衆によりバスティーユ牢獄が襲撃され，フランス革命の火ぶたがきられた年を，次のア～エから選び，記号で答えなさい。　　　　　　　　〔　　　〕

　ア　1779年　　イ　1781年　　ウ　1785年　　エ　1789年

2 イギリスの産業革命とアジア進出 》p.136・139～142
次の文章を読んで，あとの問いに答えなさい。

　　18世紀後半に，イギリスで始まった（　a　）は，社会のしくみや人々の生活まで変えてしまった。工業の機械化が進み，急速に生産力が増大すると各地に工場がつくられ，工業都市が生まれた。また，交通網が発達し，原料や労働力の輸送を可能にした。このような中で，_bものを生産するための資金を持つ者が労働者をお金でやとって生産するしくみが生まれた。

　　その後イギリスは，市場と原料の供給地を求めてアジア・アフリカへ進出していった。特にインドと中国を重視し，両国との間に_c三角貿易を成立させて，多くの収益をあげた。

(1) 文章中の空欄aにあてはまる語句を答えなさい。　　　　〔　　　　　　　〕
(2) 下線部bのような経済の仕組みを何というか，答えなさい。　　〔　　　　　　　〕
(3) 下線部cについて説明した次の文中の①～③にあてはまる語句を，次のア～オからそれぞれ選び，記号で答えなさい。　　　①〔　　　〕　　②〔　　　〕　　③〔　　　〕

　　　イギリスは，中国から大量の（　①　）を輸入し（　②　）を支払っていたが，輸入が多く大幅な貿易赤字になった。そのため，イギリスはインド産の（　③　）を中国に売り込み，インドには工業製品を輸出した。

　ア　綿製品　　イ　茶　　ウ　金　　エ　銀　　オ　アヘン

3 開国 >>p.143〜145

次の文章を読んで，あとの問いに答えなさい。

　　1853年，ペリーが浦賀に来航し日本に開国をせまった。翌年，再度来航したペリーは，a幕府との間に条約を結び，二港を開かせることに成功した。ここに，約（　b　）年間続いた鎖国は終わりをつげ，日本は開国した。その後，アメリカ総領事として来日したハリスは，さらに強い要求を出して，幕府にせまった。当時，幕府内では将軍のあと継ぎ問題で有力大名が二派に分かれ，対立していたが，このとき登場したc大老はその問題に決断をくだし，さらに1858年，アメリカとの間に新しい条約を結んだ。

　　これ以降，朝廷をもりたてて欧米勢力を打ち払おうというd尊王攘夷論がさかんに唱えられ，幕府に対抗する一大政治運動となった。この運動をおそれた幕府は，天皇や薩摩藩の支持をとりつけ，攘夷を主張する公家や（　e　）藩士を京都から追放した。さらに翌年，幕府軍は（　e　）藩を攻撃し屈服させた。

(1)　下線部aについて，次の①，②に答えなさい。

　　①　この条約名を答えなさい。　　　　　　　　　　　　　　　〔　　　　　　　〕

　　②　このとき開かれた2つの港を次のア〜オから選び，記号で答えなさい。〔　　　〕〔　　　〕

　　ア　新潟　　イ　神戸　　ウ　下田　　エ　横浜　　オ　函館

(2)　文章中の空欄bにあてはまる数字を次のア〜エから1つ選び，記号で答えなさい。〔　　　〕

　　ア　150　　イ　200　　ウ　250　　エ　300

(3)　下線部cについて，次の①，②に答えなさい。

　　①　この条約名を答えなさい。　　　　　　　　　　　　　　〔　　　　　　　〕

　　②　このときの大老を答えなさい。　　　　　　　　　　　　〔　　　　　　　〕

　　③　この条約について述べたものとして間違っているものを，次のア〜エから1つ選び，記号で答えなさい。　　　　　　　　　　　　　　　　　　　　〔　　　〕

　　ア　この条約は，相手国に治外法権を認め，日本は関税自主権を持たないという不平等なものであった。

　　イ　この条約のあと，日本はオランダ・ロシア・イギリス・フランスとも，ほぼ同じような条約を結んだ。

　　ウ　この条約で開かれた5つの港のうち，最大の貿易港は横浜港で，相手国はイギリス中心であった。

　　エ　この条約は，朝廷の許可を得て結んだものであったが，反対派のいかりをよび，大老は地位を追われた。

(4)　下線部dについて，攘夷の実行として1863年に薩摩藩とイギリスとの間で薩英戦争がおこったが，このきっかけとなった前年の事件を次のア〜エから1つ選び，記号で答えなさい。

　　　　　　　　　　　　　　　　　　　　　　　　　　　　　〔　　　〕

　　ア　生麦事件　　イ　下関事件　　ウ　桜田門外の変　　エ　安政の大獄

(5)　空欄eにあてはまる語句を答えなさい。　　　　　　　　　〔　　　〕

9 明治維新

🌏世界史　⚔日本史政経　🏯日本史文化

時代	年代	できごと
江戸時代	1867	●大政奉還，王政復古の大号令
明治時代	1868	●戊辰戦争（〜69）
		●五箇条の御誓文，五榜の掲示を出す
		●明治と改元し，一世一元の制を定める
		●江戸を東京と称し，江戸城を皇居とする
	1869	●明治天皇，東京到着
		●版籍奉還
		●蝦夷地を北海道と改める
	1870	●平民に名字を許す
		●岩崎弥太郎，三菱商会のもとをおこす
		●最初の日刊紙「横浜毎日新聞」創刊
	1871	●廃藩置県
		●太政官布告を出し，被差別身分を廃止（解放令）
		●岩倉使節団，欧米諸国の視察に出発（〜73）
		●円・銭・厘を単位とする新貨条例を定める
		●郵便制度を始める
	1872	●学制の発布
		●新橋−横浜間に鉄道開通
		●富岡製糸場開業
		●福沢諭吉「学問のすゝめ」

⚔ **五箇条の御誓文**…王政復古の大号令により発足した新政府の方針を明治天皇が神に誓う形で示す。同時に民衆には内容的には幕府時代と変わらない五榜の掲示を出す。　≫p.152 ①

⚔ **版籍奉還**…大名の所有する土地と人民を天皇に返還。旧大名はそのまま知藩事として藩を統治。　≫p.153 ②

⚔ **廃藩置県**…藩を廃止して，府と県を置き，中央から府知事・県令を派遣。中央集権国家体制を実現。　≫p.153 ②

⚔ **四民平等**…士農工商の身分制度は廃止され，職業選択の自由・土地所有の自由などが実現した。　≫p.154 ③

⚔ **解放令（賤称廃止令）**…太政官布告によって被差別身分は廃止されたが，差別解消のための政策はとられず社会的な差別は根強く残った。　≫p.154 ③

⚔ **岩倉使節団**…岩倉具視を大使とする使節団が，約2年，欧米事情視察の旅行に出る。メンバーの大久保利通・伊藤博文は，帰国後，新政府を強力に指導。　≫p.157 ⑥

⚔ **富国強兵**…近代的な産業をおこし，強力な軍隊をつくって欧米諸国に対抗するのが新政府の基本方針であった。　≫p.155 ④

⚔ **学制**…富国強兵の基礎をなすものとして教育が重視され，学制を発布して国民だれもが教育を受けられるようにした。　≫p.155 ④

明治時代

年代	できごと
1872	●太陽暦たいようれきを採用
1873	●徴兵令を出す
	●地租改正
	●征韓論が敗れ，西郷隆盛・板垣退助ら政府を去る
1874	●板垣退助ら，民撰議院みんせん設立の建白書を提出
	●台湾たいわん出兵
1875	●ロシアと樺太・千島交換条約を結ぶ
	●江華島事件がおこる
1876	●廃刀令はいとうれいを定める
	●士族への俸禄ほうろく支給をうちきる
	●日朝修好条規を結ぶ
	●小笠原おがさわら諸島の領有を通告
	●官庁，日曜休日・土曜半休制度を実施
1877	●西南戦争がおこる
1879	●琉球藩りゅうきゅうを沖縄県とする

▲ **文明開化**…明治初年，西洋風の文化が積極的に取り入れられ，衣食住，国民生活が大きく変化した。　　　　　　　　　　　　　　　　≫p.160 ⑨

✎ **徴兵令**…ドイツ（プロイセン）の制度にならい，国民皆兵をめざして徴兵制が実施された。これにより武力を独占していた士族はその存在意義を失うこととなった。　　　　　　　　　　　　≫p.155 ④

✎ **地租改正**…財政の基盤を確立し，産業の近代化をはかるため，土地の所有者に地価を基準として現金で税を納めさせることにした。　≫p.156 ⑤

✎ **征韓論**…新政府の開国要求に応じない朝鮮を武力にうったえてでも屈服させようとする議論だが，国内政治を優先する大久保らに敗れ，西郷隆盛・板垣退助らは参議を辞職，政府は分裂した。　　　　　　　　　　　　　　　　≫p.158 ⑦

✎ **日朝修好条規**…江華島こうかとう事件をおこした日本は武力を背景に朝鮮を開国させ，不平等条約を押しつけた。　　　　　　　　　　　　　　　　≫p.158 ⑦

✎ **樺太・千島交換条約**…日露和親条約では択捉島と得撫島の間を国境とし，樺太を両国雑居の地としていたが，全千島を日本領，樺太をロシア領と定めた。　　　　　　　　　　　　　　　≫p.159 ⑧

✎ **琉球処分**…日本は反対派を武力でおさえ，琉球藩はんを廃して沖縄県を置き，日本領に編入したが，宗主権そうしゅけんを主張する清は容易にこれを認めなかった。　　　　　　　　　　　　　　　　≫p.159 ⑧

明治維新いしん以降，日本の近代化が進んだよ。

❶ 明治維新

王政復古によって明治新政府が成立，近代国家建設に向け，多くの改革が行われた。

🔑 **Key Word** 明治維新　五箇条の御誓文　五榜の掲示
一世一元の制　明治改元　東京に改称

(1) 明治維新

　　王政復古によって成立した新政府は，日本を欧米なみの近代国家にするため，あらゆる分野での改革を進めた。大政奉還・王政復古から西南戦争前後までになされた**政治的・経済的・社会的な**改革を**明治維新**という。

　① **五箇条の御誓文**…1868年3月，天皇は神々に誓う形で**五箇条の御誓文**を発布し，重要問題は会議を開いて決めること，**世界から知識を学んで国の発展をはかること**など，新政府の方針を示した。

　② **五榜の掲示**…五箇条の御誓文発布の翌日，太政官の名で5枚の立て札(五榜の掲示)を立てて，庶民が守るべきことを示した。その内容は，**徒党・強訴・逃散の禁止，キリスト教の禁止**など，旧幕府時代と変わらなかった。

(2) 明治改元

　　1868年9月，年号が慶応から**明治**に改められた。このとき，**一世一元の制**が定められた。

(3) 東京に改称

　　1868年，江戸を**東京**と改めて江戸城を皇居とし，翌年，明治天皇は京都から**東京へ移った**。それにともない政府機関も次々と移転し，東京は実質的な首都となった。

🔺五箇条の御誓文

🔺明治天皇

なぜ京都ではなく東京に政府を置いたのか

　内陸にある京都は交通の便が悪く，特に外国との交流には不向きであった。一方で，江戸は当時，日本の都市の中で最も人口が多く，藩邸などを官庁としてすぐに利用できるというメリットがあった。また宮中の奥深くに住まい，伝統にしばられがちな天皇を近代的で国民の目に見える帝王に変える必要もあった。

② 廃藩置県

廃藩置県により，中央集権国家としての体制が整った。

> **Key Word** 版籍奉還　廃藩置県　県令（府知事）　藩閥政府

(1)新政府のしくみ

① **太政官制**…政府は，五箇条の御誓文の方針にそって中央政府のしくみを整備した。天皇を頂点とする**太政官**に権力の集中をはかった。

② **地方制度**…太政官政府は地方制度を定め，旧幕府や没収地に**府**と**県**を置き，旧大名領を**藩**とした。府・県は政府が直接統治したが，藩は旧大名がそのまま領地と領民の支配を続けた。

(2)版籍奉還と廃藩置県

① **版籍奉還**…1869年，政府は中央集権実現のため，全国の**藩主**に領地と領民を天皇に返上させた。これを版籍奉還という。版とは土地，籍とは人民のことである。

② **不十分な中央集権化**…版籍奉還により土地と人民は天皇のものとなったが，旧藩主はそのまま**知藩事**として地方支配にあたっており，中央政府の支配は浸透しにくかった。また，新政府の財政を支えるのは直轄地からの年貢であり，厳しい取り立てのため新政府への不満が高まり，一揆もしきりにおこるようになった。

③ **廃藩置県**…政府は中央集権化を徹底するため，**1871年**，すべての藩を**廃止**して地方制度を**府・県**に統一し，**県令**(のちに**知事**)・**府知事**を中央から派遣することにした。

④ **中央集権国家と藩閥政府**…廃藩置県により，領主が領地と領民を支配する封建制度が解体され，**中央集権国家**が実現した。その一方で，政府は倒幕の中心であった，薩摩・長州・土佐・肥前の4藩の出身者や少数の公家が実権をにぎる**藩閥政府**となった。

第**4**章
近代の日本と世界

参考

廃藩置県に旧藩主の抵抗はなかったのか

新政府は不測の事態を想定し，薩摩・長州・土佐から御親兵を集めた上で廃藩置県を断行した。しかし，多くの藩で財政がゆきづまっていたり，旧藩主を厚遇したこともあり，ほとんど抵抗なく改革は受け入れられた。

	版籍奉還	廃藩置県
実施	1869年6月	1871年7月
内容	藩主が領地と領民を天皇に返上。藩は存続。	藩を廃止して県をおく。
政治	元の藩主が政治を行う。	政府から派遣された県令(知事)が政治を行う。

🔺 版籍奉還から
廃藩置県への変化

版籍奉還の版図は領地，戸籍は領民のことをさすんだよ。

153

③ 古い身分制度の廃止

明治政府は四民平等を唱え，天皇の下に国民の統合をめざした。

 Key Word 　四民平等　華族　士族　平民　解放令　壬申戸籍

(1) 四民平等

　明治政府は天皇の下に国民の統合をはかり，**皇族以外**はすべて**平等**として**四民平等**を唱えた。

(2) 新しい身分制度

　江戸時代以来の身分制度を廃止し，天皇の一族は皇族，公家や大名を**華族**，武士を**士族**，百姓や職人・商人を**平民**とした。異なる身分での結婚も認められ，平民も名字を名のることを許された。また，**居住・職業選択の自由**を認め，人身売買も禁止された。

(3) 失われる士族の特権

　江戸時代の武士は，名字・帯刀に象徴される特権の持ち主であったが，平民にも名字を許され，また**散髪・廃刀・服装の自由**が認められるなど，しだいに**特権を象徴するもの**を失っていった。

(4) 解放令と残された差別

① **解放令**…**1871年**，えた・ひにんなどの差別的な**呼称**を廃止し，身分・職業ともに平民と同じとする**太政官布告**が出された。この布告を**解放令**(賤称廃止令)とよんでいる。

② **残された差別**…解放令によって差別された人々も平民とされ，法律上は平等となった。しかし，政府は差別をなくすための政策はとらず，また改善に力を入れなかったため，職業・結婚・居住など生活面での**社会的差別**は根強く続くこととなった。

③ **壬申戸籍**…四民平等をおし進める明治政府が，宗門人別改帳を廃止して1872年に作成した最初の戸籍は，作成年の干支により**壬申戸籍**とよばれている。それまでの身分でなく，住所によって人々を編成したものだが，士族・平民などの身分呼称や差別的な呼称が記されており，四民平等政策の不徹底さを物語るものである。

参考

身分制度の変革

年	月	できごと
1869	6	公家・大名を華族とする
	12	武士を士族・卒族とする (卒族は1872年に一部が士族に，他は平民に編入)
1870	9	平民に名字の使用を許可
1871	8	散髪・脱刀の自由を承認
	8	華族・士族・平民の間での結婚を許可
	8	えた・ひにんの呼称をやめ，平民とする(解放令)
	12	職業の自由を許可
1872	4	僧侶の肉食・妻帯を許可
1876	3	帯刀を禁止(廃刀令)

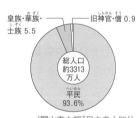

皇族・華族・士族 5.5　　　旧神官・僧 0.9

総人口約3313万人

平民 93.6%

〈関山直太郎『日本の人口』〉

● 1872年の身分別人口の割合

身分制度廃止後も生活に苦しむ人が増えたんだ。

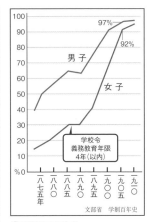

❹ 学制の公布と徴兵令

新政府の基本政策は，富国強兵の実現で，そのために教育の普及が不可欠であった。

Key Word 学制　小学校設立　外国人教師　徴兵令　兵役免除

(1) 三大改革

明治政府は，学制・兵制・税制の３つの改革を特に重視した。

(2) 学制の公布

① **近代化と国民教育**…政府は，近代化のためには教育により国民の知識を高める必要があると考え，教育普及に力を入れた。

② **学制の公布**…1872年，**フランス**の制度にならい**学制**を公布した。全国を８大学区に分け，１大学区を32中学区，１中学区を210小学区とするピラミッド型学区制が特色である。

③ **就学率の増加**…**小学校の設立**は，江戸時代以来の寺子屋を基礎に進められ，学制公布の３年後には，約24,000校が開設された。また男子の就学率は５年後には56％に達したが，女子は23％足らずにとどまった。学校教育の確立をめざしたものの，政府には財政的な裏付けはなく，建設費や授業料は，**地元の人々の負担**となった。

④ **外国人教師**…東京大学などの高等教育機関に多くの外国人教師を招いた。

⑤ **学制反対一揆**…農村では子どもは貴重な労働力であり，このため学制に反対する一揆も各地でおこった。

(3) 徴兵令

① **全国統一の軍隊**…戊辰戦争時の政府軍の主力は諸藩の軍で，指揮命令系統も異なっていた。このため，政府直属の統一的な軍事組織をつくることが，緊急の課題であった。

② **徴兵令**…1873年，政府は**ドイツ（プロイセン）**の兵制にならって，**徴兵令**を発布し，**20歳以上の男子**は，身分にかかわらず兵役を義務付けた。しかし当初はさまざまな**兵役免除規定**があり，国民皆兵が実現したのは**1889年**であった。

③ **徴兵令への反発**…**国民皆兵**の徴兵制度は，武力を独占してきた士族の特権を奪うものであった。また，平民にとっては新しい負担で，双方から強い反発を受けた。

◎ 就学率の変化

◎ 小学校の授業風景

◎ 旧開智学校

参考

徴兵免除の規定
徴兵令の施行当初は，次のような理由で徴兵が免除された。

1. 体格が劣るもの
2. 犯罪人
3. 官吏や官立専門学校以上の生徒
4. 戸主および相続人
5. 代人料270円を納入したもの

155

⑤ 地租改正と殖産興業

地租改正で新政府の財政基盤が固まるとともに，近代的土地所有制度が確立。

🔑 **Key Word** ▶ 地租改正　地券　地租改正反対一揆　殖産興業　官営模範工場　富岡製糸場

(1) 地租改正

① **新政府の財源**…明治初期，政府の収入の大部分は，江戸幕府と同じく，農民が米で納める租税であった。しかし米価は常に変動し，政府の財政は安定しなかった。

② **土地所有権の確認**…1872年，地価を定めて**地券**を発行して，土地の所有権を明らかにした。

③ **地租改正**…1873年，地租改正条例を公布し，**地租を地価の3%**と定め，土地の所有者が現金を納めることとした。

④ **地租の引き下げ**…地租は，江戸時代の年貢総額と同額になるように定められた。農民の反発は強く，各地で**地租改正反対一揆**がおこり，1877年には**2.5%**に引き下げられた。

(2) 殖産興業

① **政府主導の近代産業の育成**…政府は近代産業を育成し，国力の充実をはかるため，欧米先進国から**技術者を招いて，新しい技術・知識の導入**をはかった。

② **官営模範工場**…新しく外国の技術を取り入れた**富岡製糸場**などの**官営模範工場**をつくり，工業化をはかった。

🔺 富岡製糸場

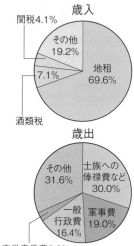

歳入

関税4.1%
その他 19.2%
地租 69.6%
7.1%
酒類税

歳出

その他 31.6%
士族への俸禄費など 30.0%
一般行政費 16.4%
軍事費 19.0%
官営産業費3.0%

※1877～78年の平均をしめしたもの
🔺 明治初期の財政

🔺 地券

参考

地主制の形成

地租は現金納でも，小作人が地主に納める小作料は，従来通りに現物納であった。このため，米価の値上がりとともに地主は経済力を強めた。

富岡製糸場はフランス人の技術者の指導でつくったんだよ。

⑥ 岩倉使節団

1871年から約2年かけて岩倉使節団が欧米諸国を歴訪し，制度・文物を調査した。

◯岩倉使節団(中央が岩倉具視)

> **Key Word** 岩倉使節団　岩倉具視　木戸孝允　大久保利通
> 伊藤博文　全権委任状　ドイツ(プロイセン)　留守政府

(1) 新政府の外交

政府は，諸外国との外交を積極的に進めた。いっぽう開国時に結ばれた**不平等条約の改正**も大きな外交課題であった。

(2) 岩倉使節団

① **岩倉使節団の派遣**…1871年11月，**岩倉具視全権大使**，木戸孝允・大久保利通・伊藤博文・山口尚芳を全権副使とする48名の使節団が横浜港を出発し，サンフランシスコに向かった。使節団には50人あまりの留学生も加わっていた。

② **使節団の目的**…使節団派遣の目的は条約改正でなく，条約改正の条件づくりとしての**欧米諸国の制度・文物調査**にあった。

③ **条約改正交渉**…使節団はアメリカでの歓迎ぶりに，当初の目的にない条約改正交渉を始めた。しかし使節団のもつ**全権委任状**には条約改正に関する条項はなく，改めて委任状をとりに帰国しなければならなかった。

(3) おもな訪問国

使節団は1年10か月をかけ，アメリカ・イギリス・フランスなど**12か国を訪問**し，議会・工場・学校・病院などを訪問した。一行にとって，滞在日数の割に印象が深かったのは**ドイツ(プロイセン)**であった。

(4) 留守政府

岩倉使節団には，岩倉・木戸・大久保ら新政府の主要メンバーが参加した。このため，使節団派遣中の政府は，**留守政府**とよばれた。留守政府は積極的に近代化政策を進め，学制の公布，太陽暦の採用，徴兵令の発布などを行った。使節団は帰国後に内治優先派とよばれるグループを形成し，**西郷隆盛**・板垣退助らの留守政府の征韓派と対立した。

くわしく

全権委任状問題
　条約改正交渉のため，全権委任状をとりに一時帰国した一件は，外交知識の欠如を物語るものとされるが，条約改正に関する全権委任状の発行には留守政府が難色を示しており，実際には使節団と留守政府の条約改正をめぐる確執によるものとの見方もある。

参考

ドイツの姿
遅れて産業革命を達成し，強い君主権の下に富国強兵政策をとって大国に肩をならべようとする姿勢が，使節団の共感をよんだと考えられる。

◯女子留学生

❼ 朝鮮との外交

明治新政府は，朝鮮に対し強硬な態度をとるようになった。

📍 Key Word   征韓論　太政官正院　西郷隆盛
明治六年の政変　江華島事件　日朝修好条規

(1) 征韓論

① **征韓論のおこり**…1868年，新政府は，対馬藩主を通じて王政復古を通告しようとした。しかしその文書中に，日本の天皇を朝鮮の国王の上位に置く文言があり，朝鮮側は文書の受け取りを拒否した。この朝鮮側の態度を無礼とし，**征韓論**が政府の中で高まった。

② **征韓論争**…1873年，開戦も辞さないと考える者が増えた政府では，**太政官正院**で**西郷隆盛**を使節として朝鮮に派遣することを決定した。朝鮮に対する強硬政策は，近代化政策への不満，特に士族の不満のはけ口を外部に求める意図もあった。

③ **明治六年の政変**…太政官正院は再度西郷の使節派遣を確認したが，欧米視察から帰国した岩倉・大久保らは，戦争に耐える国力はないと使節派遣の延期を求めた。岩倉・大久保は天皇の勅書で決定を覆すことに成功。このため，使節派遣を支持する西郷・板垣退助・後藤象二郎・江藤新平・副島種臣の5人の参議が辞職し，政府を退いた。

(2) 朝鮮の開国

① **江華島事件**…1875年，朝鮮の**江華島**付近で日本の軍艦が演習や測量などの挑発行為をし，これに対して朝鮮側から砲撃が加えられた事件。

② **日朝修好条規**…1875年の**江華島事件**をきっかけに，翌**1876年**には軍艦を率いた使節を派遣し，朝鮮にとって不平等な**日朝修好条規**を結んで，開国させた。

▲朝鮮をめぐる政府内の対立

参考

太政官正院
当時の政府の最高機関で，太政大臣，左・右大臣，参議で構成された。

くわしく

日朝修好条規の内容
①朝鮮が清の従属国であることを否認し，独立国として承認する。
②釜山など3港を開いて貿易を行う。
③日本は領事裁判権をもつ。

コラム

日朝修好条規以降の日朝関係

日朝修好条規を結んだのち，日本は朝鮮に，釜山ほか2港の開港，日本人の往来と通商の自由を認めさせた。

さらに朝鮮国内で日本の貨幣を流通させること，日本の商品には関税をかけないことなども受け入れさせた。

⑧ 領土の確定

中国と琉球帰属問題，ロシアとの国境問題も大きな外交課題であった。

> **Key Word** 日清修好条規 琉球藩 台湾出兵 沖縄県
> 琉球処分 日露和親条約 樺太・千島交換条約

(1) 琉球の帰属と中国

① **日清修好条規**…1871年，清との間に対等な立場で**日清修好条規**を結んだ。

② **琉球問題**…琉球は薩摩藩と清の両者に服属する形となっていた。新政府は，台湾島民による琉球船員殺害事件がおこると，**1872年**には**琉球藩**を置いて日本領であることを明確にしたが，清はこれを認めなかった。

③ **台湾出兵**…1871年におこった台湾島民による琉球船員殺害事件の補償要求に清が応じなかったため，日本は**1874年**，台湾に軍隊を送り，武力による報復を加えた。

④ **沖縄県の設置**…日本が琉球領有の態度を明確にするいっぽう，琉球内部では日清両属関係を維持しようとする動きもあった。**1879年**，日本政府は軍隊を派遣して琉球藩を廃止し，**沖縄県**を置いた。これを**琉球処分**という。

(2) 北方領土とロシア

① **日露和親条約**…開国時にロシアと結ばれた和親条約では，**千島列島**については択捉島以南を日本領，得撫島以北をロシア領とし，**樺太(サハリン)**は領国民雑居の地として特に領有権を定めていなかった。

② **樺太・千島交換条約**…ロシアの北海道進出を警戒した政府は，**1875年**，ロシアとの間で**樺太・千島交換条約**を結び，樺太をロシア領，千島列島の全部を日本領として国境を確定した。

(3) 尖閣諸島と竹島

尖閣諸島は1895年，竹島は1905年にそれぞれ日本領へ編入。

明治初期の外交

参考

清と琉球
清は琉球に対する宗主権を主張し，沖縄県設置後も日本による領有を認めなかった。日本領と認めたのは，日清戦争後のことである。

日本政府は，国後・択捉島は千島列島にふくまれないとしてその返還をロシアに求めているが，その根拠は，日露和親条約にあるんだよ。

> **コラム**
> # 北海道の地名
>
> 北海道は，地名の90％以上がアイヌ語に由来している。たとえば，札幌は「サツ・ポロ」(乾いた・大き　い)というアイヌ語である。

⑨ 文明開化

明治時代初期，東京などでは急速に洋風化した。

🔑 Key Word　文明開化　れんが造り　ガス灯　人力車
鉄道馬車　太陽暦　明六社　福沢諭吉　中江兆民

(1) 西洋文明の流入

明治政府は開国和親の方針をとり，積極的に西洋文明の導入を
行った。

① **生活様式の洋風化**…食生活では**牛肉を食べる**ようになり，
牛乳・パン・ビールなども入ってきた。**れんが造り**の洋館も
建てられ，**断髪**して**洋服**を着る人もあらわれた。

② **都市の近代化**…1874年，東京銀座に**ガス灯**が点灯，1887年
に**電灯**がともった。1872年には新橋─横浜間に**鉄道**が開通
し，市内交通として**人力車**や**鉄道馬車**が普及した。

③ **太陽暦の採用**…1872年，**太陽暦**が採用され，明治5年12月3
日を明治6年1月とした。

(2) 新しい思想

西洋の近代思想も伝えられた。

① **明六社**…1873年につくられ，「**明六雑誌**」を発行して，西洋
の自由主義・合理主義の思想を紹介した。

② **福沢諭吉**…「**学問のすゝめ**」を著し，人間の平等と尊さ，学問
の大切さを説いた。

③ **中江兆民**…ルソーの「**社会契約論**」を翻訳して「**民約訳解**」を
著し，フランスの自由主義，人権思想を紹介した。

🔺明治初期の銀座

参考

文明開化
明治初期における急激な近代化の
現象を文明開化という。しかしこ
の文明開化は都市の一部の知識人
の間でも表面的な近代化という限
界性をもっていた。木戸孝允も「日
本の開化というも日本橋付近の文
明開化にすぎぬ」といっている。
近代化は都市の一部にとどまり，
地方の農村は伝統的な生活様式の
中に取り残されることとなった。

🔺福沢諭吉

注目!

「学問のすゝめ」
福沢諭吉の著した「学問のすゝめ」
は1872〜1876年にかけて刊行
され，当時の大ベストセラーになっ
た。

明治初期，東京など
の都市では，衣食住
の生活様式が急速に
洋風化していったん
だ。

● 1868年，明治天皇は**五箇条の御誓文**を発布し，新政府の方針を示した。

● 諸大名から領地と領民を返上させる**版籍奉還**が行われた。

● 1871年，明治政府はすべての藩を廃止して府・県を置く**廃藩置県**を行った。

● 廃藩置県を行った結果，各地に地方官として府知事・**県令**が置かれた。

● 明治政府は，皇族以外はすべて平等であるとする**四民平等**を唱えた。

● 明治新政府は，国力をつけて兵力を強くする**富国強兵**をスローガンとし，学制・兵制・税制の三大改革を推し進めた。

● **解放令**により，えた身分，ひにん身分も平民となった。

● 1872年，**学制**が公布され，小学校から大学校までの学校制度が定められた。

● **徴兵令**では，満20歳以上の男性に３年間の兵役を義務づけた。

● **地租改正**によって，地価の３％を現金で納める税の制度になった。

● 新橋・横浜間に**鉄道**が開通した。

● 官営模範工場として群馬県に**富岡製糸場**が設立され，フランスの技術で女性が生糸を生産した。

● 1873年，明治政府は税を地価にもとづき現金で納めさせる**地租改正**を行った。

● 1871年，**岩倉具視**を全権大使とする使節団が欧米諸国に派遣された。

● 明治政府は，清と対等な**日清修好条規**を結んだ。

● 鎖国していた朝鮮へ武力行使をして開国させる**征韓論**の主張が高まり，西郷隆盛が朝鮮に派遣されることが決定された。

● 欧米から帰国した**大久保利通**らにより，西郷隆盛の朝鮮派遣が延期させられ，西郷隆盛や**板垣退助**らが政府を去った。

● **江華島**事件をきっかけに，日本は**日朝修好条規**を結び，朝鮮を開国させた。

● 1879年，日本政府は軍隊を派遣して琉球藩を廃止し，**沖縄**県を置いた。

● 1875年の**樺太・千島交換条約**により，日本とロシアとの国境が確定した。

● **尖閣諸島**や**竹島**も明治時代に日本領に編入された。

● 明治初期，急速に進んだ近代化や洋風化の風潮を**文明開化**という。

● **福沢諭吉**の「学問のすゝめ」や**中江兆民**が紹介したルソーの思想などが，のちの自由民権運動につながっていった。

定期試験対策問題⑨　　解答➡p.260

1　明治維新 ≫p.152〜156

次の文章を読んで，あとの問いに答えなさい。

　　新政府軍と旧幕府軍が戦った戊辰戦争のさなかの1868年3月，新政府は天皇が神に誓うという形でａ新しい政治の方針を示した。また，新政府は年号を明治，江戸を東京と改めてｂさまざまな改革を進めていった。しかし，新政府の実権をにぎったのは，ｃ倒幕の中心となった藩出身者ばかりだったため，のちに藩閥政治とよばれて批判された。

　　特に新政府が行ったｄ地租改正やｅ学制，ｆ徴兵令は，これに反対する人々が，各地で一揆をおこすなど反発も強かった。

(1)　下線部ａを何というか，答えなさい。　　　　　　　　　　　〔　　　　　　　　〕

(2)　下線部ｂについて，次の①〜③の政策や法令をそれぞれ何というか，答えなさい。

　　①　藩主が治めていた土地と人民を天皇に返させた。　　　　〔　　　　　　　　〕

　　②　江戸時代にえた・ひにんとされていた人々を平民とする布告。〔　　　　　　　〕

　　③　外国人指導者を招き，工場を建てて近代産業の育成を目指した。〔　　　　　　〕

(3)　下線部ｃについて，この時期に政府の中心になっていた人物と，出身藩の組み合わせとして正しいものを，次のア〜エから1つ選び，記号で答えなさい。　　〔　　　〕

　　ア　伊藤博文―長州藩　　　イ　西郷隆盛―土佐藩
　　ウ　木戸孝允―薩摩藩　　　エ　大久保利通―肥前藩

(4)　下線部ｄについて述べた次の文の①〜③にあてはまる語句・数字をそれぞれ答えなさい。

　　政府は（　①　）を発行し，その土地の地価と所有者を明記した。さらに，土地所有者に税として地価の（　②　）％を（　③　）で納めることを定め，税収入の安定を図ろうとした。

　　①〔　　　　　　　　〕　　②〔　　　　　　　　〕　　③〔　　　　　　　　〕

(5)　下線部ｅについて述べた文として正しいものを，次のア〜エから1つ選び，記号で答えなさい。　　　　　　　　　　　　　　　　　　　　　　　　　　　〔　　　〕

　　ア　6歳以上の男女はすべて小学校に通うことが定められたが，女子の就学率は低かった。

　　イ　6歳以上の男子はすべて小学校に通うことが定められたが，女子は通えなかった。

　　ウ　義務教育を6年として，子どもを小学校に通わせない親は罰せられた。

　　エ　町や村に寺子屋をつくることがすすめられ，「読み・書き・そろばん」が教えられた。

(6)　下線部ｆでは，身分の区別なく兵役を義務づけることが定められたが，これによって，それまで武力を独占してきた人々の特権をうばうことになり，強い反発を受けた。このとき特権をうばわれたと考えたのはどのような人々か，その身分を答えなさい。

　　　　　　　　　　　　　　　　　　　　　　　　　　　〔　　　　　　　　　　　〕

(7)　下線部ｄ・ｅ・ｆの政策は，新政府がめざした国力を充実させるための政策であったが，このとき政府がかかげた基本方針を漢字4字で答えなさい。　〔　　　　　　　　〕

2　新政府の外交　>>p.157〜159

次の文章を読んで，あとの問いに答えなさい。

　　明治政府は，新政府として諸外国と積極的な外交を進めた。1871年には欧米の政治，産業や文化視察のため，また江戸幕府が結んだ不平等条約改正の予備交渉のために_a使節団を派遣した。この使節団には政府の中心メンバーの約半数が参加しており，帰国後，_b朝鮮に対する方針をめぐって，留守を任されていたグループと対立した。強硬政策を主張した留守政府の西郷隆盛らに対して，使節団のメンバーは，まずは国内の改革を進めるべきだと主張し，西郷らは明治政府を去った。しかし，結局は_c1875年の事件をきっかけに，_d日本は軍艦を率いた使節を朝鮮に派遣して条約を結ばせた。また，明治政府は中国とも条約を結び，_eロシアとは北方の国境を確定する条約を結ぶなど，条約をもとにした国際関係を築いていった。

(1)　下線部aについて，この使節団に参加していない人物を，次のア〜エから1つ選び，記号で答えなさい。　〔　　　〕

　　ア　岩倉具視　　イ　板垣退助　　ウ　木戸孝允　　エ　大久保利通

(2)　下線部bについて，留守政府のメンバーが主張した，朝鮮に対する強硬策を何というか，答えなさい。　〔　　　　　　　　〕

(3)　下線部cについて，日本の軍艦が朝鮮沿岸で測量を行い，朝鮮側から砲撃を受けたこの事件の名を答えなさい。　〔　　　　　　　　〕

(4)　下線部dについて，この条約について述べた文として間違っているものを，次のア〜エから1つ選び，記号で答えなさい。　〔　　　〕

　　ア　朝鮮は日本の領事裁判権を認めた。

　　イ　朝鮮は釜山など3港を開港し，開国した。

　　ウ　日本と朝鮮は対等な関係で条約を結んだ。

　　エ　日本の商品には関税をかけないことを決めた。

(5)　下線部eについて，この条約で日本の領土となった場所を，次のア〜エから1つ選び，記号で答えなさい。　〔　　　〕

　　ア　樺太の全部　　イ　尖閣諸島　　ウ　千島列島の全部　　エ　択捉島以南の千島列島

3　文明開化　>>p.160

　　明治政府は，西洋の文化を積極的に取り入れたことから人々の生活様式が大きく変化した。これについて述べた次の文の空欄にあてはまる語句をそれぞれ答えなさい。

(1)　人々はちょんまげを切り，コートなどの（　　）を着て牛肉を食べるなど衣食住も変化した。

(2)　れんが造りの洋館が建てられ，（　　）が灯り，さらには電灯がともるなど都市が近代化した。

(3)　暦が新しくなり，（　　）が用いられ，1週間を7日，日曜日を休日とする制度が始まった。

(4)　（　　）が『学問のすゝめ』を著し，人間の平等や学問の大切さを説いた。

(1)〔　　　　　　　　　　　〕　　(2)〔　　　　　　　　　　　〕

(3)〔　　　　　　　　　　　〕　　(4)〔　　　　　　　　　　　〕

10 近代国家の建設と日清・日露戦争

🌏 世界史　📄 日本史政経　🏛 日本史文化

時代	年代	できごと
明治時代	1873	●征韓論が敗れ，西郷隆盛・板垣退助らが政府を去る
	1874	●民撰議院設立の建白書を提出
	1875	●新聞紙条例制定
	1877	●西南戦争がおこる
	1880	●国会期成同盟結成
		●集会条例制定
	1881	●国会開設の勅諭
		●板垣退助，自由党結成
		●植木枝盛「東洋大日本国国憲按」を著す
	1882	●大隈重信，立憲改進党結成
		●中江兆民「民約訳解」刊
		●ドイツ・オーストリア・イタリア，三国同盟結成
	1883	●鹿鳴館開館
	1884	●秩父事件
	1885	●内閣制度発足，初代内閣総理大臣に伊藤博文が就任
	1886	●ノルマントン号事件
	1889	●大日本帝国憲法発布
	1890	●第1回帝国議会開会

📄 **藩閥政府**…反対派は，政府を藩閥政府と攻撃。政府の要職が薩摩・長州など一部の藩出身者にしめられていたため。　≫p.166 ①

📄 **民撰議院設立の建白書**…板垣退助らは，国民の代表による議会の開設を要求，自由民権運動のおこり。　≫p.166 ①

📄 **西南戦争**…不平士族の最大で最後の武力反乱，西郷隆盛をおしたて薩摩の士族がおこす。　≫p.166 ①

📄 **国会期成同盟**…各地の自由民権運動家が結集し，国会開設の請願書を提出。政府は拒否，運動の取り締まりを強化。　≫p.167 ②

📄 **国会開設の勅諭**…政府は，10年後に国会開設を約束。　≫p.167 ②

📄 **自由党と立憲改進党**…板垣退助の自由党はフランス流の人民主権，大隈重信の立憲改進党はイギリス流の議会制民主政治。　≫p.168 ③

🌏 **帝国主義**…資本主義を発展させた欧米諸国は，軍事力を背景に海外進出を行う帝国主義段階に。遅れて帝国主義に達したドイツは，イギリス・フランスと対立。　≫p.171 ⑥

📄 **大日本帝国憲法**…プロイセン憲法を参考に制定，欽定憲法，天皇は主権者で，神聖にして不可侵。　≫p.169 ④

📄 **第1回帝国議会**…選挙資格に納税額の要件があり，有権者は国民の約1％，政党勢力と政府の対立。　≫p.170 ⑤

時代	年代	できごと
明治時代	1891	● 足尾銅山鉱毒事件
	1894	● 条約改正，領事裁判権の撤廃 ● 日清戦争始まる（～95）
	1895	● 下関条約締結，三国干渉
	1897	● 綿糸の輸出が輸入を上回る
	1898	● ドイツ・ロシア・イギリス，清から租借地を獲得
	1900	● 義和団事件（～01）
	1901	● 官営八幡製鉄所開業
	1902	● 日英同盟を結ぶ
	1904	● 日露戦争始まる（～05）
	1905	● ポーツマス条約締結
	1910	● 韓国を併合
	1911	● 条約改正，関税自主権の獲得 ● 工場法制定 ● 中国の辛亥革命
大正時代	1912	● 清の滅亡と中華民国の成立

条約改正…不平等条約の改正は明治政府の外交課題，領事裁判権の撤廃は日清戦争直前，陸奥宗光外相。関税自主権の完全な回復は，1911年，小村寿太郎外相。 ≫p.172 ⑦

日清戦争…朝鮮をめぐる日本と清の対立，甲午農民戦争をきっかけに戦争に，日本の勝利。 ≫p.173 ⑧

日本の産業革命…1880年代から90年代にかけて，繊維工業など軽工業を中心に進む。重工業は1900年代に入ってから。 ≫p.178 ⑬

社会問題の発生…低賃金・長時間労働，封建的な地主－小作関係，労働運動・農民運動の発生。 ≫p.179 ⑭

中国の半植民地化…欧米列強は，日清戦争に敗れた中国から競って租借地を獲得。 ≫p.174 ⑨

日露戦争…満州から朝鮮へ勢力拡大をめざすロシアと日本の対立，三国干渉をめぐる日本国内の反ロシア感情，アメリカの仲介で講和。 ≫p.175 ⑩

韓国併合…日露戦争後，韓国の外交権を奪い保護国化，統監府の設置，1910年には併合を強行，朝鮮総督府を置いて植民地支配。 ≫p.176 ⑪

辛亥革命…中国民衆が立ち上がり清朝打倒と近代国家建設をめざす。孫文の指導と中華民国成立。 ≫p.177 ⑫

日本の近代文化…欧米文化の吸収と伝統文化の見直し。 ≫p.180 ⑮

① 藩閥政府と士族の反乱

特権を失った士族の中には新政府への不満をつのらす者が出てきた。

Key Word 大久保利通　伊藤博文　藩閥政府
民撰議院設立の建白書　士族の反乱　西南戦争

(1) 藩閥政府

① **大久保利通の専制政治**…西郷隆盛・板垣退助ら5人の参議が辞任すると，薩摩藩出身の**大久保利通**，長州藩出身の**伊藤博文**らが政府の実権をにぎった。

② **薩長土肥**…五箇条の御誓文では，広く会議を開いて政治を行う方針が示されていた。しかし，参議など政府の高官は，倒幕に功績のあった**薩摩藩・長州藩・土佐藩・肥前藩**の4藩出身者で多数が占められていた。

(2) 士族民権

① **民撰議院設立の建白書**…**板垣退助**らは，1874年，民撰議院設立の建白書を政府に提出し，政府を専制的であると批判して早期の**国会開設**を主張した。

② **士族の反乱**…新政府に不満をもつ士族は，1874年の**佐賀の乱**，1876年の**萩の乱**など，西日本各地で反乱をおこしたが，いずれも政府の軍隊により鎮圧された。

③ **西南戦争**…士族の反乱として最大で最後のものが鹿児島の士族らが**西郷隆盛**をおし立て，**1877年**におこした**西南戦争**である。しかし，徴兵制による政府軍に鎮圧された。これ以降，**武力による反抗はなくなり，言論によって政府を批判する方向へ変わった。**

△西南戦争

△大久保利通

△士族の反乱

・主な士族の反乱
（　）は起こった年
板垣退助遭難（1882年）
萩の乱（1876年）
佐賀の乱（1876年）
秋月の乱（1876年）
西南戦争（1877年）
神風連の乱（1876年）

士族の不満

政府は1873年に徴兵令を出して士族による武力の独占を否定した。1876年には士族の特権である帯刀を禁止し，俸禄の支給も公債と引き替えにうち切った。このため，新政府に対する士族の不満は高まっていった。

大久保利通は西南戦争の翌年，不平士族によって暗殺されたんだ。

② 自由民権運動の高まり

国会開設を求める自由民権運動と，それに対抗する政府の動きが活発になる。

🔑 **Key Word** 　自由民権運動　新聞紙条例　集会条例　国会期成同盟　私擬憲法　開拓使官有物払い下げ事件　国会開設の勅諭

(1) 自由民権運動の高まり

　西南戦争以後，薩摩・長州両藩出身者による専制政治の批判は言論によるものが中心となった。国民の参政権確立をめざす自由民権運動は，新聞や雑誌で意見を発表したり，各地で演説会を開いたりした。

(2) 政府の対応

　政府は新聞紙条例や集会条例によって運動を取り締まるいっぽう，1879年には府県会を開いて，地方政治に国民が参加する道を開いた。しかし，国会開設には慎重な態度をとり続けた。

(3) 自由民権運動のにない手

　当初は，士族が運動の中心であったが，しだいに都市の商工業者や知識人，地方の地主(豪農)の間にも広まっていった。

(4) 国会期成同盟の結成

　各地の民権派結社の代表者は1880年，大阪で国会期成同盟を結成し，国会の早期開設を請願した。

(5) 私擬憲法の作成

　自由民権運動は，国会で自分たちの憲法を制定しようとする方向に進展し，多くの憲法草案が民間で作成された。

(6) 国会開設の勅諭

　1881年の開拓使官有物払い下げ事件で民権派の政府批判がさらに高まると，官有物払い下げを中止して世論の収拾をはかった。政府内では国会の早期開設を主張していた大隈重信を追放し(明治十四年の政変)，同時に国会開設の勅諭を出し，10年後の1890年に国会を開くことを約束した。

🔺 自由民権運動の取り締まり

新聞紙条例

　1875年に制定された法律で，新聞や雑誌の発行は内務省の許可を要すること，政府を破壊したり，国家を倒したりする意見を載せた場合は，刑に処することが定められていた。

史料　東洋大日本国国憲按

第42条　日本人民は法律上において平等とする。

第49条　日本人民は思想の自由をもつ。

第54条　日本人民は自由に集会する権利をもつ。

第56条　日本人民は自由に結社する権利をもつ。

第70条　政府が国憲にそむくときは日本人民はこれに従わなくてよい。

　私擬憲法の1つで原案を作成したのは土佐出身の民権活動家の植木枝盛といわれている。人民の政府に対する抵抗権，革命権をもりこむなど，当時としてはかなり進歩的な内容である。

167

③ 政党の結成

自由党，立憲改進党などの政党が結成され始めた。

(1) 政党の結成

　国会開設の約束をとりつけると，自由民権運動側では，それに備えて政党の結成に向かった。

　1881年には**板垣退助**を党首として**自由党**が結成され，1882年には**大隈重信**を党首とする**立憲改進党**が結成された。

① **自由党**…国会期成同盟を母体とし，**フランスの民権思想の影響**を受け，士族・豪農・地主の支持をえた。

② **立憲改進党**…都市の資本家や知識人を支持基盤として結成され，**イギリス流の議会政治**を理想とし，立憲君主制の実現をめざした。

(2) 自由民権運動のおとろえ

① **不景気と民権過激化事件**…1882年ごろから，不景気が進行し，農作物価格の下落により農民の生活は苦しくなった。こうした中で，自由党の一部は実力で政府に対抗しようとし，**福島事件**，**秩父事件**などの激化事件がおこった。

② **自由党の解党**…民権派の激化事件に対し，政府は力で鎮圧した。また，急進的な行動をきらって民権運動を離れるものも多くなり，1884年，板垣は**自由党**を解党した。

③ **自由民権運動のおとろえ**…自由党の解散や立憲改進党の活動停止で，自由民権運動はしだいにおとろえていった。その後1887年ごろから民権運動の再建をめざす動きがおこったが，政府は**保安条例**を出して弾圧した。

△板垣退助（左）と大隈重信（右）

参考

板垣死すとも自由は死せず
自由党を結成した板垣は，1882年，岐阜での演説会で暴漢に襲われた際，このように叫んだという。

党名	自由党	立憲改進党
結成	1881年	1882年
代表者 (結成時)	板垣退助	大隈重信
性格	フランス流の急進的な自由主義	自由党よりゆるやかなイギリス流の立憲主義
主張	一院制 普通選挙	二院制 制限選挙
支持者	士族・小地主・自作農など	大商人・大地主・都市の知識人など

くわしく

秩父事件
1884年，不景気に苦しむ埼玉県秩父地方の農民たちが困民党を結成，旧自由党員に指導されて立ち上がった。
困民党を中心とする農民は，借金の帳消しや地租軽減を求めて郡役所や高利貸しを襲ったが鎮圧された。

④ 大日本帝国憲法の制定

大日本帝国憲法が発布され，日本は立憲君主国家となった。

> 🔑 Key Word 内閣制度　伊藤博文　大日本帝国憲法
> 枢密院　華族制度　貴族院　二院制　臣民

(1) 憲法制定準備

① **伊藤博文の渡欧**…政府は国会開設前に憲法を制定して，政治体制の確立をはかった。**伊藤博文**は**1882年**，ドイツやオーストリアなどの君主権が強いとされる国に留学し，各国の憲法や議会制度を調査した。

② **華族制度**…1884年，**華族令**を定め，旧大名・公家および維新に功績があったものに**公爵・侯爵・伯爵・子爵・男爵**の爵位をあたえた。これは帝国議会の上院としての貴族院開設に備えるねらいがあった。

③ **内閣制度の創立**…1885年，太政官制度を改めて**内閣制度**をつくり，初代の内閣総理大臣に**伊藤博文**が就任した。

(2) 大日本帝国憲法の発布

憲法草案は伊藤を中心に作成された。その後，**枢密院**で非公開のまま審議され，**1889年2月11日**，天皇が国民に与える形で**発布**された。

(3) 憲法の特色

① **強い天皇の権限**…天皇は国の**元首**と定められ，**議会の召集・衆議院の解散・軍隊の統帥・条約の締結**や開戦などは**天皇の権限**とされた。国務大臣は個別に天皇を補佐し，議会ではなく天皇に対して責任を負うものとされた。

② **二院制の帝国議会**…議会は国民の直接選挙による**衆議院**と，皇族・華族・勅選議員からなる**貴族院**の**二院制**で，両院は対等とされた。法律の制定には議会の協賛を必要とし，予算の決定は議会の権限であった。

③ **不十分な国民の権利**…国民は**臣民**とよばれ，言論・出版・集会・結社・信仰の自由や，請願・所有権の不可侵などの権利は認められたが，**法律の定める範囲**でなどの制約があった。

(4) アジアで初の立憲制国家

大日本帝国憲法の発布により，天皇中心の国家体制に法的裏付けが与えられ，ここに**アジアで初の立憲君主制**の国が実現した。

🔺 伊藤博文

おもに研究の対象となったのは，君主権の強いドイツ（プロイセン）憲法だった。

史料	大日本帝国憲法
第1条	大日本帝国ハ万世一系ノ天皇之ヲ統治ス
第3条	天皇ハ神聖ニシテ侵スベカラズ
第4条	天皇ハ国ノ元首ニシテ統治権ヲ総攬シ此ノ憲法ノ条規ニヨリ之ヲ行ウ
第11条	天皇ハ陸海軍ヲ統帥ス

🔺 憲法発布の式典

⑤ 帝国議会の開会

第1回総選挙が行われ，第1回帝国議会が開かれた。

> **Key Word** 　教育勅語　第1回衆議院議員総選挙　民党
> 帝国議会

(1) 法律の整備

　　民法，商法なども公布され，法律が整備された。1890年には，忠君愛国を柱とする**教育勅語**が発布され，学校教育を通じて天皇を中心とした国民の精神的統一がはかられた。

(2) 第1回総選挙

　　1890年，第1回衆議院議員総選挙が行われた。

① **有権者**…有権者は**直接国税**(地租・所得税)**15円以上**を納める満**25歳以上の男子**で，総人口の1.1%であった。

② **議会の構成**…選挙の結果，立憲自由党と立憲改進党の**民党**(野党)が，議席の過半数を占め，政府を支持する勢力(吏党)はふるわなかった。

③ **第1回帝国議会**…1890年に開かれた**第1回帝国議会**では，政府と民党が最初から対立した。民党は「民力の休養」と「経費の節減」を唱えて予算案に反対し，内閣を藩閥政府と攻撃して議会は混乱した。

④ **政府の干渉**…政府は第1回帝国議会を解散し，1892年第2回総選挙を実施した。しかし，選挙の結果，またも民党が過半数をしめた。

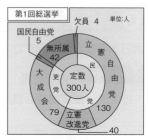

▲第一回の衆議院議員総選挙の議席の内訳

▲帝国議会議事堂

政府と政党の歩み寄り
政府と政党の最大の対立点は，予算をめぐってであった。衆議院の同意が得られぬため，政策の執行に影響を生ずることもあったが，しだいに両者は歩み寄り，協力して政治を進めるようになった。

当時は藩閥政府だったため，今のような政党内閣でなかったんだよ。

帝国議会開設にあたり初めて行われた選挙

　　1890年7月，300名の定数を争う第1回衆議院議員総選挙が行われた。この最初の総選挙で，板垣退助が結成した自由党から130人，大隈重信が結成した立憲改進党から41人が当選し，過半数の議席を，政府のことを支持しない野党である民党で占

めた。当選した国会議員の出身職業を見ると，最も多かったのが地主や農業経営者で，144人が当選している。次いで役人・弁護士と続いた。商工業者や銀行員，会社員のほかに新聞や雑誌の記者もいた。

⑥ 帝国主義の世界分割

日本が近代国家建設をめざしていた19世紀後半になると，イギリスに続いてドイツやアメリカでも資本主義が急速に発展した。

> **Key Word** 資本主義　独占資本主義　帝国主義
> スエズ運河　シベリア鉄道　アフリカ植民

(1) 資本主義の発展

　資本主義が発展するにともない，少数の大企業が経済を支配し，政治にも影響を与えるようになった。

(2) 独占資本主義

　資本主義は，本来自由競争が原則であった。しかし，強大化した少数の大企業によって生産と市場の大部分が支配されると，自由な競争は抑えられ，**少数の企業による利潤の確保が優先される**ようになった。

(3) 帝国主義の時代

① **帝国主義**…国内の生産と市場を支配した大企業は，さらに**海外に原料の供給地や商品の市場を求める**ようになった。大企業によって支配されるようになった資本主義国は，**軍事力と経済力を背景に世界に進出し，植民地を形成する**ようになった。このような動きが**帝国主義**である。

② **アジアに迫る列強**…1869年に**スエズ運河**が開通し，ヨーロッパ・アジア間の航路は大幅に短縮された。東南アジアで独立を保ったのは，タイだけであった。

③ **イギリス**…スエズ運河を手中に収めたイギリスは，**インド**を完全に植民地としたのち，**ビルマ**を支配下においた。

④ **フランス**…清との戦争に勝利したフランスは，東南アジアのベトナムなど，インドシナに勢力を伸ばした。

⑤ **ロシアとアメリカ**…ロシアは日本海に面した沿海州に海軍基地をつくり，**シベリア鉄道**の建設を始めたほか，アメリカも19世紀の末に**ハワイ**を併合し，**フィリピン**を獲得した。

⑥ **アフリカの分割**…1880年ごろから，イギリス・フランスなどヨーロッパの列強は競ってアフリカに進出し，**20世紀初めまでに**は，エチオピアとリベリアを除く**大部分を分割**し，**植民地**とした。

帝国主義
　他民族を征服して大帝国を築いたローマ帝国の政策により生まれたことば。近代では，資本主義が高度に発達し，軍事力を背景に海外進出に向かうようになった段階をいう。

第**4**章　近代の日本と世界

【1900年ごろ】
（1912フランス保護領）
（1912スペイン領）モロッコ　アルジェリア　チュニジア
リオデオロ　リビア（1912イタリア領）　エジプト
ナイジェリア　スーダン
カメルーン　エチオピア
リベリア　コンゴ自由国（1908ベルギー領）　ケニア
　　　　　アンゴラ　タンガニーカ
　　　　　　　　ローデシア
西南アフリカ　　　　　　ソマリア
南アフリカ連邦　　　マダガスカル

▨ イギリス領
▨ フランス領
▨ ドイツ領
▨ イタリア領
▨ その他の領土

▲1900年ごろのアフリカ

スエズ運河の開通により，ヨーロッパからアジアへの航海は2か月近く短縮されたんだ。

▲スエズ運河の開通

171

⑦ 条約改正の実現

不平等な条約の改正が明治政府の大きな外交課題の一つであった。

🔑 Key Word 不平等条約　領事裁判権の撤廃　関税自主権の回復　鹿鳴館
欧化政策　寺島宗則　井上馨　陸奥宗光　日英通商航海条約　小村寿太郎

(1) 不平等条約

　1858年，幕府がアメリカなど5か国と結んだ修好通商条約は，日本側には**不平等**なものだった。

① **領事裁判権の存在**…日本における外国人の犯罪は日本に裁判権はなく，その国の領事がその国の法律で裁判することになっていた。この特権を**治外法権**ともいう。

② **関税自主権の欠如**…輸入品に対して自由に関税をかけられず，税率は相手国と協定して決めることになっていた。

(2) 条約改正交渉の経過

① **岩倉使節団の派遣（1871～72年）**…近代化政策が不徹底とされ，交渉は失敗した。

② **外務卿寺島宗則の交渉**…アメリカとの間で関税自主権の回復に合意するが，イギリスなどの反対により改正は実現できなかった。

③ **外務大臣井上馨の交渉（1882～87年）**…欧化政策をとり，改正交渉を進めた。政府は，日本が欧米なみの近代国家であることを認知させるため，法律・制度を整備するとともに，欧米の風俗・習慣を取り入れようとした。**鹿鳴館**における舞踏会は，**欧化政策**の代表例である。しかし，外国人裁判官の任用を含む交渉内容が世論の批判を浴び，交渉は失敗した。

(3) 条約改正の実現

① **領事裁判権の撤廃**…日清戦争直前の**1894年**，外務大臣**陸奥宗光**とイギリスとの間で，**領事裁判権の撤廃**と関税自主権の一部回復を含む**日英通商航海条約**が調印された。その後，ほかの国とも同様の改正が実現した。

② **関税自主権の回復**…日露戦争後の**1911年**，外務大臣**小村寿太郎**がアメリカとの交渉で，**関税自主権**を完全に回復した。

⑧ 日清戦争

Key Word 親日派　甲午農民戦争　東学　日清戦争

下関条約　伊藤博文　陸奥宗光　李鴻章　遼東半島　賠償金

(1) 朝鮮半島情勢

① **朝鮮進出をはかる日本**…欧米諸国による朝鮮支配は，日本の独立を危うくするという論理で，欧米諸国に先がけて**朝鮮を支配下**に置こうとしていた。

② **朝鮮の国内対立**…朝鮮国内では，明治維新にならって近代化しようとする**親日派**と，旧来の清との関係を重視して国内支配を維持しようとする親清派が対立していた。

(2) 日清戦争

① **甲午農民戦争**…1894年，**東学**を信仰する農民が，外国の経済進出と政府の圧政に対して反乱をおこした。朝鮮政府は反乱鎮圧に**清の出兵**を要請，**日本も対抗して出兵**した。

② **開戦**…農民の反乱が鎮圧された後も，日清両国は兵を引き上げず，7月末には軍事衝突に発展した。8月，**日本は清に宣戦**を布告した。

③ **戦闘の推移**…日本と清との戦争は，**朝鮮半島と満州**(中国東北部)を戦場とした。軍の近代化を達成した日本が清を破った。

(3) 下関条約

1895年3月，**下関**で講和交渉が行われ，4月に講和条約が結ばれた。これを**下関条約**という。おもな内容は以下の通り。

日本側全権：**伊藤博文・陸奥宗光**　　清側全権：**李鴻章**

① 清は朝鮮を独立国として扱う。

② 日本は，清から**遼東半島・台湾・澎湖諸島**を譲り受ける。

③ 清は日本に対して**賠償金2億両**を支払う。

綿糸・綿織物など工業製品の輸出先としても，朝鮮は重要だったんだよ。

第**4**章　近代の日本と世界

◆日清戦争

📖 **くわしく**

八田與一
台湾総督府の技師であった八田與一は，ダムや用水路をつくり，台湾の農業の発展に貢献した。

コラム

下関条約と台湾の抵抗

台湾では1895年5月，台湾民主国をつくり，独立を宣言した。しかし，日本は軍隊を送り込み，台湾を制圧した。台湾の人々は半年にわたり各地で戦い，その後も日本の支配に対する抵抗を続けたが，やがて沈静化した。

⑨ 日清戦争後の日本とアジア

日清戦争後，列強の中国進出は激化した。こうした状況の中で三国干渉がなされた。

Key Word 眠れる獅子　遼東半島　脱亜入欧　三国干渉
憲政党　政党内閣　立憲政友会

(1) 日清戦争の影響

① **日本人の自信とおごり**…日清戦争と，その後の日露戦争の勝利は，日本人に欧米と対等になったという自信を与えた。いっぽう，**中国や朝鮮に対する優越感**や差別意識も強くなっていった。

② **列強の中国進出**…日清戦争に敗れるまでの清は，国力はおとろえたものの広大な領土を維持し，「**眠れる獅子**」として恐れられていた。しかし日清戦争で敗れると，欧米の**列強はきそって中国に進出**し，勢力圏を拡大した。

(2) 三国干渉

中国東北部への進出をねらい**ロシア**は，日本の勢力拡大を警戒し，**フランス・ドイツ**とともに，**遼東半島の清への返還**を日本に勧告した。これを**三国干渉**といい，日本はやむなく賠償金の増額を条件にこれを受け入れた。この三国干渉により国民の**反ロシア感情**は高まり，政府も軍備の拡張を中心とする国力の充実をはかった。

(3) 日清戦争後の国内政治

① **政府と政党の提携**…政府と政党は激しい対立をくり返していたが，日清戦争を契機に両者の提携がはかられ，政党の力が増大していった。

② **政党内閣**…1898年，**大隈重信**と**板垣退助**が**憲政党**を結成し，地租増徴案の否決で伊藤博文内閣が総辞職すると，大隈を首相とする初の**政党内閣**が組織された。しかし，旧自由党系と旧進歩党系の対立で内閣は4か月で崩壊し，憲政党は分裂した。

③ **立憲政友会**…1900年，**伊藤博文**は分裂した憲政党の一方を母体として**立憲政友会**をつくり，内閣を組織した。

参考
脱亜入欧
日本は遅れたアジアを脱し，欧米列強の側に立って東アジアの分割に参加すべきだという脱亜入欧論が広がった。

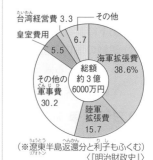

台湾経営費 3.3　その他
皇室費用　6.7
5.5
海軍拡張費 38.6%
総額
約3億
6000万円
その他の
軍事費
30.2
陸軍
拡張費
15.7

（※遼東半島返還分と利子もふくむ）
〈『明治財政史』〉

● 日清戦争による
　賠償金のつかいみち

列強は中国から鉱山の開発権，鉄道の敷設権など，さまざまな利権を獲得し，半植民地状態にしたんだ。

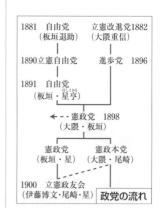

| 1881　自由党 | 立憲改進党1882 |
| （板垣退助） | （大隈重信） |

1890立憲自由党　進歩党　1896

| 1891　自由党 | |
| （板垣・星亨） | |

←--憲政党　1898
（大隈・板垣）

| 憲政党 | 憲政本党 |
| （板垣・星） | （大隈・尾崎） |

1900　立憲政友会
（伊藤博文・尾崎・星）　**政党の流れ**

● 政党の流れ

⑩ 日露戦争

日露戦争の原因は，満州・朝鮮への進出をはかる日本とロシアの
対立である。

> 🔑 **Key Word** 日英同盟　主戦論　日本海海戦　ポーツマス条約
> 日比谷焼き打ち事件　長春以南の鉄道　南樺太の半分

(1) 日露戦争前

① **義和団事件**…列強が進出した**中国**では，1900年，義和団を中
心とする**外国人排斥運動**がおこり，各国公使館を包囲した。欧
米諸国と日本は軍隊を送り，鎮圧した。

② **日英同盟**…義和団鎮圧後も，ロシアは大軍を満州にとどめて事
実上占領し，さらに韓国に勢力をのばそうとした。**日本**は，
1902年，ロシアの動きを警戒する**イギリス**と**日英同盟**を結び，
対抗した。

③ **開戦論の高まり**…日英同盟を結ぶと，対ロシア開戦論が急速に
高まった。政府系新聞や財界は慎重論を唱えたが，**主戦論**に
おされ，政府は開戦準備を進めていった。

(2) 日露戦争

1904年2月，**日本はロシアに宣戦を布告**した。戦闘はおもに満
州を戦場とし，**日本海海戦**に勝利するなど，日本優位で進められ
た。しかし，日本は軍事的にも財政的にも限界に達し，またロシア
でも国内で革命運動がおこり，両国とも戦争継続は困難になった。

(3) ポーツマス条約

アメリカ大統領の仲介により，1905年9月，アメリカの**ポーツマ
ス**で講和条約が結ばれたが，この**ポーツマス条約**で，ロシアは以
下のことなどを日本に認めた。

① 日本の**韓国における優越権**を認める。
② **長春以南の鉄道**の権益や旅順・大連の租借権を譲る。
③ **樺太（サハリン）の北緯50度以南**を日本領とする。

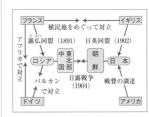

▲日露戦争当時の国際関係

> キリスト教徒の内村
> 鑑三や社会主義者の
> 幸徳秋水は非戦論を
> 主張したけれど，世
> 論を動かすには至ら
> なかったよ。

（参考）

日比谷焼き打ち事件

ポーツマス条約の内容に対し，日
本国内では，戦争の犠牲に比べて
獲得権益が少ないとして不満の声
が上がった。東京では，日比谷公
園での講和反対大会が暴動に発展
する事件もおこった。

⑪ 韓国の植民地化

日露戦争後，日本の大陸進出が本格化，1910年には韓国を植民地化した。

Key Word 南満州鉄道株式会社(満鉄) 統監府 義兵運動
ハーグ密使事件 韓国併合 朝鮮総督府

(1) 日露戦争後の日本

ポーツマス条約により**韓国における優越権**と**南満州**での権益を獲得した日本は，政治・軍事・経済の面で，**朝鮮から中国東北部へ**急速に進出した。

(2) 満州鉄道株式会社

1906年，日本は**満州鉄道株式会社(満鉄)** を設立し，満州経営を本格化させた。

(3) 韓国併合

① **統監府の設置**…1905年，日本は韓国から**外交権を奪い**，統監府を置いて内政にも関与した。初代の統監には伊藤博文が就任した。

② **義兵運動**…1907年，日本は皇帝を退位させ軍隊も解散させた。農民とともに元兵士らも立ち上がったが，日本軍に鎮圧された（**義兵運動**）。1909年には，満州のハルビン駅で伊藤博文が義兵運動家の安重根に暗殺された。

③ **韓国併合**…1910年，韓国の統治権を完全かつ永久に日本の天皇に譲るという**韓国併合条約**が結ばれた。

④ **朝鮮総督府**…韓国併合後，日本は韓国を**朝鮮**と改め，**京城(ソウル)** に総督府を置いて，1945年の敗戦まで支配した。

(4) 日本統治下の朝鮮

朝鮮人を日本人に**同化**させるため，**日本語を強制**し，朝鮮史を教えることを禁止した。

参考

ハーグ密使事件と韓国皇帝の退位
1907年，ハーグ平和会議に韓国皇帝が密使を送り，会議への参加を要求したが拒絶された事件。これをきっかけに日本は皇帝を退位させ，軍隊も解散させた。

韓国の植民地化は，形式的には領国間の条約による併合だけれど，実態は武力を背景として行われたんだ。

▲和服を着た韓国の皇太子と伊藤博文

土地調査事業

土地調査事業では，本人の申告によって土地の所有者を決めた。新しく税金をかけられることを恐れて手続きしなかった人，複雑な書類を出せなかった農民も多く，日本事業への反発もあった。また，これを利用して土地を買い集めた朝鮮人地主もいた。

⑫ 辛亥革命と中華民国の成立

中国では民族独立と近代国家の建設をめざす革命運動がさかんになった。

🔑 **Key Word** 　孫文　三民主義　軍閥　辛亥革命　中華民国
清の滅亡　袁世凱

列強の中国侵略

(1) 清のおとろえ

① **中国の半植民地化**…義和団事件以後, 列強による**中国の半植民地化**が進む中, 民族意識がしだいに高まり, 列強の圧迫と清の支配に対抗した。

② **三民主義**…**孫文**は**三民主義**を唱え, 1905年, 東京で**中国革命同盟会**を結成し, 革命運動を推進した。三民主義とは, **民族主義**(民族の独立)・**民権主義**(民主主義の実現)・**民生主義**(民衆生活の安定)の3つの考え方である。

③ **軍閥の割拠**…清朝がおとろえると, 各地に強力な軍隊を私有し, 支配権を確立した**軍閥**が現れた。

(2) 中華民国の建国

① **辛亥革命**…1911年, 長江中流域の武昌(武漢)におこった民衆の反政府運動に応じて軍隊が反乱をおこすと, 革命運動は中国各地に広がり, 多くの省(地方の大きな単位)が清からの独立を宣言した。これを**辛亥革命**という。

② **中華民国**…1912年に, 孫文を**臨時大総統**とするアジア初の共和国, **中華民国**が南京を首都として成立した。

③ **清の滅亡**…清朝の実力者で北方軍閥の**袁世凱**は, 孫文と手を結び, 1912年に皇帝を退位させ, ここに清朝はほろんだ。袁世凱は孫文から**大総統**の地位を譲り受け, 首都を北京に移した。しかし, 袁世凱は帝国主義勢力と手を結び, **独裁的な政治**を行って革命勢力を圧迫した。

▲孫文

参考

孫文の日本亡命

袁世凱による革命勢力への圧迫を避け, 孫文は一時日本に亡命。その後中国に戻り, 革命運動を継続した。

孫文は,「革命いまだ成らず」という言葉を残して亡くなったんだ。

コラム 　　　　　辛亥革命後の変化

　1912年, 清にかわって中華民国が成立すると, 中国の人びとの生活も少しずつ変化していった。清の支配の象徴であった弁髪を, 多くの人が切り落とした。服装も中山服や, 丈の短い上着とスカートなどに変わっていった。

⑬ 日本の産業革命

日本の産業革命は，軽工業中心の第一次，重工業中心の第二次の二段階でなされた。

Key Word ▷ 日本銀行　政商　財閥　第一次産業革命
軽工業から重工業へ　官営八幡製鉄所

このころ金融制度も整えられていったんだ。

(1) 民間産業の育成

　明治新政府は「殖産興業」を唱え，政府主導による産業の近代化を推進した。1880年代になると，軍事工場以外の**官営工場を払い下げ**，1882年には**日本銀行**を設立して唯一の紙幣発行銀行とした。

(2) 政商から財閥へ

　官営工場の払い下げを受けた**三井・三菱**などの資本家は，政府と特別な関係をもつものが多く，**政商**とよばれた。政府から保護を受けて成長したこれらの資本家の中には，多くの部門の会社をグループ化し，**財閥**として**日本経済を支配**するものも現れた。

(3) 軽工業の発展

　1880年代後半ごろから，紡績・製糸などの**軽工業**が発展し，**第一次産業革命**を迎えた。
　① **綿糸と生糸**…**1890年代**になると**綿糸の輸出**も始まった。日清戦争後は**中国・朝鮮向けの輸出**が増加し，また輸入綿糸も国内市場からしめ出された。生糸は1880年からの4年間で生産は約4倍に増え，おもに**アメリカに輸出**された。
　② **輸出に頼る軽工業**…産業革命の進行により，工業製品の生産は飛躍的に増加した。しかし，生産の拡大に国民の生活水準の向上がともなわなかったため国内購買力が弱く，販売先としての**海外市場の確保が不可欠**であった。

(4) 重工業の発達

　軽工業に比べ，鉄鋼業などの**重工業**はたちおくれた。しかし日清戦争後は，鉄道建設や軍備増強のため鉄鋼の需要が高まり，**1901年**には日清戦争の賠償金などを元に**官営八幡製鉄所**が建てられて，開業した。日露戦争前後には，鉄鋼業・造船業を中心に重工業もしだいに発達していった。

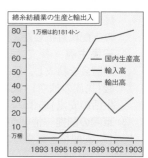

▲ 綿糸紡績業の生産と輸出入

▲ 八幡製鉄所

📖 **くわしく**

官営八幡製鉄所
　建設資金には日清戦争の賠償金もあてられた。この製鉄所では，中国の大冶鉱山の鉄鉱石と，筑豊炭田や中国の撫順炭田の鉄鋼が原料として用いられた。

⑭ 社会問題の発生

資本主義の急速な発展にともない，さまざまな社会問題が発生した。

🔑 **Key Word** 　足尾銅山鉱毒事件　労働組合期成会　治安警察法　工場法　地主　小作人　小作争議　社会民主党

(1) 労働問題の発生

① **労働者の増加**…資本主義経済の発達で**工場労働者**が増えた。工場労働者となったのは，土地を手放した農民や農家の二・三男や女子など，農村の余剰労働力であった。

② **低賃金・長時間労働**…紡績工場で働く若い女性の場合は1日12時間労働日給7～25銭程度で，製糸業では15時間をこえる**長時間労働**もあった。

(2) 労働運動の高まりと政府の対応

① **労働組合の結成**…劣悪な労働条件を，労働者の団結で改善をはかる運動もおこり，1897年には，片山潜らの指導により**労働組合期成会**が結成された。**労働組合**が次々とつくられ，日露戦争後は**労働争議**もひん発した。

② **治安警察法と工場法**…政府は，1900年，**治安警察法**を制定して労働運動を取り締まるいっぽう，労使協調による労働条件の改善をはかり，**1911年**には**工場法**を制定した。

③ **社会主義運動**…社会問題に対し，社会主義の立場から労働者の生活改善をめざす運動もおこった。**1901年**には，日本最初の社会主義政党である**社会民主党**が結成されたが，治安警察法によって結成直後に解散させられた。

(3) 農村の変化

① **寄生地主制**…工業化の進行で，農村にも商品経済が浸透して自給自足的経済はくずれた。農地を買い集めて**大地主**になるものがあるいっぽう，農地を手放して**小作人**になったり，都市に働きに出たりする人も増えた。

② **農民運動**…零細な農民や小作人の生活は苦しく，農民の間にも団結の動きが生まれた。小作人が小作料の引き下げを求めて立ち上がる**小作争議**も各地でおこった。

参考

足尾銅山鉱毒事件

1890年ごろから，栃木県の足尾銅山の鉱毒が渡良瀬川に流れ出し，田畑や河川に被害が広がった。衆議院議員の田中正造は鉱山の操業停止，被害者の救済を政府に訴えた。

史料	**工場法**
第1条	(適用)一，常時15人以上ノ職工ヲ使用スルモノ
第2条	工場主ハ12歳未満ノ者ヲシテ工場ニ於テ就業セシムルコトヲ得ズ。
第3条	工場主ハ15歳未満ノ者及女子ヲシテ，1日ニ付12時間ヲ超エテ就業セシムルコトヲ得ズ。

参考

社会主義冬の時代

1910年，幸徳秋水ら社会主義者が天皇暗殺容疑で逮捕され，幸徳をふくむ12名が処刑された大逆事件がおこった。1911年には警視庁に特別高等警察(特高)が設置され，反政府的な思想や社会運動の取り締まりにあたった。

⑮ 近代の文化

文学や芸術の分野でも西洋文化の影響を受けた新しい動きがおこった。

🔑 **Key Word** 　学校令　二葉亭四迷　尾崎紅葉　島村藤村　与謝野晶子
樋口一葉　夏目漱石　森鷗外　黒田清輝　フェノロサ　岡倉天心　横山大観

(1) 教育の普及

① **義務教育**…1886年，学制に代わって**学校令**が出された。**義務教育は3，4年**とされ，さらに1907年には**6年**となった。

② **高等教育**…国立の**東京大学**や，女子教員を養成するための**女子師範学校**が設立された。また，民間でも独自の校風をもつ私立学校が発展する中，**津田梅子**が**女子英学塾**を設立するなど，女子教育がさかんになった。

③ **新たな学問**…北里柴三郎は，最先端の医学を求めてドイツに留学し，破傷風菌とその治療法を発見して，ノーベル賞の候補にもあげられた。**野口英世**も黄熱病を研究し，医学の発展につくした。

(2) 近代の文学

① **写実主義**…人情・心理をありのままに描こうとする文学で，坪内逍遙・二葉亭四迷・尾崎紅葉ら。

② **ロマン主義**…個人の感情を重んじ，理想の世界や美を求めようとするもので，島崎藤村・与謝野晶子・樋口一葉ら。

③ **自然主義**…ロマン主義を否定し，人間や社会をありのままに描こうとするもので，田山花袋など。**島崎藤村**はロマン主義から自然主義に転じた。

④ **独自の文学**…夏目漱石・森鷗外は，反自然主義の立場から，独自の文学的境地を開いた。

(3) 近代の美術

① **西洋美術の受容**…黒田清輝らはフランスの絵画に学び，清新な西洋画を発表した。

② **伝統美術の復興**…フェノロサや岡倉天心らは日本の美術の復興に努め，横山大観は日本画の近代化をめざした。

（参考）

科学の発達

富国強兵をめざす明治政府は，近代科学の導入をすすめた。

年	研究者と業績
1890年	北里柴三郎，破傷風血清療法の発見
1894年	高峰譲吉，タカジアスターゼ創製
1897年	志賀潔，赤痢菌の発見
1910年	鈴木梅太郎，ビタミンB1の創製
1918年	野口英世，黄熱病の研究

🔺 横山大観「無我」

🔺 黒田清輝「読書」

- 薩摩や長州藩出身者からなる政府は，政党側から**藩閥**政府とよばれた。
- 1877年，不平士族が西郷隆盛をおし立てて**西南**戦争をおこした。
- 武力ではなく言論によって，国民の参政権確立をめざす運動を，**自由民権**運動という。
- **板垣退助**が自由党を，大隈重信が立憲改進党を結成した。
- 板垣退助らは，**民撰議院設立**の建白書を提出し，議会設立を主張した。
- 政府は，10年後の議会開設を約束する**国会開設**の勅諭を出した。
- 1885年，それまでの太政官制を廃止して**内閣**制度が創設され，大日本帝国憲法草案作成者の**伊藤博文**が，初代内閣総理大臣となった。
- 1889年2月11日，天皇が国民に授ける形で**大日本帝国憲法**が発布された。
- 1890年，第1回**衆議院議員総選挙**が行われた。
- 帝国議会では，当初**軍事予算**をめぐり政府と民党が激しく対立した。
- 欧化政策のもと，洋風建築物の**鹿鳴館**がつくられ舞踏会が開かれた。
- 日露戦争後の1911年，小村寿太郎によって**関税自主権**が完全に回復した。
- **日清戦争**の講和条約は，1895年4月に下関で交渉が行われたため，**下関条約**という。
- 日清戦争後の**三国干渉**で，日本は清に遼東半島を返還した。
- 1904年に始まった**日露戦争**は，日露が共に戦争の継続が困難になり，**ポーツマス条約**を結んで，戦争が終結した。
- 1911年，中国で**辛亥革命**がおこり，翌年，中華民国が建国された。
- 韓国併合後，統監府に代わり，**朝鮮総督府**が統治を行った。
- 明治時代，綿糸をつくる**紡績業**と生糸をつくる製糸業が成長した。
- 紡績業や製糸業を支えた女子労働者は，**工女**とよばれた。
- 国会議員の**田中正造**が，足尾銅山鉱毒事件の解決に奔走した。
- 日本の**資本主義**は，産業革命の達成で明治時代に芽生えた。
- 幸徳秋水らは，日本で最初の社会主義政党である**社会民主党**を結成した。
- **大逆事件**では，天皇暗殺を企てたとして12名が処刑された。
- 三井や住友，三菱はさまざまな分野の企業を経営し**財閥**とよばれた。
- 日清戦争の賠償金などを資金に，北九州に**八幡**製鉄所を建設した。
- 政府は，労働者を保護する法律として**工場法**を公布した。
- **学校令**が出され，小学校や師範学校，帝国大学などの学校制度が整った。

第**4**章

近代の日本と世界

181

定期試験対策問題⑩　解答➡p.260

1　自由民権運動 >>p.166〜170

次の文章を読んで，あとの問いに答えなさい。

　　五箇条の御誓文では，広く人々の意見を聞いて政治を行う方針が示されていた。しかし，その後の政治の実際の動きでは，a薩摩・長州・土佐・肥前の4藩の出身者の力が強く，とくに征韓論に敗れた人々が政府を去ったあとは，薩摩・長州両藩出身者の大久保利通・b伊藤博文らが政府の実権をにぎり，専制政治の傾向を強めた。

　　それに対し，政府を去った板垣退助・江藤新平らは1874年（　　c　　）を出して，国民の代表者による議会を開くべきだと主張した。この建白書の提出は国内に大きな反響をよび，人々の政治への関心を高め，各地に立憲政治を求める民権派の団体がつくられた。1880年にd民権派の代表者が集まり，大阪で結社をつくって国会開設を求める請願を政府に提出すると，政府は10年後の国会開設を約束し，1890年にe第1回帝国議会が開かれた。

　　一方，身分的特権を否定され生活に苦しんだ士族は，新政府に不満をもち，fたびたび反乱をおこしたが，新政府に鎮圧された。

(1)　下線部aのような政府を何というか，答えなさい。　　　　〔　　　　　　　〕

(2)　下線部bに関する説明として，**適切でないもの**を次のア〜エから1つ選び，記号で答えなさい。　　　　　　　　　　　　　　　　　　　　　　　　　　　　〔　　　　　　　〕

　　ア　初代内閣総理大臣となった。　　　イ　大日本帝国憲法の草案をつくった。
　　ウ　韓国統監府の初代統監となった。　エ　日本最初の政党内閣をつくった。

(3)　文章中の空欄cにあてはまる語句を答えなさい。　　　　〔　　　　　　　〕

(4)　下線部dについて，この結社の名を答えなさい。　　　　〔　　　　　　　〕

(5)　下線部eが開かれるにあたり，行われた第1回衆議院議員選挙の有権者について述べた次の文の①，②にあてはまる数字をそれぞれ答えなさい。

　　　直接国税を（　①　）円以上納める（　②　）歳以上の男子。

　　　　　　　　　　　　　①〔　　　　　　　〕　　②〔　　　　　　　〕

(6)　下線部fについて，1877年鹿児島の士族が西郷隆盛をおしたてて挙兵した反乱の名を答えなさい。　　　　　　　　　　　　　　　　　　　　　　　〔　　　　　　　〕

2　条約改正 >>p.172

次の説明にあてはまる人物を，次のア〜エからそれぞれ選び，記号で答えなさい。

(1)　領事裁判権の撤廃を実現した人物。　　　　　　　　　　　　〔　　　〕

(2)　欧化政策をとって条約改正を実現しようとした人物。　　　　〔　　　〕

(3)　関税自主権の完全回復を果たした人物。　　　　　　　　　　〔　　　〕

　　ア　井上馨　　イ　小村寿太郎　　ウ　大隈重信　　エ　陸奥宗光

3　日清戦争 ≫p.173

日清戦争について，あとの問いに答えなさい。

(1)　日清戦争がおこったきっかけに最も関係の深いものを，次のア〜エから1つ選び，記号で答えなさい。　　　　　　　　　　　　　　　　　　　　　　　　　　　〔　　　〕

　ア　中国の山東省で，外国勢力を排斥する運動がおこった。

　イ　洪秀全を指導者に，農民に土地を分け与えるなど理想的な国をつくろうとした。

　ウ　台湾で，漂着した琉球の人々が殺害された。

　エ　朝鮮南部で，東学を信仰する人々を中心にした農民反乱が広がった。

(2)　日清戦争の講和条約が結ばれた都市の名を答えなさい。　　　　〔　　　　　　　〕

(3)　(2)で結ばれた講和条約で日本が獲得した遼東半島を日本に返すように求めてきた三国にあてはまらない国を，次のア〜エから1つ選び，記号で答えなさい。　　　　　〔　　　〕

　ア　ドイツ　　イ　フランス　　ウ　アメリカ　　エ　ロシア

4　日清戦争後の日本 ≫p.174〜179

次の文章を読んで，あとの問いに答えなさい。

　「眠れる獅子」といわれていた清国が日清戦争で清に敗れると，欧米諸国は争って中国に勢力をのばそうとした。1900年に北京で（　a　）事件がおこると日本も出兵し，その後兵を満州にとどめて南下をはかっていたロシアと対立するようになった。1902年，日本が（　b　）と同盟を結ぶと，日本とロシアの対立はますます深まり，1904年，ついに日露戦争となったが，翌年，アメリカの仲介で c 講和条約が結ばれた。

　一方，日本国内では，d 日清戦争後，（　e　）や紡績業を中心に軽工業が発展した。また，1901年に官営の（　f　）が開業すると，日露戦争後は鉄鋼業を中心に重工業が発達し，資本主義が発展した。こうしたなかで，さまざまな g 社会問題がおこり，労働者自らの地位を向上させようとする労働運動もおこった。

(1)　文章中の空欄aにあてはまる事件の名を答えなさい。　　　　〔　　　　　　　〕

(2)　空欄bにあてはまる国を次のア〜エから選び，記号で答えなさい。　　〔　　　〕

　ア　イギリス　　イ　フランス　　ウ　ドイツ　　エ　イタリア

(3)　下線部cの条約名を答えなさい。　　　　　　　　　　　　　〔　　　　　　　〕

(4)　下線部dについて，日清戦争中に政府は戦争のための予算を承認してもらうため，政党と協力せざるをえなくなり，政党の力がのびた。日清戦争後，政党の必要性を知った伊藤博文が結成した政党の名を答えなさい。　　　　　　　　　　　〔　　　　　　　〕

(5)　空欄eにあてはまる工業を次のア〜エから1つ選び，記号で答えなさい。　〔　　　〕

　ア　食料品加工業　　イ　印刷業　　ウ　製糸業　　エ　日用雑貨製造業

(6)　空欄fにあてはまる製鉄所の名を答えなさい。　　　　　　　〔　　　　　　　〕

(7)　下線部gについて，最初の公害問題がおこった足尾銅山鉱毒事件で，被害者の救済に力をつくした国会議員の名を答えなさい。　　　　　　　　　　　〔　　　　　　　〕

幕末から明治時代までを図解!

> 幕末にはどんな変化が
> あったのか, 整理しよう!

● 幕末の開港地

　1853年に浦賀にアメリカのペリーが来航し, 翌年(1854年)に再びペリーが来航し, 日米和親条約が結ばれました。日米和親条約では, 下田と函館の2港の開港やアメリカ船への食料・水・石炭などの供給が認められました。

　1858年に日米修好通商条約が結ばれ, 函館・神奈川(横浜)・長崎・新潟・兵庫(神戸)の5港が開かれて貿易が始まりました。日米修好通商条約は領事裁判権を認め, 関税自主権がないという, 日本にとって不利な不平等条約でした。

- 日米和親条約で開いた港(開かれた年月日)
- 日米修好通商条約で開いた港(開かれた年月日)

函館(1854年3月31日)
新潟(1869年1月1日)
長崎(1858年6月2日)
神奈川(横浜)(1858年6月2日)
浦賀
下田(1854年3月31日)
兵庫(神戸)(1868年1月1日)

● 幕末の貿易

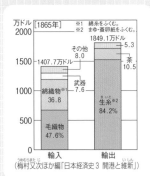

万ドル [1865年]
※1 綿糸をふくむ。
※2 まゆ・蚕卵紙をふくむ。

2000

1849.1万ドル
1500　1407.7万ドル
その他 8.0　5.3
茶 10.5
1000　綿織物※1 36.8　武器 7.6
生糸※2 84.2%
500　毛織物 47.6%
0　輸入　輸出

(梅村又次ほか編「日本経済史3 開港と維新」)

　日米修好通商条約が結ばれて欧米諸国との貿易が始まると, 日本からは生糸や茶などが輸出され, 欧米諸国からは毛織物や綿織物のほかに武器などが輸入されました。

　開港による貿易開始後の日本の最大の貿易相手国は, 最初に条約を結んだアメリカではなくイギリスとなり, 最大の貿易港は横浜となっていました。

● 幕末の物価上昇

　開国当初, 日本と外国における金と銀の交換比率に大きな差があったことから, 外国人が外国から大量の銀貨を持ち込み, 日本の金貨を安く手に入れたことから, 日本から大量の金貨が流出しました。金貨の流出を防ぐために, 幕府は貨幣の改鋳を行いましたが, 物価の上昇につながりました。

　主要な輸出品である生糸が貿易商人に買い占められたため値上がりしたことなども, 物価の上昇に影響を与えたと考えられます。

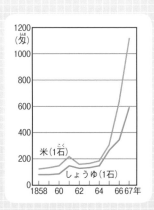

(匁)
1200
1000
800
600
400
200
米(1石)
しょうゆ(1石)
1858 60 62 64 66 67年

明治時代の政治のしくみの変化を理解しよう！

● 明治時代の政治のしくみの変化

〈明治維新の新政府〉

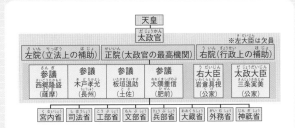

1867年12月に王政復古の大号令が出されて明治新政府が成立したあと，何度かの改編を経て，廃藩置県後（1871年）には正院・左院・右院の三院制となりました。

三院制では，正院の下に各省が置かれる形となりました。

三院制は1885年に内閣制度が制定されたことによって廃止されています。

〈大日本帝国憲法下の政治のしくみ〉

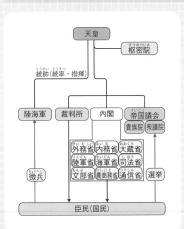

1889年に発布された大日本帝国憲法は，君主権の強いドイツ（プロイセン）の憲法などを参考に，伊藤博文らが中心となって草案が作成されました。

大日本帝国憲法では，天皇が国の元首として統治することが定められたほか，陸海軍の統帥権も天皇にあることが定められました。内閣は，各省の大臣が天皇に対して個々に責任を負うとされました。議会は貴族院と衆議院の二院制で，予算や法律の成立には議会の同意が必要でした。

大日本帝国憲法では，国民は「臣民」とされ，法律の範囲内で基本的人権が認められました。

● 明治時代の華族・士族・平民の割合

江戸時代の公家・大名は華族，家臣は士族となりました。また，百姓・町人などは平民と呼ばれることになりました。

1870年には平民に名字の使用が許可されたほか，1871年には華族・士族・平民相互の結婚も許可されています。一方，1876年には廃刀令が出され，士族が帯刀することが禁止されています。

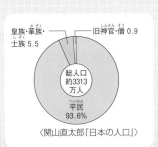

〈関山直太郎『日本の人口』〉

● 日露戦争時の国際関係

　ロシアの南下政策に対抗するために，1902年に日英同盟が結ばれました。
　日露戦争勃発時には，イギリスのほかに，満州をめぐってロシアと対立していたアメリカも戦費の調達などで日本を支援しています。一方，ロシアは露仏同盟を結んでいたフランスから資金援助を受けていました。

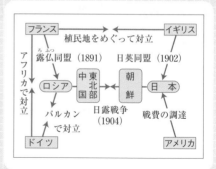

● 日清戦争と日露戦争の死者数と戦費の比較

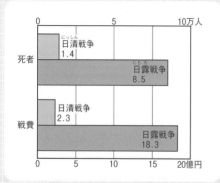

　日清戦争と日露戦争の死者数や戦費を比べると，いずれも日露戦争のほうが多くなっています。
　日清戦争では，講和条約である下関条約で清から多額の賠償金を獲得できましたが，戦争による犠牲も大きかった日露戦争では，講和条約であるポーツマス条約でロシアから賠償金を獲得できなかったことから，国民の反発を招きました。

日清戦争・日露戦争の違いに注目しよう！

● 日清・日露戦争時の日本国民の税負担

　日清戦争時の１戸当たり税負担額に比べると，日露戦争時の１戸当たり税負担額は倍以上に増えていることがわかります。
　戦争のために重くなった税負担は，日露戦争後も軍備拡張が進められたことなどから継続し，国民の負担は軽くならないどころか，さらに重くなっていきました。

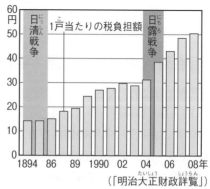

186

第**5**章

二度の世界大戦と日本

11 第一次世界大戦と日本

🏔世界史　📋日本史政経　⛰日本史文化

時代	年代	できごと
明治時代	1882	●ドイツ・オーストリア・イタリア，三国同盟成立
	1907	●イギリス・フランス・ロシア，三国協商成立
大正時代	1912	●第一次護憲運動おこる（翌年，桂太郎内閣総辞職）
	1914	●サラエボ事件，第一次世界大戦始まる（～18）
	1915	●中国に対し二十一か条の要求を出す
	1916	●吉野作造，民本主義を説く
	1917	●ロシア革命 ●アメリカ，ドイツに宣戦布告
	1918	●アメリカ大統領ウィルソン，十四か条の平和原則を発表 ●米騒動がおこる ●シベリア出兵（～22） ●原敬政友会内閣成立（初の本格的政党内閣）

🏔 **帝国主義諸国の対立**…ドイツは，20世紀はじめにはイギリスにつぐ工業国に発展，積極的な海外進出策で世界分割を終えたイギリス・フランスと対立。　≫p.190 ①

🏔 **バルカン半島**…スラブ系・ゲルマン系・アジア系の独立運動が交錯し，これをドイツ・ロシアなどの大国が支援して進出をはかったため，「ヨーロッパの火薬庫」に。　≫p.190 ①

🏔 **サラエボ事件**…セルビア人青年がオーストリア皇太子夫妻を暗殺，オーストリアはセルビアに宣戦布告，第一次世界大戦に発展。　≫p.191 ②

🏔 **第一次世界大戦**…ヨーロッパを戦場にドイツ・オーストリアなどの同盟国，イギリス・フランス・ロシアなどの連合国が戦う。　≫p.191 ②

📋 **日本の参戦**…日本は日英同盟を理由に連合国側で参戦。　≫p.193 ④

📋 **民本主義**…主権の所在は問わず，政治に民意を反映させる必要を主張，大正デモクラシーを思想的に支えた。　≫p.199 ⑩

🏔 **ロシア革命**…皇帝の専制政治に対する国民の不満，三月革命で帝政が倒され，十一月革命で社会主義政府成立。　≫p.192 ③

📋 **大戦景気**…大戦中，日本は空前の好景気となり，重化学工業も発展したいっぽう物価の上昇も。　≫p.194 ⑤

大正時代	1919	●朝鮮で三・一独立運動おこる
		●中国で五・四運動おこる
		●ガンディー，非暴力・不服従運動をおこす
		●ベルサイユ条約調印
		●ワイマール憲法を制定
	1920	●平塚らいてう（ちょう）・市川房枝（いちかわふさえ）ら，新婦人協会結成
		●日本初のメーデー
		●国際連盟発足
	1921	●ワシントン会議始まる（～22，四か国条約・九か国条約・海軍軍縮条約）
		●日本労働総同盟結成
	1922	●イタリアで，ファシスト党のムッソリーニが政権獲得（かくとく）
		●ソビエト社会主義共和国連邦（れんぽう）成立
		●全国水平社結成，日本農民組合結成，日本共産党結成
	1923	●関東大震災（しんさい）
	1924	●第二次護憲運動，加藤高明（護憲三派連立）内閣成立
		●イギリスで労働党内閣成立
		●中国で第一次国共合作（こっきょうがっさく）成立
	1925	●治安維持法制定
		●普通選挙法制定
		●ラジオ放送開始

民族自決の原則…第一次世界大戦後，民族自決の原則にもとづき東ヨーロッパ諸国が独立したが，アジアの植民地には適用されず，朝鮮（ちょうせん）では三・一独立運動，中国では五・四運動がおこる。
≫p.198 ⑨

ベルサイユ条約…パリ講和会議はウィルソンの十四か条の平和原則を基礎（きそ）に進められたが，ベルサイユ条約の内容はイギリス・フランスによる対ドイツ報復（ほうふく）的なものとなる。 ≫p.195 ⑥

ワイマール憲法…革命後のドイツ共和国が制定した憲法で，男女による普通（ふつう）選挙権，社会権などを定め，当時としてはもっとも民主的な内容をもつ。
≫p.197 ⑧

国際連盟…ウィルソンの提案をもとに，国際平和を守る機関として設立，日本は常任理事国，アメリカ・ソ連・ドイツは不参加。 ≫p.196 ⑦

社会運動の高まり…ロシア革命の影響（えいきょう）を受け，日本でも労働運動・農民運動が活発化する。
≫p.200 ⑪

普通選挙法…普通選挙運動の高まりを受け，加（か）藤高明（とうたかあき）内閣のもとで成立。同時に治安維持法を制定，社会主義（いじ）運動の取り締（し）まり強化。
≫p.201 ⑫

文化の大衆化…教育の普及（ふきゅう），メディアの発達，都市住民の増加などにより，大衆を対象とした文化が生まれる。 ≫p.202 ⑬

第一次世界大戦が終わると，植民地で独立の気運が高まったよ。

第5章

二度の世界大戦と日本

① 帝国主義諸国の対立

遅れて帝国主義段階に達したドイツは，イギリス・フランスとの対立を深めていった。

🔑 Key Word　三国同盟　三国協定　３Ｂ政策　３Ｃ政策
バルカン半島　ヨーロッパの火薬庫

(1) 三国同盟と三国協商

　ドイツ・オーストリア・イタリアは，**1882年**，フランスに対抗して**三国同盟**を結成。フランスはイギリス・ロシアと**三国協商**を結んだ。

(2) ３Ｂ政策と３Ｃ政策

　ベルリン―イスタンブール(ビザンチウム)―バグダッドを鉄道で結び，バルカン半島から西アジアへの進出をはかるドイツの**３Ｂ政策**と，アフリカとインドの植民地の結びつきの強化をはかるイギリスの**３Ｃ政策**(**カイロ―ケープタウン―コルカタ(カルカッタ)**)が対立。

(3) バルカン半島情勢

① **オスマン帝国(トルコ)のおとろえ**…バルカン半島には，スラブ系，ゲルマン系，アジア系など諸民族が混在していた。この地域を支配していた**オスマン帝国がおとろえる**と，**諸民族が独立の動きを活発化**させていた。

② **ヨーロッパの火薬庫**…複雑な民族構成をもつバルカン半島は，ドイツ・ロシアなど大国の利害もからみ，常に戦争の危険性をはらんでいた。このためバルカン半島は「**ヨーロッパの火薬庫**」とよばれていた。

③ **ロシアとオーストリアの対立**…ロシアがスラブ系民族の独立を支援し，この地域への進出をはかったため，多民族国家(オーストリア・ハンガリー帝国)を形成する**オーストリアと対立**した。1908年，オーストリアがスラブ系民族が多いボスニアを併合すると，ロシアとオーストリアの対立はさらに深まった。

(参考)
ドイツの興隆
1871年に統一を達成したドイツは，国の強力な指導で工業を発展させ，20世紀初頭にはイギリスに次ぐ大工業国となった。遅れて帝国主義段階に達したドイツは，海外市場をめぐり列強との対立を深めた。

(参考)
協商
協商とは数か国が特定のことがらについて協力を取り決めることをいうが，相互に義務を負う同盟に比べ，結びつきはゆるやかである。

② 第一次世界大戦

サラエボ事件をきっかけにおこった戦争は，ヨーロッパを戦場とする第一次世界大戦へと発展した。

Key Word サラエボ事件 セルビア 総力戦
無制限潜水艦作戦 新兵器の出現 （ソビエト）革命政府

(1) 大戦の背景

① **サラエボ事件**…1914年6月，ボスニアの**サラエボ**で**オーストリア**の皇太子夫妻が，**セルビアの民族主義者**に暗殺される事件がおこると，**オーストリアはセルビアに宣戦布告**した。

② **列強の動向**…オーストリアとセルビアの間の戦争は，オーストリアと同盟を結ぶ**ドイツ**と，パン゠スラブ主義からセルビアを支援する**ロシア**の参戦をまねいた。**イギリス・フランス**もドイツ・オーストリアに宣戦布告し，ヨーロッパの多くの国が2つに分かれて参戦した。

③ **同盟国**…三国同盟側に立って参戦した国を**同盟国**という。おもな国はドイツ・オーストリア・オスマン帝国。イタリアは三国同盟の構成国だが，連合国側に立って参戦した。

④ **連合国**…三国協商側の国を**連合国**という。おもな国は，イギリス・フランス・ロシア・日本・イタリアなど。

(2) 大戦の推移

① **総力戦**…戦争は4年余り続き長期化した。各国が経済力のすべてを戦争につぎこむ**総力戦**となった。

② **アメリカの参戦**…アメリカはヨーロッパ大陸に対しては局外中立の立場をとっていたが，ドイツの**無制限潜水艦作戦**を契機に1917年，連合国側に立って参戦した。

(3) 大戦の終結

① **ロシアの単独講和**…ロシアでは1917年，革命がおこり，新しく成立した（ソビエト）**革命政府**はドイツと単独で講和した。

② **ドイツの降伏**…ドイツでは1918年，革命により帝政が倒れた。新しく成立した**共和国政府**は連合国側に降伏した。

サラエボ
現在は，ユーゴスラビアの解体によってできたボスニア・ヘルツェゴビナの首都となっている。

新兵器の出現
第一次世界大戦では，飛行機や潜水艦・戦車・毒ガスなどの新兵器，大量殺傷兵器が実用化された。

無制限潜水艦作戦
ドイツは連合国への物資輸送を阻止するため，中立国の貨物船にも潜水艦による攻撃を加えた。

第**5**章 二度の世界大戦と日本

191

③ ロシア革命

ロシア革命は世界最初の社会主義革命であった。

> **🔑 Key Word** ロシア革命（三月革命・十一月革命）　レーニン
> 社会主義　ソビエト社会主義共和国連邦（ソ連）

(1) ロシア革命

① **帝政への不満**…ロシアは近代化が遅れ，**皇帝の専制政治が続**いていた。戦争が長引くと，国民の不満は，戦争を継続する皇帝に向けられるようになった。

② **三月革命**…1917年3月，首都ペトログラード（現在のサンクトペテルブルク）で民衆の暴動がおこると，兵士もこれに加わり，各地で労働者・農民・兵士からなる代表会議（ソビエト）が結成され，ついに帝政は倒れた。

③ **十一月革命**…革命後に成立した臨時政府も戦争を継続した。このためレーニンが指導する革命が再びおき，11月，臨時政府を倒して**革命政府が樹立された**。

(2) ソビエト政府

① **社会主義化**…革命政府は，社会主義をめざし，大企業の国有化，農民への土地分配などの政策を進めた。

② **対ドイツ単独講和**…革命政府は，無併合・無賠償・民族自決の原則により停戦を提案したが受け入れられず，翌**1918年**，単独でドイツと講和した。

③ **革命への干渉**…社会主義革命の波及を恐れた諸外国は，反革命派を支援し，1918年には，**イギリス・アメリカとともに日本もシベリアに出兵した**。

④ **ソビエト連邦の成立**…革命政府は，反革命派との内戦と資本主義列強による干渉戦争に勝利し，1922年，**ソビエト社会主義共和国連邦（ソ連）**を結成した。レーニンの死後，スターリンが実権をにぎった。

▲レーニン

> **参考**
> **ソビエトとは**
> ソビエトは革命によってできた政治機関だが，もともとは会議あるいは評議会という意味のロシア語である。

> **参考**
> **レニングラード**
> 帝政ロシアの首都ペトログラードは，革命後レーニンの功績をたたえてレニングラードと改称されたが，ソ連の崩壊後はサンクトペテルブルクとよばれている。

 コラム

社会主義と共産主義

　社会主義とは，労働者を中心とする平等な社会を目指そうとするもので，この社会主義をさらに進め，工場などの私有財産をもつ資本家や，労働者といういう階級もなくし，あらゆる面において平等にしようとする考え方が共産主義である。

❹ 日本の参戦

日本は連合国側に参戦するとともに，中国に二十一か条の要求を出した。

(1) 日本の参戦

① **青島占領**…1914年に**第一次世界大戦**が始まると，日本は**日英同盟**を理由に，同年8月，**連合国側に立って参戦**した。日本は，ドイツが権益をもつ中国の**山東半島に出兵**し，軍事基地の**青島を占領**した。また，赤道以北の**ドイツ領南洋諸島**も占領した。

② **二十一か条の要求**…1915年，中国での勢力拡大をはかる日本政府は，中国の**袁世凱**政府に対し，**二十一か条の要求**を提出した。その内容は，ドイツが山東半島にもっていた権益を日本に譲ること，**南満州及び東部内モンゴルにおける鉱山の採掘権**を日本に与えること，旅順−大連などの租借期限を延長することなど，中国の主権をおかすものであった。中国国内では強い反発がおこったが，日本は軍事力を背景にこれを中国政府に認めさせた。

(2) シベリア出兵

① **ロシア革命への干渉**…1917年の**ロシア革命**により社会主義政権が成立すると，連合国側は革命の自国への広がりを恐れ，ロシア革命に干渉した。

② **シベリア出兵**…1918年，連合国側は，チェコスロバキア兵の捕虜救出を口実に，アメリカと日本にシベリアへの出兵を提案してきた。当初は限定的な共同出兵であったが，**日本は単独で兵力を増強**し，東部シベリア・北満州を勢力範囲におさめようとした。

③ **日本の出兵継続と撤兵**…1920年，アメリカが撤兵した後も日本は**出兵を継続**した。しかし，ソビエト革命軍と民衆の抵抗を受け，1922年，事実上敗北のうちに**撤兵**した。

二十一か条の要求は，中国の反日気運を高め，欧米諸国にも対日警戒心をもたらしたんだ。

⬤袁世凱

⬤二十一か条の要求に
関連する権益

シベリア出兵
　4年に及ぶシベリア出兵は，戦費として10億円をついやし，死者3500人・負傷者2万人を出した。

⑤ 大戦景気と米騒動

第一次世界大戦は日本経済に好景気をもたらし，工業を急速に発展させた。

Key Word 大戦景気　海運業　造船業　輸出超過　電力　米騒動　富山県の漁村の女性

(1) 大戦景気

　第一次世界大戦中，経済力のすべてを戦争に集中したヨーロッパ諸国にかわり，東アジアなどに工業製品を輸出したのが日本である。戦争が長引くと世界的に船が不足したため，日本の海運業と造船業はめざましく発展した。

世界大戦の影響による輸出需要の増加で，工業生産が飛躍的にのび，日本は本格的な工業国になったんだ。

(2) 産業の発展

① **軽工業**…アジア・アフリカ向け綿糸・綿織物の輸出が急増し，生糸もアメリカの好景気で輸出が増えた。

② **重化学工業**…戦争により欧米からの輸入がとだえたため，機械工業，化学・薬品工業が発達し，それまでの輸入超過から**輸出超過**に転換した。

③ **動力**…動力源として，蒸気にかわって**電力**が広く用いられるようになり，水力発電所が各地に建設された。

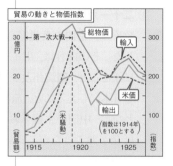

貿易の動きと物価指数

第一次大戦

総物価

輸入

米価

輸出

指数は1914年を100とする

1915　1920　1925

30億円

20

10

（貿易額）

（米価）

米騒動

300

200

100

（指数）

(3) 国民生活への影響

① **物価高**…好景気により国民の生活水準は向上したが，物価も上昇した。このため，大企業や経営者が大きな利益を上げるいっぽうで，労働者や零細な農民の生活はかえって苦しくなった。

② **米騒動**…1918年は，シベリア出兵をみこした米の買いしめもあって米価が急上昇した。**富山県の漁村の女性たちが，米の安売りを求めて米屋におしかける事件**がおこると，**騒ぎは全国に広まった**。米騒動とよばれる民衆の直接行動に対し，政府は軍隊を出動させて鎮圧した。

🔺米騒動の様子

コラム

成金

　成金とは，第一次世界大戦の好景気で巨利を得て，蓄財した人を指した言葉として生み出された。鉄と船と株で大富豪になった場合が多かったが，戦後恐慌で大部分は没落した。

⑥ 大戦の終結とベルサイユ条約

第一次世界大戦はドイツの降伏で終結。パリの講和会議で、ベルサイユ条約が結ばれた。

🔑 Key Word　パリ講和会議　ウィルソン　ベルサイユ条約
多額の賠償金　民族自決　山東省の権益

(1) パリ講和会議

1918年のドイツ降伏を受けて、**1919年**、パリ郊外の**ベルサイユ宮殿**で第一次世界大戦の**講和会議**が開かれた。

(2) ウィルソンの十四か条の平和原則

アメリカ大統領**ウィルソン**は**14条**からなる**平和原則**を提案した。①秘密外交の廃止、②海洋通商の自由、③軍備の制限、④民族自決、⑤平和のための国際機関の設立などがおもな内容である。

(3) ベルサイユ条約

講和会議は、ウィルソンの十四か条の平和原則をもとに、アメリカ・イギリス・フランスの大国を中心に進められ、連合国とドイツの間に**ベルサイユ条約**が結ばれた。

① **ドイツの処分**…ドイツは**すべての植民地と本国の一部を失い**、軍備を制限され、**多額の賠償金**を課せられた。

② **新しい独立国**…**民族自決**の原則から**東ヨーロッパ**では、**多くの国が独立**したが、アジア・アフリカの植民地の独立は実現しなかった。

③ **日本の獲得権益**…日本は、ドイツの中国**山東省の権益**と太平洋地域の委任統治権を得た。

④ **ベルサイユ体制**…戦勝国の協調により世界の平和と秩序を維持しようとする第一次世界大戦後の国際体制を**ベルサイユ体制**という。

🔺ベルサイユ条約の調印

第一次大戦後のヨーロッパ

- - - 大戦後の国境
　新興国
　非武装地帯

参考

賠償金

イギリスとフランスは、ドイツに報復的な処分を求めた。ドイツに課せられた賠償金は約1300億金マルクで、年間国家予算の17倍にもおよんだ。

🔺紙幣の束で遊ぶ子どもたち
…ドイツでは物価の上昇とともに貨幣の価値が下落した。

⑦ 国際協調の時代

第一次世界大戦後，アメリカ・イギリス・フランスが主導する国際協調の時代が続いた。

> **Key Word**　国際連盟　常任理事国　ワシントン会議
> ワシントン海軍軍縮条約　四か国条約　九か国条約

(1) 国際連盟の成立

1920年，ベルサイユ条約にもとづき，**国際連盟**が成立した。本部はスイスのジュネーブ。

① **常任理事国**…世界の平和を守り，国際協力を進める初の国際組織で，加盟国は当初42か国，日本はイギリス・フランス・イタリアとともに**常任理事国**になった。

② **連盟の限界**…国際連盟はドイツなどの敗戦国とロシアのソビエト政府を除外して発足，アメリカも国内議会の反対で参加せず，加盟国に偏りがあった。

(2) ワシントン会議

アメリカは戦後の国際政治に積極的に関与した。**1921～1922年**にはアメリカの提唱で**ワシントン会議**が開かれ，次の条約が結ばれた。

① **ワシントン海軍軍縮条約**…主力艦の保有トン数を，アメリカ・イギリスの5に対し，日本3，フランス・イタリア1.67と定めた。また10年間の主力艦建造の中止を取り決めた。

② **四か国条約**…アメリカ・イギリス・フランス・日本の間で，太平洋地域の安全と現状維持を取り決めた。

③ **九か国条約**…中国の独立尊重と領土の保全，中国市場における列国の機会均等などを定めた。

条約名	主な内容
四か国条約 （日・米・英・仏）	日英同盟の廃止
海軍軍縮条約	主力艦（戦艦など）の保有量の割合を米5，英5，日3，仏1.67，伊1.67と定めた
九か国条約	中国の主権尊重，各国の中国での経済活動の自由

🔺ワシントン会議で結ばれた条約（1921～1922年）

侵略行為に対抗する手段は経済制裁に限られるなど，国際政治における連盟の力には限界があったんだ。

参考
新渡戸稲造
国際的に活躍し，国際連盟の事務局次長を務めた。

🔺新渡戸稲造

第一次世界大戦後のヨーロッパ

大戦前にあったロシア帝国，ドイツ帝国，オーストリア帝国，オスマン帝国は解体し，それぞれの皇帝も退位して共和国になり，多くの小国が独立した。

⑧ 民主主義の進展

第一次世界大戦後，各国で民主主義が拡大していった。

Key Word 労働運動　制限選挙　普通選挙
女性参政権運動　労働党　ワイマール憲法

第一次世界大戦後，各国で民主主義が拡大していったんだ。

(1) ロシア革命の影響

　ロシアにおける社会主義政府の成立は，各国の**労働運動**に影響を与えた。ヨーロッパ諸国はこれに対抗するため，労働者の地位向上や議会制民主主義の基礎拡大に取り組んだ。

(2) 選挙権の拡大

① **制限選挙と普通選挙**…議会政治は，19世紀の間に資本主義各国に広がったが，身分や所得を選挙権付与の条件とする**制限選挙**が普通であった。欧米諸国では，20世紀はじめまでに労働者や農民にも選挙権は拡大され，男性は年齢のみを条件とする**普通選挙**が実現された。

② **女性参政権**…各国での**女性参政権運動**や第一次世界大戦の総力戦における女性の貢献を背景に，イギリスでは1918年，30歳以上の女性に選挙権が認められ，1928年に男女平等の普通選挙が実現した。

(3) イギリスの労働党政権

　1924年，労働者の地位向上をめざす**労働党**がはじめて内閣を組織した。

(4) ドイツのワイマール憲法

　敗戦と革命で共和国となったドイツでは，**1919年，ワイマール憲法**が制定された。この憲法は，国民主権，20歳以上の男女の普通選挙権，労働者の団結権などを定め，当時もっとも民主的な憲法だった。

参考

大衆
資本主義は資本家と労働者の2つの階層からなるが，国民所得や生活水準の向上により，自分は労働者であるという意識があいまいな人々が増えてきた。このような階層意識のうすい多数の人々を大衆という。

くわしく

ワイマール憲法
　ドイツ共和国憲法の通称。ドイツ中部の小都市ワイマールで開かれた国民議会で制定されたのでこの名がある。ヒトラー独裁政権成立までのドイツをワイマール共和国とよぶこともある。

コラム

大衆社会の実現

　1920年代のアメリカは，大量生産・大量消費による「永遠の繁栄」を誇った。都市住民の生活水準は向上し，自動車・電化製品が普及した。ラジオ・

映画は情報の大量伝達を可能とし，大衆をにない手とする新しい文化をつくり出した。

⑨ アジアの民族運動

朝鮮で三・一独立運動，中国で五・四運動がおこった。

Key Word　五・四運動　中国国民党　中国共産党
三・一独立運動　ガンディー　国共合作

(1) 中国の反帝国主義運動

① **五・四運動**…パリ講和会議において，二十一か条の要求の撤回
が受け入れられず，またドイツ権益の日本による継承が認められ
ると，中国の反日感情は高まり，**1919年5月4日**の北京での学
生集会をきっかけに，各地で反日運動がおこった。この運動を**五・
四運動**といい，帝国主義の侵略に反対する国民運動に発展した。

② **中国国民党と中国共産党**…五・四運動を機に，孫文は1919年，
中国国民党を結成した。1921年に**中国共産党**が結成されると，
孫文は共産党とも協力し，帝国主義と軍閥を倒し，民族独立と
国家の統一の実現をめざす運動を展開した。

(2) 朝鮮の独立運動

① **三・一独立運動**…**1919年3月1日**，日本の植民地支配を受けてい
た朝鮮の京城（ソウル）で，知識人・学生らが独立宣言文を発表し，
人々は「独立万歳」をさけんでデモ行進を行った。これに刺激さ
れた独立運動は朝鮮全土に広がり，朝鮮総督府は武力でこれを
鎮圧したが，運動は3か月以上続いた。この運動を**三・一独立運
動**という。

② **朝鮮統治政策の変化**…朝鮮総督府は，事件後，**武力による支
配政策**をゆるめながらも，いっぽうでは学校での朝鮮語授業
を減らすなど，日本への**同化政策**を強めた。

(3) インドの民族運動

インドは第一次世界大戦において，戦後の自治実現を条件にイ
ギリスに協力した。しかし，イギリスはその約束を守らなかったた
め，完全な自治を求める運動が激しくなった。この運動を指導し
たのが，非暴力・不服従を唱える**ガンディー**である。やがて，ネルー
による完全独立運動もおこった。

参考
国共合作
中国国民党と中国共産党の協力関
係を国共合作という。第一次・第
二次とあるが，第一次国共合作は
1924年，孫文の提唱により成立し，
北方軍閥との戦いが開始された。

○ 朝鮮での独立運動

○ ガンディー

⑩ 大正デモクラシー

自由主義・民主主義の傾向（けいこう）が強まった大正（たいしょう）時代の風潮を大正デモクラシーという。

> 🔑 **Key Word** 第一次護憲運動　大正デモクラシー
> 吉野作造　民本主義　美濃部達吉　原敬　平民宰相

(1) 護憲運動

① **西園寺（さいおんじ）と桂（かつら）**…日露戦争以後，立憲政友会の**西園寺公望（さいおんじきんもち）**と藩閥（はんばつ）・官僚（かんりょう）勢力を代表する**桂太郎（かつらたろう）**が交互（こうご）に政権を担当した。

② **閥族打破（ばつぞくだは）・憲政擁護（けんせいようご）**…1912年，桂が3度目の内閣を組織すると，藩閥政府批判の声が高まった。新聞，知識人が「**閥族打破・憲政擁護**」をスローガンに護憲運動をおこすと，民衆も支持し，これに加わった（**第一次護憲運動**）。

③ **桂内閣の崩壊（ほうかい）**…護憲運動の高まりに桂内閣は50日余りで退陣（たいじん）し，政友会を与党（よとう）とする準政党内閣ができた。

△ 桂太郎

△ 帝国（ていこく）議会の議事堂を取り囲む民衆

(2) 大正デモクラシー

自由主義・民主主義の傾向が強まった大正時代の風潮を**大正デモクラシー**という。

① **民本主義（みんぽんしゅぎ）**…**吉野作造（よしのさくぞう）**は，政治に民意を反映させることの必要性を説いた。彼は，主権の所在が問われる民主主義でなく**民本主義**という用語でデモクラシーを理論づけた。

② **天皇機関説（てんのうきかんせつ）**…**美濃部達吉（みのべたつきち）**は，主権は国家にあり，天皇はその最高機関で憲法に従って統治するという憲法学説を展開し，議会政治・政党内閣制に理論的根拠（こんきょ）を与（あた）えた。

△ 吉野作造

(3) 原敬内閣（はらたかし）

① **本格的政党内閣**…**原敬内閣**は，陸軍・海軍・外務の3大臣以外はすべて**政友会**党員で，初の**本格的政党内閣**であった。

② **平民宰相（さいしょう）**…平民の出身で華族（かぞく）ではない原敬は，**平民宰相**として国民の期待を集めた。しかし普通（ふつう）選挙には時期が早いとして反対し，**納税資格を引き下げる改正**を行った。

△ 原敬

⑪ 社会運動の高まり

第一次世界大戦末期から戦後にかけてさまざまな社会運動が活発化した。

🔑 Key Word   日本労働総同盟　全国水平社　北海道アイヌ協会
日本共産党　平塚らいてう　新婦人協会　メーデー　青鞜社

(1) 労働運動

　重化学工業の発展による男性を中心とした労働者の大幅な増加は，組織的な**労働運動**を発展させた。

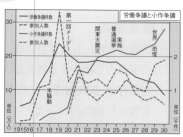

労働争議と小作争議

① **労働争議**…大戦景気は賃金を上昇させたものの，それ以上に物価を上昇させた。このため労働組合の結成，**労働争議**の発生件数が急増した。

② **日本労働総同盟**…労使協調による労働者の地位向上をめざしていた友愛会は，1920年の日本最初のメーデーの翌年1921年に全国組織の**日本労働総同盟**へと発展した。

(2) 農民運動

　農村では小作料の減免を要求する小作争議がひん発し，1922年には全国的な指導組織の**日本農民組合**が結成された。

(3) 差別からの解放運動

① **全国水平社**…社会生活で差別を受けていた被差別部落の人々は，自ら平等と差別からの解放をめざす運動(**部落解放運動**)を進めた。**1922年には全国水平社が結成された。**

② **北海道アイヌ協会**…差別に苦しむアイヌの人たちの解放運動がおこり，1930年，**北海道アイヌ協会**が設立された。

(4) 社会主義

　厳しく弾圧されてきた社会主義者の活動も活発化し，1922年，ひそかに**日本共産党**が結成された。

(5) 女性運動

　女性差別からの解放と地位向上をめざす女性運動もさかんになり，**平塚らいてう**らは**新婦人協会**を設立した。また，女性の参政権を求める運動も本格化した。

くわしく

メーデー

　1886年5月1日，アメリカの組織労働者が8時間労働制を主張してデモ行進を行ったことから始まり，国際的な労働者の示威運動の日となった。日本では1920年に最初のメーデーが行われ，最低賃金制，8時間労働制などが要求として掲げられた。

参考
青鞜社

1911年，平塚らいてうら女性ばかりで結成された文学団体で，雑誌「青鞜」を発行して女性の地位向上を訴えた。

▲ 青鞜の表紙

⑫ 普通選挙と治安維持法

第二次護憲運動の結果成立した加藤高明内閣のとき，普通選挙法が成立した。

> **🔑 Key Word** 　関東大震災　第二次護憲運動　護憲三派
> 加藤高明　憲政の常道　普通選挙法　治安維持法

(1) 関東大震災

① **壊滅的被害**…1923年9月，東京・横浜など**関東南部を大地震**が襲い，死者・行方不明者は10万5000人に達した。

② **朝鮮人虐殺**…震災による混乱の中で，朝鮮人・社会主義者の暴動がデマとして伝えられ，民衆や軍隊・警察によって多くの朝鮮人，中国人や社会主義者が殺される事件がおこった。

(2) 普選運動

大正デモクラシーの高まりとともに，**普通選挙**を求める運動は，知識人だけでなく労働者・学生・市民による運動として大衆的ひろがりをみせた。

(3) 第二次護憲運動

1924年，枢密院議長の**清浦奎吾**が貴族院中心の内閣を組織すると，政党勢力はこれと対立し，**第二次護憲運動**をおこした。

(4) 加藤高明内閣

清浦内閣は議会を解散し，護憲運動に対抗したが，選挙は**護憲三派**の勝利に終わり，憲政会総裁の**加藤高明**が内閣を組織した。

① **憲政の常道**…加藤高明内閣以後，1932年の五・一五事件で犬養毅内閣が倒れるまで，第一党の党首が内閣を組織する政党内閣の慣行が続いた。これを**憲政の常道**という。

② **普通選挙法**…1925年，加藤内閣は選挙権の納税要件を撤廃し，**満25歳以上の男子**に選挙権を与える**普通選挙法**を成立させた。女性の参政権の実現は第二次世界大戦後のこと。

③ **治安維持法**…加藤内閣は普通選挙法と同時に**治安維持法**を成立させ，国体（天皇制）の変革や私有財産の否定をはかる運動を取り締まりの対象とした。

🔵 関東大震災で廃墟となった浅草

> このとき出された戒厳令は，関東大震災の他，1905年の日比谷焼き打ち事件，1936年の二・二六事件でも施行されたんだ。

参考

護憲三派
憲政会・立憲政友会・革新倶楽部の三党は護憲三派とよばれ，普通選挙・貴族院改革などをかかげて護憲運動を展開した。憲政会はその後，政友会の一部を吸収して立憲民政党となり，政友会とともに二大政党を形成した。また，犬養毅率いる革新倶楽部は政友会に合流した。

	法改正年	1889	1900	1919	1925	1945	2015
	実施年	1890	1902	1920	1928	1946	2016
	年齢（以上）	男25	男25	男25	男25	男女20	男女18
	直接国税（円）	15	10	3	普通選挙		

（総務省資料ほか）

🔵 有権者数の増加

201

⑬ 大正期の文化

大正時代は，教育が多くの国民に普及し，メディアが発達した。

Key Word 白樺派　プロレタリア文学　志賀直哉　武者小路実篤
小林多喜二　芥川龍之介　新聞　出版物　活動写真

(1) 教育の普及と学問の発達

① **教育の普及**…大正時代には，**小学校の就学率はほぼ100%**となり，国民の大部分は読み書きができるようになっていた。また，中学校・高等女学校の生徒も増えた。

② **学問の発達**…学問・研究の分野でも独創的な研究者が現れた。柳宗悦は民藝運動をおこし，**西田幾多郎**は西洋哲学と東洋の伝統思想を統一する独自の哲学を確立した。

③ **文学**…人道主義をかかげる**白樺派**や，労働者・農民の生活と戦いをえがく**プロレタリア文学**が現れた。白樺派の作家では**志賀直哉・武者小路実篤**，プロレタリア文学作家では**小林多喜二**などがいる。また，**芥川龍之介**は知性的な短編小説を発表した。

(2) 文化の大衆化

① **メディアの発達**…**新聞**の発行部数や**出版物**の発行点数が増え，ラジオ放送も始まり，**活動写真**(映画)やトーキー(有声映画)も登場。

② **大衆の娯楽**…メディアの発達につれて，大衆小説，映画，歌謡曲，学生野球などのスポーツが大衆の娯楽となった。

③ **都市の生活**…都市では，ガス，水道，電気が普及し，「文化住宅」が広まった。

おもな作家と作品
志賀直哉「暗夜行路」
武者小路実篤「友情」
芥川龍之介「羅生門」
小林多喜二「蟹工船」

大衆文学
新聞・雑誌の購読者の増加は，大衆を読者とする大衆文学をさかんにした。

生活の近代化
　会社員・学生・知識人などを中心とする都市の民衆の間で，欧米風の新しい生活様式が広がった。

▲家庭に普及したラジオ

新しい芸術

　美術では洋画の岸田劉生や竹久夢二などが活躍し，音楽では童謡に多くの作品を残した野口雨情をはじめ，日本で最初の職業オーケストラを組織した洋楽の山田耕筰や，邦楽(箏曲)の宮城道雄などが新風をふきこんだ。

- ドイツ・オーストリア・イタリアは**三国同盟**を結んだ。
- 各国が勢力を伸ばそうとしていたバルカン半島は，**ヨーロッパの火薬庫**とよばれた。
- 第一次世界大戦は，国民すべてが戦争に取り組む**総力戦**となった。
- 1914年，**サラエボ**でオーストリア皇太子夫妻の暗殺事件がおこった。
- 1917年，**ロシア**で革命がおこり，社会主義国家が誕生した。
- ロシアでは，世界で初めての社会主義政府である**ソビエト政府**が誕生した。
- 日本は袁世凱政府に対し，**二十一か条の要求**を出してその大部分を認めさせた。
- 資本主義諸国は，ロシア革命に対する干渉として**シベリア**に出兵した。
- 1918年，米価が急上昇し，**米騒動**とよばれる民衆の直接行動がおこった。
- 1919年，第一次世界大戦の講和会議で，**ベルサイユ条約**が結ばれた。
- 1920年，平和を守る世界初の国際機関として**国際連盟**が設立された。
- パリ講和会議では**民族自決**の原則も唱えられ，東ヨーロッパで多くの小国が独立した。
- 朝鮮では**三・一独立運動**が，中国では五・四運動がおこった。
- 1919年，ドイツで当時もっとも民主的な**ワイマール憲法**が制定された。
- 大正時代，民本主義を唱えたのは，**吉野作造**である。
- 1921年になると，海軍の軍備縮小を進める**ワシントン会議**が開かれた。
- 1923年，**関東大震災**が発生し死者・行方不明者は10万人以上にのぼった。
- 政党と民衆による**護憲**運動によって，初めて内閣が交代した。
- **原敬**内閣は，初の本格的な政党内閣として成立した。
- 1925年，25歳以上の男子すべてに選挙権を与える**普通選挙法**が成立した。
- 第一次世界大戦中，賃金の引き上げを求め労働者が**労働争議(労働運動)**をおこした。
- 1925年，日本では共産主義を取り締まるために**治安維持法**が制定された。
- 1920年，平塚らいてうは，市川房枝らとともに**新婦人協会**を設立した。
- 1922年に京都で**全国水平社**が結成され，部落解放運動が全国に広がった。
- 1925年にはじまった**ラジオ放送**は，全国に普及し，新聞とならぶ情報源となった。
- **芥川龍之介**は，「羅生門」などの古典文学から題材をとった短編小説を書いた。

1　第一次世界大戦と日本の動き　>>p.190〜193・198

次の文章を読んで,あとの問いに答えなさい。

　　20世紀初めのヨーロッパは,ドイツ・オーストリア・イタリアの同盟国と,フランス・イギリス・ロシアの_a協商国という2つの陣営が対立する状態であった。イギリスやフランスに遅れて工業国となったドイツが力をつけ,海外市場を求めて領土拡大の動きをとったことで,イギリス,フランス,ロシアがドイツを警戒して手を結んだのである。さらに,オスマン帝国の衰えによって,支配下にあった_bバルカン半島の諸民族が独立の動きを見せると,南下したいロシアがこれらを支援し,多民族国家オーストリアと対立した。

　　そのような中で,1914年,ボスニアの（　c　）でセルビア人がオーストリア皇太子夫妻を暗殺する事件がおこった。オーストリアはセルビアに宣戦し,ロシアがセルビアを支援すると,ドイツはオーストリアを支援。さらにイギリス・フランスもセルビア側についたため,同盟国対協商国による_d第一次世界大戦が始まった。戦争は協商国側の勝利に終わったが,おもな戦場となったヨーロッパ諸国の被害は大きく,軍需品の輸出などで大きな利益を得たアメリカが_e戦後世界で大きな立場を占めることとなった。

(1)　文章中の下線部aの陣営はのちに連合国とよばれるが,連合国側に立って参戦した国としてあてはまらないものを,次のア〜エから1つ選び,記号で答えなさい。　　　　　　〔　　　　〕

　ア　アメリカ　　イ　日本　　ウ　イタリア　　エ　トルコ

(2)　下線部bは,いつ戦争がおこってもおかしくない状態だったことから,何とよばれていたか答えなさい。　　　　　　　　　　　　　　　　　　　　　　　　　　〔　　　　　　　　　〕

(3)　空欄cにあてはまる都市名を答えなさい。　　　　　　　　　　　〔　　　　　　　　　〕

(4)　下線部dのころの各国の様子について述べた次の文の空欄にあてはまる語句をそれぞれ答えなさい。①〔　　　　　　　〕②〔　　　　　　　〕③〔　　　　　　　〕

　・日本は中国に（　①　）を出し,山東半島の権益を日本にゆずることなどを認めさせた。

　・ロシアでは革命がおき,（　②　）を指導者とする革命政府がドイツと単独講和を結んだ。

　・第一次世界大戦は毒ガスや潜水艦などの新兵器が使われ,戦争が長期化し,死者も多数出たため,各国は軍需産業を優先するなど国力のすべてを戦争につぎ込む（　③　）となった。

(5)　下線部eについて,戦後のアジアについて述べた文として正しいものを,次のア〜エから1つ選び,記号で答えなさい。　　　　　　　　　　　　　　　　　　　〔　　　　〕

　ア　中国では,孫文を臨時大総統として中華民国が成立し,清朝皇帝が退位した。

　イ　中国では,北京の学生が日本製品を使わないなどの反日運動をおこし,全国に広まった。

　ウ　朝鮮では,安重根が元韓国統監を暗殺するなど抵抗運動が広がった。

　エ　朝鮮では,独立を宣言し,「独立万歳」と叫びながら行進する五・四運動がおこった。

2　大正デモクラシー　>>p.196・198〜201

次の文章を読んで,あとの問いに答えなさい。

　　第一次世界大戦が終わると,アメリカ大統領ウィルソンの提唱によって（　a　）が設立され
たり,（　b　）で9か国が参加した軍縮会議が行われたりするなど,国際協調の動きが見られ
た。また,アジアやアフリカでは_c新しい民族運動がおこった。

　　一方,日本では民本主義を唱えた（　d　）らの影響もあって,このころ_e本格的な政党内閣
による政治が始まった。同時に,_f労働運動や社会運動もさかんになり,_g民主主義を求める動
きはいっそう高まった。

(1)　文章中の空欄aにあてはまる組織の名を答えなさい。　　　　　〔　　　　　　　　〕

(2)　空欄bにあてはまる都市を次のア〜エから1つ選び,記号で答えなさい。〔　　　　〕

　　ア　ニューヨーク　　イ　ワシントン　　ウ　ベルリン　　エ　パリ

(3)　下線部cについて,インドではイギリスに対して非暴力・不服従を唱えて自治を求める民族
運動が始まった。この運動の指導者を答えなさい。　　　　　　　〔　　　　　　　　〕

(4)　空欄dにあてはまる人物を次のア〜エから選び,記号で答えなさい。〔　　　　〕

　　ア　吉野作造　　イ　福沢諭吉　　ウ　中江兆民　　エ　美濃部達吉

(5)　下線部eについて,このときの内閣総理大臣を答えなさい。　　〔　　　　　　　　〕

(6)　下線部fについて,次の①,②に答えなさい。

　　①　女性差別からの解放と地位向上をめざすため,新婦人協会を設立したり,雑誌『青鞜』を
　　発行したりした女性の名を答えなさい。　　　　　　　　　　〔　　　　　　　　〕

　　②　1922年,社会生活上の差別を受けていた被差別部落の人々が,自らの手で平等の実現と
　　差別からの解放をめざすために結成した組織の名を答えなさい。〔　　　　　　　〕

(7)　下線部gについて,このような動きによって,1925年に普通選挙法が成立した。普通選挙
法と同時に成立した,共産主義を取り締まる法を答えなさい。　　〔　　　　　　　　〕

3　第一次世界大戦前後の日本　>>p.194・202

あとの問いに答えなさい。

(1)　大正時代には,労働運動や社会運動の高まりを受け,労働者や農民の立場から描かれたプ
ロレタリア文学が生まれた。その代表的作家を,次のア〜エから1つ選び,記号出答えなさい。

〔　　　　　〕

　　ア　志賀直哉　　イ　谷崎潤一郎　　ウ　芥川龍之介　　エ　小林多喜二

(2)　1918年,富山県の漁村の女性たちが,値段の上がった米の安売りを求めて米屋におしかけ
る事件がおこると,その動きは全国各地に広がり,米騒動へと発展した。このとき,米の値
段が上がった理由を次のア〜ウから1つ選び,記号で答えなさい。　　〔　　　　〕

　　ア　東北地方の稲作地帯が冷害にみまわれ,米の収穫量が大幅に減ったため。

　　イ　シベリア出兵をみこした大商人が米の買い占めや売りおしみを行ったため。

　　ウ　関東大震災が起こり,米の生産量や流通量が不足したため。

12 第二次世界大戦と日本

🗺️世界史　📝日本史政経　⛰️日本史文化

時代	年代	できごと
昭和時代	1927	●金融恐慌，銀行や会社の倒産が続発する
	1929	●ニューヨークで株価が大暴落（世界恐慌の始まり）
	1930	●ロンドン海軍軍縮条約調印
	1931	●満州事変おこる
	1932	●満州国建国 ●五・一五事件
	1933	●国際連盟を脱退する ●ヒトラー，内閣を組織する ●ローズベルト大統領，ニューディール政策を始める
	1935	●ドイツ，ベルサイユ条約を破棄し，再軍備を宣言 ●イタリアのエチオピア侵略
	1936	●二・二六事件 ●フランス，スペインで反ファシズム人民戦線内閣成立
	1937	●日中戦争始まる ●日独伊防共協定成立 ●中国で第二次国共合作，抗日民族統一戦線結成 ●南京事件
	1938	●国家総動員法成立 ●ドイツ，オーストリアを併合，ミュンヘン会談

🗺️ **ニューヨーク株価大暴落**…第一次世界大戦後，空前の繁栄を続けていたアメリカ経済がとつぜん不景気に。不景気はヨーロッパ，日本にも波及し，世界恐慌に。　>>p.208 **①**

🗺️ **恐慌対策**…イギリス・フランスはブロック経済，アメリカはニューディール政策。　>>p.208 **①**

📝 **世界恐慌と日本**…第一次世界大戦後の不景気に苦しむ日本経済に世界恐慌の追い打ち。農村の疲弊。　>>p.210 **③**

📝 **満州事変**…海外侵略により不景気の克服をはかり，満州を中国から切り離して日本の支配下に。日本の侵略と断定した国際連盟を日本は脱退，国際的に孤立する。　>>p.211 **④**

📝 **五・一五事件**…交渉により満州事変の解決をはかる犬養毅首相を軍人・右翼が暗殺，政党政治が終わり，軍部が政治的な力を強める。　>>p.212 **⑤**

🗺️ **ファシズム**…ヒトラーのドイツ，ムッソリーニのイタリアは，独裁的な政治で自由と民主主義を抑圧し，他国侵略によって経済危機の克服をはかった。　>>p.209 **②**

📝 **日中戦争**…北京郊外での軍事衝突から日中両国の全面戦争に拡大。中国国民党，共産党は協力して日本に対抗，戦争は長期泥沼化。　>>p.213 **⑥**

📝 **国家総動員法**…資本，資源，人などすべてを戦争に向ける。　>>p.214 **⑦**

時代	年代	できごと

昭和時代

- 1939
  - ●ノモンハン事件
  - ●独ソ不可侵条約締結
  - ●ドイツ, ポーランドに侵入, (第二次世界大戦の始まり〜45)
- 1940
  - ●フランス領インドシナ北部に軍隊を送る
  - ●日独伊三国同盟成立
  - ●大政翼賛会結成
- 1941
  - ●日ソ中立条約調印
  - ●日米交渉開始
  - ●フランス領インドシナ南部に軍隊を送る
  - ●アメリカ, 対日石油輸出全面禁止
  - ●ハワイ真珠湾を奇襲攻撃(太平洋戦争始まる)
  - ●アメリカ, イギリス, ソ連, 大西洋憲章を発表
- 1942
  - ●ミッドウェー海戦
- 1944
  - ●本土空襲が本格化
- 1945
  - ●ヤルタ会談
  - ●アメリカ軍, 沖縄上陸
  - ●ドイツの降伏
  - ●広島・長崎に原子爆弾投下
  - ●ソ連, 対日参戦
  - ●ポツダム宣言受諾, 無条件降伏(第二次世界大戦終結)

第二次世界大戦の始まり…ドイツはソ連と不可侵条約を結んだ後, ポーランドに侵入, ポーランドを支援するイギリス・フランスはドイツに宣戦布告。　≫p.215 ⑧

日独伊三国同盟…日本・ドイツ・イタリア三国は, アメリカを仮想敵国として軍事同盟を締結。ファシズム支配の三国の枢軸を形成。　≫p.216 ⑨

日本の南進…日中戦争の泥沼化を打開するため, 日本は東南アジア進出による資源の確保をめざす。　≫p.217 ⑩

日米交渉…日本はアメリカと交渉を続けながら, いっぽうでは対米戦争を準備。　≫p.218 ⑪

真珠湾奇襲…日本はハワイのアメリカ軍, マレー半島のイギリス軍を奇襲攻撃し, アジア・太平洋地域を戦場とする戦争に突入。　≫p.218 ⑪

大西洋憲章…アメリカとイギリス首脳は大西洋上で会談を行い, この戦争が民主主義とファシズムの戦いであることを明らかにし, ソ連も後にこれに参加した。　≫p.216 ⑨

戦時下の国民生活…多数の戦死者, 戦争優先経済による生活物資の欠乏, 国民生活の統制, 労働力不足による徴用, 空襲による被害。　≫p.219 ⑫

無条件降伏…沖縄戦, 広島・長崎への原爆投下, ソ連の参戦をへてようやくポツダム宣言を受諾。　≫p.220 ⑬

日本は, 日中戦争, 太平洋戦争と長い間, 戦争を続けたよ。

① 世界恐慌

アメリカでおこった恐慌(きょうこう)は，他の資本主義国にも広がった。

> **Key Word** 世界恐慌　ローズベルト　ニューディール政策
> ブロック経済　スターリン　五か年計画

(1) 世界恐慌

　生産が過剰(かじょう)となり，好景気から不景気に急速に変わることによっておこる経済の混乱を**恐慌**という。

① **ニューヨークの株価の大暴落**…第一次世界大戦中に飛躍的(ひやくてき)に発展し，「永遠の繁栄(はんえい)」といわれたアメリカ経済が，突然不景気に陥(おちい)った。**1929年10月24日，ニューヨーク株式市場(しじょう)で株価が大暴落，**これをきっかけに工業生産が急激に落ち込み，会社の休業や倒産(とうさん)が増えて，失業者が町にあふれた。また農作物の価格も急落した。

② **世界恐慌**…アメリカに始まった恐慌は，ヨーロッパ諸国や日本など，他の資本主義国にも広がり，社会主義国ソ連を除く全世界が不景気にみまわれることとなった。

(2) ニューディール政策

　1933年，アメリカ大統領に就任した**ローズベルト**は，**ニューディール(新規巻き直し)政策**を提案して景気回復に取り組んだ。政府の力で会社や銀行を助け，ダム建設などの**公共事業**をおこして失業者に職を与(あた)え，積極的な不況(ふきょう)対策を行った。

(3) ブロック経済

　イギリスとフランスは，本国と植民地の経済的結びつきを強めるいっぽう，外国製品には**高い関税**を課して市場からの締(し)め出しをはかった。これに対し，植民地の少ない**イタリア，ドイツ，日本**などは，自らの**ブロック経済圏(けん)**を作ろうとして，新たな領土の獲得(かくとく)を始めた。

(4) 五か年計画

　ソ連では，**スターリン**のもとで1928年から「**五か年計画**」が実施(じっし)され，農業の集団化を強行，工業を急速に発展させ，アメリカに次ぐ工業国となった。そのため，世界恐慌の影響(えいきょう)を受けなかった。

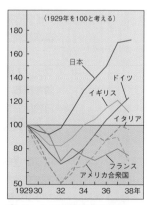

（1929年を100と考える）
180
160
140
120
100
80
50
1929 30　32　34　36　38年

日本
ドイツ
イギリス
イタリア
フランス
アメリカ合衆国

▲おもな国の鉱工業生産

▲ニューヨークのウォール街

ニューディール政策

　ニューディール政策は「新規巻き直し」と訳される。ニューディール政策の1つとして，TVA(テネシー川流域開発公社)の設立がある。

▲ニューディールによって建設中のダム

② ファシズムの台頭

多様な価値観を否定する全体主義のファシズムが台頭した。

> **Key Word** ムッソリーニ ファシスト党 ヒトラー ナチス
> ファシズム エチオピア侵略

(1) ファシズム

　イタリアのファシスト党やドイツのナチスは，軍の支持を背景とする強力な政府で，社会の諸問題を解決しようとした。国益のために，外には他国への侵略を行って他民族を圧迫し，内には国民の権利を著しく制限し，共産主義や自由主義などの反対勢力を徹底的に弾圧した。このような全体主義的な独裁政治を**ファシズム**という。

(2) イタリア

　1922年，**ムッソリーニ**の率いる**ファシスト党**が政権をにぎると，独裁政治を行い，国民の権利は著しく制限された。ファシスト党政権は，世界恐慌による経済の行きづまりを海外侵略で乗り切ろうとした。1935年，**エチオピアに侵攻**し，翌年にはこれを併合した。

(3) ドイツ

　敗戦国ドイツの経済は，ベルサイユ条約による負担に苦しみながらも立ち直りをみせていた。しかし，世界恐慌で再び混乱し，多くの失業者を出した。

① **ヒトラーとナチス**…恐慌後の社会不安の中で国民の支持を集めたのが，**ヒトラー**の率いる**ナチス(国民社会主義ドイツ労働者党)**である。ナチスはユダヤ人の排斥とベルサイユ体制の打破をうったえて，国民の支持を集めた。

② **ヒトラーの独裁**…1933年，ヒトラーが首相となり，**政権をにぎっ**た。ヒトラーは言論の自由を奪い，他の政党を解散させて独裁政治を行った。**ワイマール憲法を停止**して独裁体制を確立し，国際連盟から脱退して再軍備を宣言した。ドイツは公共事業と軍需産業で失業者をなくし経済を立て直したが，秘密警察によって国民は統制され，反対派は徹底的に迫害された。

 ムッソリーニ(左)と
ヒトラー(右)

参考

エチオピア侵略
エチオピアはイタリアの侵略を国際連盟に訴えたが，国際連盟はイタリアに経済制裁を加えただけであった。

▲映画『独裁者』での
チャップリン

チャップリンは，映画『独裁者』で監督と主演をつとめ，ヒトラーの独裁政治を批判したんだ。

209

③ 日本の不景気

戦後不況以来の日本の不景気に，世界恐慌が追い打ちをかけた。

Key Word 金融恐慌　震災恐慌　昭和恐慌　財閥
三井・三菱・住友・安田　取り付けさわぎ　無産政党の進出

(1) 不況の時代

① **金融恐慌**…第一次世界大戦後，ヨーロッパ諸国の経済が復興すると輸出は減退し，生産は過剰となって**戦後恐慌**となった。1923年の**関東大震災**は不景気に追い打ちをかけた。銀行は震災によって決済が不能となった手形の処理に困り(**震災恐慌**)，1927年には**取り付けさわぎ**がおこり，中小銀行の休業があいつぐ**金融恐慌**がおこった。

② **昭和恐慌**…不況に苦しむ日本に，1930年に世界恐慌が波及し，**昭和恐慌**とよばれる深刻な不景気となった。また，生糸の輸出が減退してまゆの価格が暴落した。1930年は豊作で米価が下落，1931年は東北・北海道地方が冷害となり，農業も深刻な打撃を受けた。

(2) 恐慌の影響

① **社会主義運動の活発化**…不景気により**労働争議**や**小作争議**がひん発した。社会主義の思想も広がり，共産党の活動も活発になった。初の普通選挙であった，1928年の衆議院議員総選挙では，労働者や農民の政党の無産政党から8名の議員を出した。これに対し政府は，1928年，**治安維持法を改正**して最高刑を死刑とするなど弾圧姿勢を強めた。

② **財閥による経済支配**…金融恐慌の後，**三井・三菱・住友・安田**などの大銀行が金融界を支配した。銀行を中心とする財閥は，倒産した会社を合併するなどして多くの会社をグループ化し，ますます勢いを強めた。

③ **財閥と政党**…政党が財閥と結びつき，汚職事件をしばしばおこした。また政党は，主義主張の実現でなく，政権獲得のための対立抗争をくり返していたため，国民の不満はしだいに財閥と政党に向けられるようになった。

くわしく
取り付けさわぎ
　銀行が信用を失った結果，人々が預金を引き出そうといっせいに窓口に押しかけること。

▲銀行の取り付けさわぎ

▲東北地方の不況

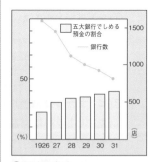

▲預金の集中

210

④ 満州事変

満州における権益の確保と拡大のため，日本は満州事変をおこした。

> **Key Word** 蔣介石 国民政府 関東軍 柳条湖事件 溥儀
> 満州国 国際連盟 リットン調査団 国際連盟脱退

(1) 中国革命の進展

① **国民政府**…孫文（スンウェン）の死後，**国民党**の指導権をにぎった**蔣介石**は，1927年，南京（ナンキン）に**国民政府**を樹立した。1928年に北京（ペキン）を制圧し，中国統一をほぼ完成させた。

② **山東出兵**…国民政府軍（シャントン）の勢力が北京に近づくと，日本政府はこれを阻止しようとし，山東省に出兵（そし）した。また，満州では，現地の日本軍が軍閥の指導者の張作霖（チャンツオリン）を爆殺する事件をおこし，満州占領（せんりょう）のきっかけにしようとしたが失敗した。

③ **満州の権益**…中国統一を完成した国民政府は，外国がもつ権益の回収にのり出し，満州では，南満州鉄道に対抗（たいこう）して路線建設計画を進めた。これに対し現地の**関東軍**をはじめ軍部は，日本の権益をおびやかすものとして危機感をつのらせた。

(2) 満州事変

① **柳条湖事件**（りゅうじょうこ）…満州の日本権益確保のため，満州の中国からの分離（ぶんり）を主張していた軍部(関東軍)は，**1931年**9月18日，**奉天**（ほうてん）郊外の**柳条湖**（リウティアオフー）で南満洲鉄道の路線を爆破，これを中国のしわざとして攻撃（こうげき）を開始し，短期間でほぼ満州全土を占領した。これを**満州事変**（およ）といい，1945年8月の敗戦まで15年に及ぶ戦争の始まりである。

② **満州国の成立**…関東軍は**1932年**3月，清朝最後の皇帝**溥儀**（こうてい）（ふぎ）を執政（しっせい）として**満州国**を独立させ，1934年には帝政をしいた。満州国は「**五族協和**」（ごぞくきょうわ）「**王道楽土**」（おうどうらくど）を新国家のスローガンとした。また，日本からの移民が進められた。

③ **国際連盟脱退**（だったい）…1932年，**国際連盟**は中国の提訴を受け，**リットン調査団**（はけん）を派遣（ていそ）した。調査団の報告にもとづき，国際連盟は日本の行動を侵略（しんりゃく）と断定し，1933年に満州国不承認（ふしょうにん）と日本軍の撤退（てったいかんこく）勧告を決議した。日本はこれを不満として**国際連盟を脱退**，国際的に孤立（こりつ）することになった。

> **参考**
> **満蒙生命線論**（まんもう）
> 日本国内では，軍部や右翼（うよく）が満州と内モンゴルは日本の生命線とさけび，恐慌による日本の危機を中国侵略で打開しようとする動きが高まった。

○爆破地点を調べるリットン調査団

満州における権益の確保と拡大のため，日本は満州事変をひきおこしたんだよ。

⑤ 軍国主義の高まり

不景気の中，政党・財閥に対する国民の不満を吸収する形で軍部が台頭した。

> **🔑 Key Word** ロンドン海軍軍縮条約　統帥権干犯問題　浜口雄幸
> 犬養毅　五・一五事件　統制派　皇道派　二・二六事件

(1) 軍部の台頭

① **海軍軍縮問題**…1930年，政府は**ロンドン海軍軍縮条約**に調印した。軍部や右翼は，条約調印は天皇の大権である**統帥権を干犯**するものとして政府・**浜口雄幸**立憲民政党内閣を批判した。

② **軍部の台頭**…軍部や右翼の中には，政党政治・議会政治に対する国民の不満を背景に政党政治・議会政治を否定し，強力な政府によって国家改造を断行する動きが強まった。

(2) 五・一五事件

① **犬養内閣と満州事変**…**犬養毅**政友会内閣は，赤字国債を発行して軍事費を増大させた。しかし，**満州国の建国と承認には反対**の態度をとった。

② **首相暗殺**…国家改造を主張する右翼の中には実力行動に走るものも現れ，政党政治家や財閥幹部の暗殺事件が続発した。1932年5月15日には，海軍青年将校が首相官邸を襲撃し，犬養毅首相を暗殺する**五・一五事件**がおこった。

(3) 二・二六事件

① **陸軍内部の派閥対立**…財閥・官僚と結んで総力戦に対応した国家をめざす**統制派**と，財閥・官僚をしりぞけ天皇を全面に立てた国家をめざす**皇道派**が対立した。

② **皇道派のクーデター**…1936年2月26日，陸軍皇道派の青年将校が部隊を率いて決起し，大臣や重臣を殺害し，東京の中心部を占拠する**二・二六事件**がおこった。決起部隊は反乱軍として鎮圧されたが，事件後は軍部がいっそう発言力を強め，議会は無力化した。

参考

浜口雄幸首相のその後

厳しい批判にさらされた浜口雄幸首相は東京駅で銃撃された。浜口首相は一命を取り留めたが，首相を辞任し，その後，まもなくして死去した。

▲狙撃された浜口首相

参考

犬養内閣の財政政策

犬養内閣は浜口内閣時代の緊縮財政から積極財政に政策を転換した。赤字国債を発行して財源とし，軍事費や公共事業を増大させて景気を刺激し，失業者を吸収しようとした。積極財政により経済は恐慌以前の水準に回復したが，赤字国債の大量発行はインフレーションを進行させた。

▲犬養毅

▲二・二六事件の反乱軍に投降をよびかけるビラ

⑥ 日中戦争

日本軍は短期間で南京を占領したが，中国を屈服させられず，戦争は長期化した。

> **Key Word**　盧溝橋事件　日中戦争　南京事件　蔣介石
> 重慶　国共内戦　抗日民族統一戦線

(1) 日中戦争

① **盧溝橋事件**…日本は，華北に勢力を拡大しようとして，1937年7月7日には北京郊外の盧溝橋で日中両国軍の武力衝突に発展した。

② **全面戦争**…盧溝橋事件の後，陸軍中央及び政府は，事態を「北支事変」と名づけ，華北への派兵を決定した。7月28日には日本軍は総攻撃を開始し，宣戦布告のないまま**全面戦争**に突入した。

③ **戦線の拡大**…戦線は華北から華中に拡大し，同年12月には首都南京を占領した。南京占領の過程で，**南京事件**(南京大虐殺)がおこった。**蔣介石**の率いる国民政府は，政府を漢口，重慶へと移し，抵抗を続けた。

(2) 抗日民族統一戦線

① **国共内戦**…中国では1927年の蔣介石のクーデターで**国民党**と**共産党**の協力関係がくずれ，国民政府は共産党の討伐に力を入れた。しかし，日本の中国侵略は，抗日運動を激化させ，共産党は内戦の停止をよびかけた。

② **抗日民族統一戦線**…1936年12月の西安事件をきっかけに国民党と共産党は内戦を停止した。1937年9月には第二次国共合作が実現し，**抗日民族統一戦線**を結成した。

(3) 戦争の泥沼化

国民政府は，アメリカ・イギリスなどの援助を受けて戦いを続けた。**共産党**の軍隊は農民の支持を得て**ゲリラ戦**を展開，日本軍は主要都市と鉄道・道路をおさえるのみで，中国民衆の抵抗に苦戦を続けた。

▲日中戦争の拡大

▲蔣介石

南京事件

1937年12月，日本軍は首都南京を陥落させたが，その際に多数の南京市民が殺害されたとされる。

西安事件

1936年12月西安にきた蔣介石を，元満州の軍閥で国民党の張学良(父親は日本軍によって謀殺された張作霖)が監禁し，共産党との内戦停止と日本への抗戦を要求した事件。

⑦ 国家総動員体制

日中戦争の長期化で，国民生活のすべては戦争に動員された。

📍**Key Word** 国家総動員法　切符制　隣組　大政翼賛会
皇民化政策　創氏改名

(1) 戦争の長期化

① **国家総動員法**…1938年には**国家総動員法**が制定された。政府は国民生活を統制し，資金・労働力・物資などを，**議会の承認なしに**勅令で動員できるようになった。

② **強まる戦時体制**…米や衣料品などの生活に必要なものは，**配給制や切符制**にした。そして**隣組**を組織し，相互監視と戦争協力への体制を整えた。

(2) 挙国一致の政治体制

① **産業報国会**…1940年には大日本産業報国会が結成され，**すべての労働組合が解散**させられた。

② **大政翼賛会**…1940年には新体制運動がおこり，**政党は解散して大政翼賛会**にまとめられた。

③ **国民学校**…教育では，1941年に小学校が国民学校に改められ，いっそう軍国主義的な教育がなされた。

(3) 文化・思想の統制

文化・思想の統制も強化された。社会主義思想だけでなく，反戦的あるいは自由主義的な思想や学問にも厳しい弾圧が加えられた。

(4) 皇民化政策

朝鮮や台湾では**皇民化政策**を強め，日本式の姓名を名乗らせる**創氏改名**や神社参拝が強制され，労働力や兵士として動員された。

(参考)
さまざまな統制

年	できごと
1936	メーデーの禁止
1937	(日中戦争始まる)
1938	国家総動員法
1939	パーマネントを禁止する国民徴用令
1940	政党が解散し，大政翼賛会が結成。労働組合は大日本産業報国会に。砂糖・マッチが切符制になる。男性は軍服に似た国民服，女性の常服はモンペとなる
1941	米が米穀通帳制になる（太平洋戦争始まる）
1942	みそ・しょう油が配給制に衣料の切符制が始まる
1944	勤労動員令学童の集団疎開が始まる
1945	(敗戦)

🔺配給切符

🔺ぜいたくをいましめる看板

戦時体制を強制的に維持させる方法

日中戦争中の1938年に制定された国家総動員法は，戦争に必要な人や物を議会の承認なしで戦争に動員できるものだった。この法律により，従業員が50人以上いる会社の業種別に最初の給料である初任給を固定する法令ができたり，国民を強制的に工場などへ動員することができる法令ができたりした。

⑧ 第二次世界大戦の始まり

1939年，ドイツのポーランド侵攻により第二次世界大戦が始まった。

Key Word オーストリア併合　ミュンヘン会談
独ソ不可侵条約　第二次世界大戦　ポーランド侵攻

(1) ドイツの領土拡大

① **オーストリア併合**…ヒトラーに率いられたドイツは，東方への侵略を進めた。1938年には**オーストリアを併合**し，ついでチェコスロバキアにズデーテン地方の割譲を要求した。

② **ミュンヘン会談**…1938年，イギリス・フランス・ドイツ・イタリアの各首脳がドイツ南部のミュンヘンで会談した。イギリス・フランスはソ連に対抗するためドイツの侵略に対し妥協的な態度をとり，**ズデーテン地方の領有**を認めた。

(2) 独ソ不可侵条約

1939年，イタリアと軍事同盟を結んだドイツは，ポーランド侵略をめざし，同年8月，ドイツはソ連との間に**不可侵条約**を結んで世界を驚かせた。これは極東で日本と緊張関係にあったソ連が，ドイツと提携して西方の安全を図ろうとし，ドイツもイギリス・フランスとの対決のため，ソ連と提携しようとしたからである。

(3) 第二次世界大戦

① **ドイツのポーランド侵攻**…1939年9月1日，ドイツは宣戦布告なしに突然**ポーランドへの侵攻**を開始した。これに対してポーランドを支援する**イギリス・フランスはドイツに宣戦布告**した。

② **ポーランドの分割**…ドイツは数週間でポーランドを制圧した。**ソ連も東方からポーランドに侵攻**し，ドイツとの間でポーランドを分割してしまった。この間，イギリスとフランスはドイツに宣戦したものの，積極的な軍事行動はとらなかった。また，アメリカはヨーロッパの戦争に対し，中立の態度を表明した。

参考
チェコスロバキアの解体
ドイツの要求により，チェコスロバキアは西部のチェコと東部のスロバキアに解体された。

参考
ソ連の侵攻
1939年の独ソ不可侵条約の秘密の取りきめによって，ソ連はポーランド東部とバルト三国(エストニア，ラトビア，リトアニア)などを併合した。また，フィンランドへも侵攻したため，ソ連は侵略国として国際連盟から除名された。

これが第二次世界大戦の始まりだよ。

▲ポーランドに侵入するドイツ軍

⑨ 反ファシズムの戦争

ドイツは短期間でヨーロッパを占領し，ソ連へも侵攻した。

(1) ファシズム(枢軸国)

① **戦線の拡大**…1940年，ドイツは北ヨーロッパ，西ヨーロッパ
の国々への戦線を広げ，ノルウェー・デンマーク・オランダを
占領し，6月にはパリを占領して**フランスを降伏**させた。フラ
ンス降伏に先立ってイタリアもイギリス・フランスに宣戦布告
し，戦場はバルカン半島や北アフリカに広がった。イギリス本
土は**ドイツ空軍による猛爆撃**が加えられた。

② **日独伊三国同盟**…1940年9月，**日本・ドイツ・イタリア**の三か
国は，ヨーロッパとアジアの新秩序の建設と指導的地位を承認
し合い，ヨーロッパ戦争・日中戦争に参加していない国(アメリ
カを想定)からの攻撃には援助し合うことを約束した。これに
より，日本・ドイツ・イタリアと，アメリカ・イギリスを中心とす
る陣営の対抗関係が明確になった。

(2) 反ファシズム(連合国)

① **独ソ開戦**…1941年6月，ドイツは**不可侵条約**を破ってソ連に
侵攻した。イギリスはソ連と相互援助協定を結び，また，アメ
リカ・イギリス両国は8月，領土の不拡大・民族自決など反ファ
シズムの理念をうたった**大西洋憲章**を発表した。

② **ドイツへの抵抗**…ドイツはヨーロッパの占領地で厳しい占領政
策をしいた。特に**ユダヤ人は強制収容所**に送られるなど迫害を
受け，約600万人とも推定される人々が殺された。またドイツ
占領地では，**レジスタンス**とよばれる抵抗運動がおこり，ドイ
ツへの協力をこばんだり，作戦行動を妨害したりした。

▲ドイツの侵攻

アンネの日記
ユダヤ人の少女アンネは，強制収
容所に送られ15歳で亡くなった。
ドイツ側に捕らえられるまでの，
隠れ家での生活などを書きつづっ
た日記を残している。

▲アンネ・フランク

アウシュビッツ強制収容所
ドイツ占領下のポーランドのアウ
シュビッツにつくられた施設には，
ヨーロッパ各国から連行されたユ
ダヤ人が収容され，多くの人がガ
ス室などで殺された。

▲アウシュビッツ強制収容所

⑩ 日中戦争の泥沼化と南進政策

日中戦争の長期化は，日本を南進政策に向かわせた。

Key Word 近衛文麿　東亜新秩序　ＡＢＣＤ包囲陣
フランス領インドシナ南部　対日石油輸出全面的禁止

(1) 日中戦争の泥沼化

① **近衛声明**…日本は中国で抵抗を受け，泥沼の状態になっていった。また**近衛文麿**内閣は，1938年1月に「**国民政府を対手とせず**」との声明を発表し，**蔣介石**政府との交渉による戦争終結の道を閉ざしていた。

② **東亜新秩序**…1938年11月，近衛首相は，戦争の目的は「**東亜新秩序**」の建設にあるとの声明を発表し，親日派政権との間で和平交渉をめざした。しかし親日派政権の支持は広がらず，日中戦争はいっそう泥沼化した。

(2) 南進政策

① **フランス領インドシナ北部占領**…ドイツによるフランス・オランダの占領は，東南アジアの植民地支配に空白を生じさせた。戦争の長期化による物資不足に悩んだ日本は，**東南アジアへの進出**により**石油・鉄鉱石・ゴムなどの資源の獲得**をめざした。1940年9月にはイギリス・アメリカによる国民党政府への補給路（援蔣ルート）のしゃ断と南方進出の足がかりとしてフランス領インドシナ北部を占領した。1941年4月には日ソ中立条約を締結して北方の安全を確保し，フランス領インドシナの南部へ進軍した。

② **ＡＢＣＤ包囲陣**…日本が**フランス領インドシナ北部**を占領すると，アメリカは航空機用ガソリンや鉄くずの対日輸出を禁止するとともに，中国国民政府に対する援助を強化した。1941年7月，日本が**フランス領インドシナの南部**も占領すると，アメリカはイギリス・オランダとともに日本資産を凍結し，**対日石油輸出を全面的に禁止**した。この措置は石油をアメリカに依存する日本には致命的なもので，日本はこの経済制裁をＡＢＣＤ包囲陣とよんで，国民に脅威を強調した。

中国の抵抗によって日中戦争は長期化していったよ。

参考

東亜新秩序
東アジアからイギリス・アメリカなどの影響力を排除し，日本の指導の下に新しい国際社会をつくろうとするもので，そのためには国の総力を結集して戦争を遂行できる国家体制が必要であるとされた。

第**5**章　二度の世界大戦と日本

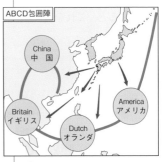

▲ABCD包囲陣

⑪ 太平洋戦争の始まり

日本は真珠湾とマレー半島を攻撃し，太平洋戦争が始まった。

> **Key Word**　日米交渉　ハワイの真珠湾奇襲　東条英機
> 太平洋戦争　ミッドウェー海戦　大東亜共栄圏

(1) 日米交渉の開始

① **交渉難航**…1941年4月より日本とアメリカの間で正式な交渉が始まった。しかし，アメリカは満州を除く中国やフランス領インドシナからの日本軍の撤退を要求したため，交渉は容易に進展しなかった。

② **対米開戦の決意**…9月6日の御前会議では，10月上旬までに対米交渉がまとまらないときは，アメリカ・イギリスとの戦争にふみ切ることを決定した。

(2) 太平洋戦争

① **真珠湾攻撃**…開戦を迫る軍部に対し交渉継続を希望する近衛首相は辞任し，陸軍大臣の**東条英機**が後任の首相となった。そして12月1日の御前会議で開戦を決定し，**12月8日**に海軍は**ハワイの真珠湾を奇襲**し，同時に陸軍は**イギリス領マレー半島**に上陸し，**太平洋戦争**が始まった。

② **戦局の推移**…開戦当初は，日本はマレー半島・フィリピン諸島・ビルマなど東南アジア各地や南太平洋の島々を次々に占領し，「**大東亜共栄圏**」の建設を急いだ。しかし，経済力にまさるアメリカが反撃体制を整えると，日本はしだいに苦戦をしいられるようになった。1942年6月の**ミッドウェー海戦**で日本海軍が敗れると，これを境に戦況は日本不利に変わった。

くわしく

御前会議
　国政の重要事項に関して天皇出席のもとに開かれる最高会議で，元老，主要閣僚及び軍首脳が参加した。日清戦争開戦に際して開かれたのが最初で，以後三国干渉，日露戦争のときなどに開かれた。昭和になってから一時中断していたが，日中戦争開始後の1938年に復活した。

▲真珠湾攻撃

大東亜共栄圏

　東南アジアをふくむアジア地域を欧米の植民地支配から解放し，共存共栄の新しい国際社会をつくろうという構想で，アメリカ・イギリスとの戦争はその実現のための「聖戦」であるとされた。しかし実際は，日本によるアジア支配をめざすものであったため，現地の人々の支持を得られず，各地で抵抗運動がおこった。

⑫ 戦争の長期化と国民生活

戦争が長期化すると，軍事が優先され，国民生活は圧迫された。

Key Word 配給制　勤労動員　強制連行　学徒出陣
本土空襲　無差別爆撃　焼夷弾　東京大空襲　（学童）疎開

(1) 軍事優先の統制経済

① **配給制**…戦争の長期化で国民生活は，ますます苦しくなった。軍備品の生産で一部の企業は利益を上げたが，生活物資は不足し，ほとんどの日用品が**配給制**となった。軍備品の生産が優先され，鍋や釜，寺の鐘までもが，兵器にするための金属として供出させられた。戦争の影響は国民生活のすみずみにまでおよんだ。

② **勤労動員**…成年男子の徴兵により，軍需産業を中心に労働力が極端に不足し，中学生や女学生，独身女性も**工場へ徴用**された。

③ **学徒出陣**…1943年には文科系の大学生の徴兵猶予が停止され，**学徒出陣**も行われた。

④ **強制連行**…鉱山や工場の労働力として朝鮮人や中国人が強制的に本土に連れてこられた。**強制連行**された朝鮮人は約70万人，中国人は約4万人に達し，厳しい労働条件の下，低賃金をしいられた。また，戦争の末期には，朝鮮や台湾でも**徴兵制**が実施された。

(2) 本土空襲

1944年，サイパン島・グアム島などマリアナ諸島を占領したアメリカ軍は，ここから日本本土への爆撃を本格化させた。

① **無差別爆撃**…爆撃の対象は軍事施設や工場から，しだいに住宅地を含む都市に広げられ，一般住民も**焼夷弾**による爆撃の被害を受けるようになった。1945年3月の**東京大空襲**では首都の約40％が焼失し，8〜10万人の住民が死亡し，100万人にのぼる人が焼け出された。

② **(学童) 疎開**…空襲が激しくなると，大都市の小学生は集団で農村に移り，親もとを離れて生活するようになった。

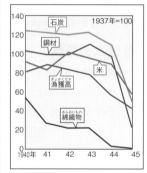

▲ 工業生産力の低下

▲ 空襲

第**5**章 二度の世界大戦と日本

219

⑬ 第二次世界大戦の終結

日本はポツダム宣言を受け入れて無条件降伏した。

> **Key Word** ドイツの降伏 沖縄戦 ポツダム宣言 原子爆弾
> ソ連参戦 無条件降伏 中国残留(日本人)孤児

(1) ドイツの降伏

　1943年2月，ソ連軍が**スターリングラード**でドイツ軍を破り，9月にはイタリアが降伏。1944年6月にアメリカ・イギリスの連合軍がフランスのノルマンディーに上陸する作戦を成功させ，8月にはドイツ軍からパリを解放した。1945年4月ヒトラーが自殺し，翌月，ドイツは**無条件降伏**した。

(2) 日本の降伏

① **沖縄戦**…1945年3月，アメリカ軍が沖縄に上陸した。6月23日，沖縄の日本軍は全滅したが，激しい戦闘で子どもや中学生・女学生を含む多くの沖縄住民が犠牲となった。そのなかには，日本軍によって**集団自決**に追い込まれた住民もいた。

② **ポツダム宣言**…アメリカ・イギリス・ソ連の三国首脳は，7月，ベルリン郊外の**ポツダム**で会議し，日本に無条件降伏を求める**ポツダム宣言**を発表した。

③ **原爆投下**…アメリカは，8月6日**広島**，9日**長崎**に**原子爆弾**を投下した。死者は被爆後の死亡を含め，広島で20万人以上，長崎で14万人以上と推定される。

④ **ソ連の参戦**…8月8日には，ソ連が日ソ中立条約を破棄して宣戦布告し，満州・朝鮮・千島列島に侵攻した。

⑤ **無条件降伏**…8月14日の御前会議で**ポツダム宣言**の受け入れを決定。**15日**，昭和天皇らが録音した玉音放送で敗戦を国民に伝えた。9月2日，東京湾内のアメリカ軍艦**ミズーリ号**上で，日本政府および軍の代表が降伏文書に署名した。

⑥ **戦争の傷跡**…中国にいた日本人の中には，飢えなどで亡くなったり，**中国残留(日本人)孤児**として現地に残されたりした人々が数多くいた。また，満州などで降伏した約60万人の日本兵が，ソ連軍によってシベリアに送られ強制労働などで5万人以上が犠牲となったことを**シベリア抑留**という。

参考

ムッソリーニとヒトラーの最期
ムッソリーニは1943年，連合国軍の上陸とともに失脚，1945年，民衆の武装勢力によって処刑された。ヒトラーは，1945年，ソ連軍によるベルリン占領直前に自殺した。

⬤ ヤルタ会談

参考

沖縄戦の犠牲者
沖縄戦における沖縄県民の死者は軍人・軍属を含めて12万以上，県民の約2割であった。

⬤ 原爆ドーム

くわしく

ポツダム宣言
　ポツダム会談の参加国はアメリカ・イギリス・ソ連の3か国だが，宣言はアメリカ・イギリス・中国の名で出された。

● 1929年，アメリカの株価暴落をきっかけに**世界恐慌**が発生した。

● 世界恐慌に対し，アメリカ大統領ローズベルトは**ニューディール**政策を進めた。

● イギリスやフランスでは，不景気対策のため**ブロック経済**政策が取られた。

● 日本は，柳条湖事件を機に満州全土を占領した。これを**満州事変**という。

● **満州国**は，清王朝最後の皇帝である溥儀を執政に迎え，中国の東北地方に建国された。

● 孫文の後の国民政府の指揮者である**蔣介石**は，中国統一を目指した。

● **ヒトラー**が率いたナチスは，端的な国家主義である**ファシズム**の一党独裁体制を進めた。

● イタリアでは，**ムッソリーニ**を中心に独裁体制が築かれた。

● 1932年，犬養毅首相が暗殺される**五・一五事件**がおこった。

● 1936年，陸軍の青年将校が大臣や重臣を殺害する**二・二六事件**がおこった。

● 1937年，盧溝橋での日中衝突を機に**日中戦争**が始まった。

● 日本軍は，中国の首都**南京**を占領する際，多くの非戦闘員を殺害した。

● 1938年，**国家総動員法**が制定され，政府は議会の承認なしに，労働力や物資を動員できる
 ようになった。

● 生活必需品の供給が減り，米・砂糖・マッチ・衣料品などが**配給制**や**切符制**になった。

● ドイツはソ連との間に**独ソ不可侵条約**を結んだ後，ポーランドに侵攻した。

● 1939年，イギリスとフランスがドイツに宣戦布告し，**第二次世界大戦**が始まった。

● ドイツ軍に占領された地域では，**レジスタンス**という抵抗運動がおこった。

● ドイツ・イタリア・日本の3カ国は，**枢軸国**と呼ばれた。

● 1940年，ほとんどの政党は解散して**大政翼賛会**が行われた。

● 日本は，1941年に北方の安全を図るためソ連と**日ソ中立条約**を結んだ。

● 1941年，小学校は**国民学校**と改められ，軍国主義的教育が行われた。

● 陸軍の**東条英機**は，内閣を組閣するとアメリカとの開戦に踏み切った。

● 日本は，東南アジアに対し「**大東亜共栄圏**」をつくろうとよびかけた。

● 太平洋戦争では，大学生が戦場に駆り出される**学徒出陣**が行われた。

● 戦争中，国民学校の子どもたちは地方に疎開する**(学童) 疎開**が行われた。

● 1945年7月，連合国は日本に無条件降伏を求める**ポツダム宣言**を発表した。

● 1945年8月には，広島と長崎に**原子爆弾**が投下された。

定期試験対策問題⑫ 〔 解答 ➡ p.260 〕

1 世界恐慌とファシズムの台頭 ≫p.208〜210・212

次の文章を読んで，あとの問いに答えなさい。

　1929年10月，第一次世界大戦後の世界経済の中心を担っていたアメリカの（　a　）株式市場で株価が大暴落した。これをきっかけにアメリカの景気が急速に悪化，ヨーロッパ諸国や日本なども影響を受けて，b世界恐慌へと発展した。世界恐慌の影響は，第一次世界大戦の敗戦国ドイツに大きな打撃を与えた。ドイツは，戦後のベルサイユ条約による多額の賠償金支払いなどによる経済的混乱においてアメリカの支援を受けていたため，世界恐慌によって経済，社会が再び混乱した。そのような中で，ベルサイユ条約によってもたらされた現状を打破することを訴えた（　c　）率いるdナチスが国民の支持を得て首相となった。

　日本は，大戦終結による輸出の減少により不況が続いていたため，世界恐慌は日本経済に追い打ちをかけた。そのような中で，e財閥が倒産した会社を合併することでさらに力を強め，政党が財閥と結びつき，汚職事件がしばしばおこったため，国民の不満が高まった。長く続く不景気の中で，政党や財閥に対する国民の不満の受け皿となったのがf軍部である。軍部は，政党内閣が進める協調外交を非難して力を強めていった。

(1)　文章中の空欄aにあてはまる都市の名を答えなさい。　　　　〔　　　　　　　　　　〕

(2)　下線部bについて，世界恐慌に対する各国の政策について述べた次の文章の空欄にあてはまる国の名を，それぞれ答えなさい。

　　　　①〔　　　　　　　　　〕　　②〔　　　　　　　　　〕　　③〔　　　　　　　　　〕

（　①　）やフランスでは，植民地との貿易の関税を免除し，それ以外の国との貿易には高い関税をかけるなど，外国を市場から締め出すブロック経済をとった。（　②　）では公共事業をおこして失業者に職を与えるなどのニューディール政策をとった。一方，五か年計画を実施していた（　③　）は世界恐慌の影響を受けずにすんだ。

(3)　空欄cにあてはまる人物の名を答えなさい。　　　　　　　　〔　　　　　　　　　　〕

(4)　下線部dについて，ナチスは民主主義や共産主義を否定して，独裁政治を行ったが，このような政治を何というか，また，イタリアでこのような独裁政治を行った人物を答えなさい。

　　　　　　　　　　政治〔　　　　　　　　　〕　　人物〔　　　　　　　　　〕

(5)　下線部eについて，この頃四大財閥とよばれたのは三井，三菱，安田ともう一つは何か，答えなさい。　　　　　　　　　　　　　　　　　　　　　　〔　　　　　　　　　　〕

(6)　下線部fについて，このころの軍部の動きについて述べた文として正しいものを，次のア〜ウから1つ選び，記号で答えなさい。　　　　　　　　　　〔　　　　　　〕

　　ア　中国で軍閥の指導者袁世凱を爆殺する事件をおこした。

　　イ　海軍軍縮条約を結んだ浜口雄幸首相を狙撃した。

　　ウ　立憲政友会総裁の犬養毅首相を射殺した。

222

2　満州事変 ≫p.211・212

次の文章を読んで，あとの問いに答えなさい。

　第一次世界大戦後の中国では，国民政府と共産党が対立していたが，ₐ国民政府軍が共産党をおさえ，軍閥を倒して国内統一を進めると，外国勢力が持っていた権益を回収する動きを見せた。これに対し，満州にいた日本軍は満州での権益を守るため，1931年，ᵦ南満州鉄道の線路を爆破し，これを中国側の仕業として攻撃を開始した。その後，日本軍は（　c　）朝最後の皇帝溥儀を元首とする（　d　）を建て，政治の実権をにぎった。この動きに対して，当時の内閣は（　d　）を承認しなかったため，軍部によって倒され，次の内閣が日本政府として（　d　）を認めることとなった。この後，政党内閣の時代が終わり，ₑ軍部がますます力を強めることとなった。

(1) 文章中の下線部aについて，このときの国民政府の指導者を，次のア～エから１つ選び，記号で答えなさい。　　　　　　　　　　　　　　　　　　　　　　〔　　　　〕

　　　ア　孫文　　イ　毛沢東　　ウ　張作霖　　エ　蔣介石

(2) 下線部bの事件を何というか，答えなさい。　　　　　　　　　　〔　　　　　　　　〕

(3) 下線部cにあてはまる中国の王朝を次のア～エから１つ選び，記号で答えなさい。〔　　　〕

　　　　ア　元　　イ　清　　ウ　明　　エ　宋

(4) 空欄dについて，次の①，②に答えなさい。

　　① 空欄dにあてはまる国の名を答えなさい。　　　　　　　　　〔　　　　　　　　〕

　　② 空欄dの国を建てるなどの日本の中国に対する一連の動きを，国際社会は日本の侵略行為とみなして，日本軍の撤退を勧告した。これに対して日本がとった行動を簡単に答えなさい。　　　　　　　　　　　　　　　　　　　　　　　　　　〔　　　　　　　　〕

(5) 下線部eについて，この後，軍部は内部対立をおこして陸軍将校がクーデタをおこしたが，この事件の名を答えなさい。　　　　　　　　　　　　　　　〔　　　　　　　　〕

3　第二次世界大戦 ≫p.215～218

　A　1939年９月，ヒトラーは宣戦布告なしに突然（　a　）へ侵入を開始した。これに対してイギリス・フランスはドイツに宣戦し，ここに第二次世界大戦が始まった。

　B　日中戦争が長引くなか，日本は1940年９月にドイツ・（　b　）と三国軍事同盟を結び，さらに翌年，（　c　）との間に中立条約を結んで，北方の心配をなくした。

　C　日本は，首相になった（　d　）が開戦を決め，1941年12月８日，ハワイの（　e　）湾を奇襲し，イギリス・アメリカと戦争を開始した。ここに太平洋戦争が始まった。

(1) 文中の空欄a～cにあてはまる国を，次のア～オからそれぞれ１つずつ選び，記号で答えなさい。　　　　　　　　　　　　　　　a〔　　　〕　b〔　　　〕　c〔　　　〕

　　　ア　イタリア　　イ　フランス　　ウ　イギリス　　エ　ソ連　　オ　ポーランド

(2) 空欄dにあてはまる人物を答えなさい。　　　　　　　　　　　〔　　　　　　　　〕

(3) 空欄eにあてはまる地名を答えなさい。　　　　　　　　　　　〔　　　　　　　　〕

2つの大戦の時期を図解!

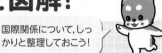

国際関係について,しっかりと整理しておこう!

● 第一次世界大戦前の国際関係

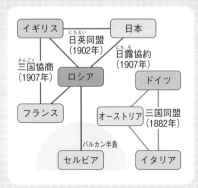

第一次世界大戦前には,ドイツ・オーストリア・イタリアによる三国同盟と,ロシア・イギリス・フランスによる三国協商の対立がみられました。

「ヨーロッパの火薬庫」と呼ばれたバルカン半島にあるサラエボでオーストリアの皇太子夫妻がセルビア人の青年に暗殺されると,オーストリアがセルビアに宣戦布告し,各国が参戦する第一次世界大戦が勃発しました。

日本は日英同盟を理由に連合国側で第一次世界大戦に参戦しています。

● 第二次世界大戦以前の日本の政党

自由民権運動のなかから,板垣退助らが自由党を,大隈重信らが立憲改進党を結成しています。

1898年には進歩党(大隈重信が党首)系と自由党(板垣退助が党首)系が合同して憲政党が,1900年には伊藤博文を中心に立憲政友会が結成されました。

日中戦争勃発後の1940年には,ほとんどの政党が解散して,新たに結成された大政翼賛会に合流し,太平洋戦争に突入しています。

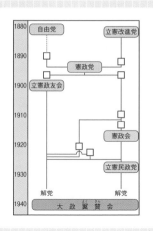

● 太平洋戦争時の国際関係

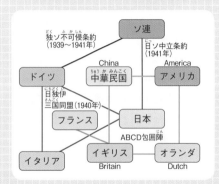

1941年の太平洋戦争勃発前に,日本はドイツ,イタリアと日独伊三国同盟(1940年)を結んでいます。また,日本はソ連と日ソ中立条約(1941年)を結びました。

一方,日本と対立するアメリカは,イギリス,オランダ,中国とともに石油の対日輸出禁止にふみきり,ABCD包囲陣をひきました。日本を経済的に封鎖するABCD包囲陣を打ち破るため,,日本はアメリカとの全面戦争を決意し,1941年12月に太平洋戦争が勃発します。

現代の日本と世界

13 現代の日本と世界

■世界史 ■日本史政経 ■日本史文化

時代	年代	できごと
昭和時代	1945	●ポツダム宣言を受諾し，無条件降伏
		●連合国軍による占領，総司令部による民主化の指示
		●女性参政権の実現
		●労働組合法公布
		●国際連合発足
	1946	●天皇の人間宣言
		●農地改革を行う
		●日本国憲法公布（47年施行）
		●極東国際軍事裁判（～48）
	1947	●独占禁止法公布，教育基本法公布
		●インド・パキスタン独立
	1948	●ベルリン封鎖
		●大韓民国・朝鮮民主主義人民共和国成立
	1949	●北大西洋条約機構成立
		●ソ連，原爆を保有
		●中華人民共和国成立
	1950	●朝鮮戦争始まる（～53）
		●共産党員，支持者の追放
		●警察予備隊の設置
		●朝鮮戦争の特需景気
	1951	●サンフランシスコ平和条約締結（独立の回復），日米安全保障条約締結
	1953	●テレビ放送開始
	1954	●自衛隊の設置
	1955	●第1回アジア・アフリカ会議が開かれる
		●ワルシャワ条約機構成立
	1956	●日ソ共同宣言（国交回復）
		●国際連合に加盟

■ **連合国軍の占領**…実質的には，アメリカ軍の単独占領，連合国軍最高司令官総司令部（GHQ）の最高司令官はマッカーサー。　>>p.228 ①

■ **民主化指令**…GHQは，ポツダム宣言にもとづき，日本から軍国主義を除去するため次々と民主化指令を出し，日本政府に実施させた。　>>p.229 ②

■ **国際連合**…アメリカ・イギリス・フランス・中華民国・ソ連を拒否権をもつ常任理事国とする安全保障理事会がもっとも重要な機関。　>>p.230 ③

■ **日本国憲法**…GHQ作成の草案をもとに制定。国民主権・基本的人権の尊重・平和主義を3つの原理とする。日本国憲法の精神にもとづき，地方自治，教育制度，民法なども改められた。　>>p.229 ②

■ **朝鮮戦争**…資本主義国と社会主義国の冷戦は，朝鮮半島で戦争に発展した。アメリカが支援する韓国とソ連・中国が支援する北朝鮮の間で3年にわたり戦われた。　>>p.231 ④

■ **占領政策の転換**…朝鮮戦争のぼっ発により，アメリカは日本を資本主義国の一員とする方向に占領政策を転換させた。　>>p.232 ⑤

■ **サンフランシスコ平和条約**…占領が終わり，日本は独立を回復したが，同時に日米安全保障条約が結ばれ，アメリカ軍は駐留を継続。　>>p.233 ⑥

時代	年代	できごと
昭和時代	1960	●日米安全保障条約の改定
		●「所得倍増計画」発表
	1962	●キューバ危機
	1963	●部分的核実験禁止条約締結
	1964	●オリンピック東京大会開催
		●中国，核実験に成功
	1965	●日韓基本条約締結
		●ベトナム戦争にアメリカ本格的介入（73年撤退）
	1968	●核拡散防止条約
	1969	●同和対策特別措置法公布
	1971	●中華人民共和国，国連の代表権を獲得
	1972	●沖縄が日本に復帰
		●日中国交回復
	1973	●第四次中東戦争，石油危機
	1975	●ベトナム戦争終結（1976年，南北ベトナム統一）
	1978	●日中平和友好条約調印
	1979	●国際人権規約を批准
	1985	●男女雇用機会均等法成立
	1987	●INF全廃条約
平成時代	1989	●ベルリンの壁崩壊
	1990	●東西ドイツの統一
	1991	●湾岸戦争
		●ソ連の解体
	1992	●PKO協力法成立，カンボジアへ自衛隊を派遣
	1993	●55年体制の終わり
		●ヨーロッパ連合（EU）結成
	1996	●小選挙区比例代表並立制による初の衆議院議員総選挙
	1997	●アイヌ文化振興法成立
	2000	●九州・沖縄サミット開催
	2001	●小泉内閣成立
	2011	●東日本大震災

✏️ **安保闘争**…日米安保条約改定をめぐっては，相互協力的な内容，国会承認時の強行採決などから，国民の反対運動が高まった。 >>p.234 ⑦

✏️ **沖縄の本土復帰**…小笠原諸島と沖縄は講和条約発効後もアメリカの施政権の下に置かれていた。 >>p.234 ⑦

✏️ **北方領土**…国後島・択捉島・歯舞群島・色丹島はソ連に占拠され，ソ連解体後はロシア連邦の支配下にある。 >>p.233 ⑥

✏️ **経済の高度成長**…1960年代から1970年代前半にかけて，日本は年平均10%をこす経済成長を続け，有数の経済大国となった。 >>p.235 ⑧

✏️ **安定成長**…石油危機の翌年，日本は経済成長率がマイナスに転じ，安定成長の時代に入った。 >>p.235 ⑧

🏔️ **ベルリンの壁の崩壊**…東西ベルリンをへだてる壁は，冷戦の象徴だったが，東ヨーロッパ諸国の民主化が進む中，市民によって取り壊された。 >>p.236 ⑨

🏔️ **ソ連の解体**…政治改革・経済改革に失敗し消滅，ロシア連邦その他の共和国に分裂した。 >>p.236 ⑨

🏔️ **地域紛争**…米ソ二大超大国による冷戦は終結したが，地域紛争はかえって顕在化，国連中心に平和維持の努力が続けられているが，戦火はおさまらず，日本も国際平和への貢献が求められている。 >>p.236 ⑨

第6章 現代の日本と世界

アメリカの占領下にあった日本は，1951年に独立を回復したよ。

① 占領と戦後改革

無条件降伏した日本は連合国軍の占領下に置かれた。

> **Key Word** マッカーサー 連合国軍最高司令官総司令部(GHQ)
> 極東国際軍事裁判 女性参政権 労働組合法 労働三権 労働基準法 A級戦犯

(1) 連合軍の日本占領

① **領土の限定**…ポツダム宣言にもとづき，日本の領土は北海道・本州・四国・九州とその周辺の島々に限られた。沖縄・小笠原諸島はアメリカ軍の単独占領下に置かれ，北方領土や千島列島，南樺太はソ連軍に占拠された。

② **連合国軍最高司令官総司令部**…マッカーサーを最高司令官とする**連合国軍最高司令官総司令部(GHQ)**が東京に設置された。

(2) 戦後改革

① **軍隊の解散**…GHQは，日本が再び連合国の脅威にならないよう徹底的に非軍事化することを占領政策の基本方針とした。軍隊を解散させ，**戦争犯罪人(戦犯)**と見なした軍や政府などの指導者を**極東国際軍事裁判**(東京裁判)にかけ，戦争中に重要な地位にあった人々を公職から追放した。昭和天皇は，GHQの意向に従い，1946年に「**人間宣言**」を発表し，天皇が神であるという考え方を否定した。

② **治安維持法の廃止**…GHQは，治安維持法を廃止して政治活動の自由化を認めた。

③ **政党の復活**…政党の活動が再開され，**日本社会党**や**日本自由党**が結成され，戦争中に抑圧されていた**日本共産党**も再建された。

④ **女性の政治参加**…**女性**にも**参政権**が認められ，1945年に選挙法が改正されて，1946年には満20歳以上の男女による完全な普通選挙が実施された。

⑤ **労働者の保護**…1946年**労働組合法**が施行され，団結権・団体交渉権・争議権の**労働三権**が保障された。1947年には，労働条件の最低基準を定めた**労働基準法**が公布された。

▲厚木基地におりたった
マッカーサー元帥

GHQの五大改革指令
1. 婦人の解放
2. 労働組合の奨励
3. 教育の自由主義化
4. 圧政的制度の廃止
5. 経済制度の民主化

▲マッカーサーと昭和天皇

A級戦犯
連合国は戦争犯罪人(戦犯)を軍事裁判にかけたが，戦犯はA級とB・C級に分けられた。A級戦犯は侵略戦争の計画者で，28名が「平和に対する罪」に問われ東条英機ら7名が死刑判決を受けた。

② 日本の民主化

GHQの指令にもとづき，経済・政治などさまざまな分野で民主化が行われた。

> **Key Word** 財閥解体　農地改革　日本国憲法
> 国民主権　基本的人権の尊重　平和主義　教育基本法

(1) 経済の民主化

　ＧＨＱは，財閥と地主制度が軍国主義の土台となっていたとして，経済の民主化を推進した。

① **財閥解体**…1945年，ＧＨＱは**財閥解体**を指令し，三井・三菱・住友・安田などの本社や持株会社を解散させた。1947年には**独占禁止法**を制定した。

② **農地改革**…封建的な地主—小作関係を廃止し，自作農を増やすため，1946年から**農地改革**を開始した。国が地主から小作地を強制的に買い上げ，小作農に払い下げた。

(2) 日本国憲法の制定

① **憲法改正の指示**…ＧＨＱは政府に大日本帝国憲法の改正を指示したが，政府の改正案は，天皇の地位を含めて一部修正にとどまった。このためＧＨＱは憲法草案を作成，これをもとに作成した政府案は国会の議論を経て，**1946年11月3日**，**日本国憲法**として公布，**翌年5月3日**施行された。

② **憲法の3つの基本原理**…日本国憲法は，**国民主権**，**基本的人権の尊重**，**平和主義**の3つの基本原理をかかげ，天皇は日本国および日本国統合の**象徴**とした。

(3) 法律・制度の改革

① **教育制度**…教育勅語は廃止され，個人の尊重をめざす**教育基本法**が制定された。

② **民法改正**…1947年の民法の改正で**家制度は廃止**され，平等の権利をもつ夫婦が家族の中心となった。

③ **地方自治**…地方自治は民主主義の基本とされ，首長は住民の**直接選挙**で選ばれることになった。

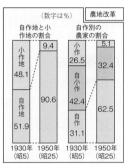

▲ 農地改革

大日本帝国憲法		日本国憲法
1889(明治22)年2月11日	発布・交付	1946(昭和21)年11月3日
1890年11月29日	施行	1947年5月3日
天皇が定める欽定憲法	形式	国民が定める民定憲法
天皇主義	主権	国民主権
神聖不可侵で統治権を持つ元首	天皇	日本国・国民統合の象徴

▲ 憲法の比較

 参考

教育委員会
教育の中央集権化を防ぎ，教育における地方自治を実現するために，都道府県および市町村単位に設けられた。

③ 国際連合と冷戦

第二次世界大戦後の国際政治は冷戦の対立を軸に推移した。

 Key Word　国際連合　安全保障理事会　常任理事国
植民地の独立　西側陣営　東側陣営　冷たい戦争(冷戦)

(1) 国際連合

① **国際連合の成立**…**1945年**4月、連合国の代表は2度の世界大戦の反省に立ち、戦後の平和を維持する機関設立のため**国際連合憲章**に調印、10月、**ニューヨーク**を本部として**国際連合**が発足した。

② **五大国**…国際連合の中心は**安全保障理事会**で、侵略国には武力制裁を含む措置を決議し発動する権限をもつ。**アメリカ・イギリス・フランス・中国**(国民政府)**・ソ連**の5か国が**常任理事国**となり、理事会での実質事項の議決には常任理事国の一致が必要とされた。

(2) 冷戦

① **米ソの対立**…大戦による被害と**植民地の独立**により、イギリスとフランスの国際政治における地位は低下し、アメリカとソ連が超大国として大きな力をもつようになった。政治と経済のしくみが異なるアメリカとソ連は戦後まもなく対立し、主導権争いをするようになった。

② **冷戦のはじまり**…アメリカを中心とする**西側陣営**とソ連を中心とする**東側陣営**は、それぞれ軍事同盟をつくって対抗した。両陣営の対立は局地的な紛争をひきおこしても米ソの直接的戦争には至らなかったため、**冷たい戦争(冷戦)**とよばれた。

③ **ヨーロッパの分断**…第二次世界大戦後、ソ連は東ヨーロッパに次々と**社会主義政権を誕生**させた。これに対しアメリカは西ヨーロッパ諸国の復興を支援し、ヨーロッパは東西に分断された。連合国に分割占領されたドイツには東西に2つの政府がつくられ、首都**ベルリン**は分割された。

参考

ベルリン分割

ドイツは、アメリカ・イギリス・フランス・ソ連の4か国によって分割占領されたが、首都ベルリンも4か国によって分割された。西ベルリンは、東西両ドイツの成立後も西ドイツの支配下にあったが、1961年にはベルリンの壁がつくられ、1989年の崩壊まで冷戦を象徴するものとして東西を分断し続けた。

二つのドイツ

第二次直前のドイツ
現在のドイツ領
ドイツ民主共和国
ドイツ連邦共和国

⭕ ベルリンにつくられた壁

❹ 朝鮮戦争

南北朝鮮の武力衝突は，朝鮮戦争に発展した。

🔑 Key Word   朝鮮民主主義人民共和国(北朝鮮)　大韓民国(韓国)　台湾
中華人民共和国　朝鮮戦争　（人民）義勇軍　板門店　毛沢東

(1) 2つの朝鮮

　朝鮮は日本の敗戦により植民地支配から解放された。しかし北緯38度線を境に北をソ連軍，南をアメリカ軍に占領された。米ソが撤退した1948年には，北に**朝鮮民主主義人民共和国(北朝鮮)**，南に**大韓民国(韓国)**の2つの国家の成立が宣言され，朝鮮半島は南北に分裂した。

(2) 中華人民共和国の成立

　国民党と共産党はふたたび内戦を始めたが，共産党の率いる人民解放軍が優位となり，国民党政府は**台湾**にのがれた。1949年10月，**中華人民共和国**の成立が宣言されたが，アメリカおよび国際連合は，台湾の国民党政府を中国を代表する政府としてとりあつかった。

(3) 朝鮮戦争

① **戦争のぼっ発**…**1950**年6月，北朝鮮は武力統一をめざし，北緯38度線をこえて南へ侵攻した。

② **国連軍の派遣**…国際連合は，安全保障理事会で北朝鮮の行為を侵略と断定し，国連軍を派遣した。

③ **中国の介入**…国連軍が38度線をこえて中国との国境に迫ると，中国(中華人民共和国)は**(人民)義勇軍**の名で北朝鮮支援のため軍隊を派遣し，戦争に介入した。

④ **休戦**…戦況は一進一退を続けたが，1953年7月**板門店**で休戦協定が成立。北緯38度線を基準に軍事境界線が設定され，南北の分裂は固定された。

(4) 戦後のアジア

　大戦後，インド・フィリピン・インドネシア・パキスタンなどが独立を果たした。ベトナムも独立を宣言するが，フランスがこれを認めなかったため，**ベトナム戦争**とよばれる戦争が続いた。

▲毛沢東

参考

毛沢東と蔣介石
日本の敗戦後，中国では蔣介石が率いる国民党と，毛沢東が率いる共産党の内戦が再発した。勝利した共産党によって，1949年に毛沢東を主席とする中華人民共和国が成立した。一方，アメリカが支援し，蔣介石が率いる国民党は台湾にのがれた。

1954年6月

停戦協定（1953年7月）による軍事境界線

ピョンヤン　ソウル　プサン　38°

▲朝鮮戦争後の軍事境界線

▲板門店

南北朝鮮の武力衝突は，大国の支援を受けた朝鮮戦争に発展したんだ。

⑤ 占領政策の転換

対日占領政策は，民主主義育成から反共産主義政策へ変わった。

Key Word 占領政策の転換　レッドパージ　特需景気
警察予備隊　自衛隊　アジア・アフリカ会議

(1) 占領政策の転換

　中華人民共和国の成立，2つの朝鮮など，アジアにおいても東西対立が深まると，アメリカの占領政策は，日本を**西側陣営の一員**として共産主義に対抗する勢力に育てる方向に転換し，民主化は抑制された。

(2) 労働運動の抑制

　総司令部は1948年，**公務員の争議権を否認**すると，1950年には**共産党員らを公職から追放**した。この動きは新聞・放送機関，さらにその他の民間企業にも拡大した（**レッドパージ**）。いっぽう，公職を追われていた旧軍人の復帰が認められた。

(3) 朝鮮戦争の影響

① **特需景気**…1950年に朝鮮戦争が始まると，日本本土や沖縄のアメリカ軍基地が戦争に使用され，大量の軍需物資も日本で調達された。朝鮮戦争にともなう需要は，**急速に景気を回復させ，経済復興を早める**はたらきをした。

② **日本の再軍備**…朝鮮戦争では，日本占領にあたっていたアメリカ軍が国連軍として大量に動員された。日本に軍事的空白が生ずることを恐れたアメリカは，1950年7月，**警察予備隊**の設置を命じた。警察予備隊はその後保安隊となり，1954年には**自衛隊**法にもとづく**自衛隊**が発足した。

(4) アジア・アフリカ

　1955年に，アジア・アフリカの29か国が，インドネシアのバンドンで**アジア・アフリカ会議**を開いた。会議では帝国主義諸国の植民地反対と，平和を守ることなどを決めた。また，アフリカでは1960年にコンゴ，ナイジェリアなど17の独立国が生まれ，「**アフリカの年**」といわれた。

冷戦が激化して，対日占領政策が変化したよ。

参考

経済安定九原則

1948年12月，GHQは戦後のインフレを沈静化させるため，経済安定九原則を提示し，翌1949年より財政の引き締めが実行に移された。この結果インフレはおさまり，大企業を中心に生産力は回復したが，中小企業の倒産や人員整理により失業者が増大し，労働運動が激化した。

△自衛隊の発足

⑥ 国際社会への復帰

サンフランシスコ平和条約により，日本は独立を回復した。

Key Word 単独講和論と全面講和論　単独講和
サンフランシスコ平和条約　日米安全保障条約　日ソ共同宣言

(1) サンフランシスコ平和条約

　朝鮮戦争中の1951年9月，日本との講和を急ぐアメリカは，**サンフランシスコで対日講和会議**を開いた。

① **単独講和と全面講和**…講和をめぐり，日本国内では，自由主義諸国だけでも講和を実現して独立を回復しようとする**単独講和論**と，社会主義国を含むすべての交戦国との講和を主張する**全面講和論**が対立した。政府は単独講和の方針をとり，日本は反共・自由主義陣営の一員として国際復帰をめざすこととなった。

② **サンフランシスコ平和条約**…日本は，吉田茂を全権としてアメリカなど48か国との間に平和条約を結んだが，ソ連など3か国は調印しなかった。

③ **沖縄と北方領土**…サンフランシスコ平和条約で，沖縄と小笠原諸島は，国連信託統治領を前提にアメリカの施政権下に置かれ，千島列島と樺太南部の領有権は放棄した。

(2) 日米安全保障条約

　平和条約と同時に**日米安全保障条約（日米安保条約）**が結ばれ，独立回復後もアメリカ軍は日本に基地をもち，駐留を継続することになった。

(3) 日ソ国交回復

① **日ソ共同宣言**…1956年，日本とソ連は**日ソ共同宣言**を発表して，国交を回復した。しかし領土問題で対立したため，平和条約は結ばれないまま現在に至っている。

② **国際連合への加盟**…ソ連の拒否権で国際連合への加盟が実現できないでいたが，日ソ共同宣言で日ソの国交が回復した1956年，加盟が実現し，**本格的に国際社会への復帰**をはたした。

▲サンフランシスコ平和条約の調印

くわしく

北方領土問題

　北方四島のうち歯舞群島と色丹島は，日ソ共同宣言においては平和条約締結後に返還されることが明記されている。ソ連を継承したロシア連邦との間で交渉が続けられているが，現在も合意は得られていない。

▲北方領土

第6章　現代の日本と世界

233

❼ 日米安全保障条約の改定と沖縄返還

独立回復後も占領期と同じくアメリカとの関係が重視された。

🔑 Key Word ベトナム戦争　沖縄の復帰　日韓基本条約
日中共同声明　非核三原則　佐藤栄作　日中平和友好条約

(1) 沖縄返還

① **ベトナム戦争**…大戦後のインドシナでは，ベトナムが南北で分裂した。1965年，アメリカがベトナムへの爆撃(北爆)を開始したため，ベトナム戦争が本格化した。**ベトナム戦争**で，沖縄の基地がアメリカの軍事拠点として使われると，基地と住民との対立が深まった。

② **沖縄の復帰**…アメリカの施政権下に置かれた沖縄は，全島の15%にあたる土地がアメリカ軍の基地となった。土地を奪われ，権利を制限された沖縄の人々は，祖国復帰運動をねばり強く続けた。政府も返還交渉を続け，**1972年**，**沖縄は祖国復帰**をはたした。沖縄返還にあたっては，「核抜き本土並み返還」がうたわれたが，沖縄の基地機能は維持され，今なお多くの**アメリカ軍基地**が残されている。

③ **非核三原則**…非核三原則とは1968年の小笠原諸島の返還に際して**佐藤栄作**首相が公表したもので，日本は「核兵器をつくらず，持たず，持ちこませず」というのがその内容である。

(2) 国交正常化

① **日韓基本条約**…1965年，日本と大韓民国(韓国)の間で**日韓基本条約**が結ばれた。日本は韓国を朝鮮半島を代表する唯一の政府と認め，多額の経済活動援助を行うこととなった。朝鮮民主主義人民共和国(北朝鮮)との間には，国交が開かれないままとなっている。

② **日中共同声明**…日本は，台湾の国民政府と平和条約を結び，中華人民共和国政府を，中国を代表する政府とは認めない姿勢をとってきた。しかし1971年の国連代表権回復，1972年のアメリカ大統領**ニクソン**の中国訪問など，情勢の変化もあり，1972年，**日中共同声明**を発表して国交を正常化した。また，1978年には**日中平和友好条約**を結んだ。

🔺 安保闘争

安保条約の改定

　1960年1月，新安保条約(日米相互協力及び安全保障条約)に調印した。安保条約の改定に対しては，日本を戦争に巻き込む危険性があるとして反対運動がおこった。政府が条約の批准のため衆議院で強行採決を行うと，安保条約反対の一大国民運動に発展した。これを安保闘争という。

🔺 沖縄島周辺のアメリカ軍施設

🔺 中国を訪問する田中角栄首相

234

日本経済は高度経済成長をとげ，世界有数の経済大国となった。

Key Word 高度経済成長　過密　過疎　公害対策基本法　四大公害裁判
四日市ぜんそく　水俣病　新潟水俣病　イタイイタイ病　石油危機

(1) 高度経済成長

　日本経済は，1955年から1973年までの間，年平均で10%程度の成長を続けた(**高度経済成長**)。安保闘争の直後に成立した**池田勇人内閣**が**所得倍増**をスローガンにかかげるなど，政府も経済成長を積極的に促進した。

(2) 国民生活の変化と公害

① **生活水準の向上**…国民所得が増加し，**テレビ・洗濯機・冷蔵庫**などの家電製品や**自動車**が普及し，生活水準が向上した。大都市の郊外には，浴室や水洗トイレなどを備えた団地が大規模に建設された。**新幹線**や**高速道路**が開通し，1964年には**東京オリンピック・パラリンピック**が開かれた。

② **過密と過疎**…工業化にともなう人口の集中により過密化した都市では，住宅，交通，ごみ処理などの都市問題が発生した。いっぽう，農村漁村では人口が流出して社会生活が維持できなくなる**過疎問題**がおこった。

③ **公害問題**…経済成長は**大気汚染・水質汚濁**などの**公害**を発生させ，住民の健康や生活環境が被害を受けた。各地で公害に反対する市民運動がおこったため，政府は1967年，**公害対策基本法**を制定，公害問題に取り組む姿勢を示した。

(3) 石油危機

　1973年，中東戦争に際して，アラブ諸国を中心とする石油輸出国機構は，輸出の制限と大幅値上げを実施した。日本は省資源・省エネルギー，生産効率の上昇によって**石油危機**を乗り越えたが，安価な石油に支えられた高度経済成長の持続は困難となり，日本経済は**安定成長に転換**した。また自動車などの輸出で貿易黒字が増えたが，アメリカとの貿易摩擦が深刻になった。

日本経済は，1960年～70年代に高度成長をとげ，世界有数の経済大国となったんだ。

注目!

四大公害裁判
石油コンビナートによる大気汚染が原因となった四日市ぜんそく，工業排水にふくまれる有機水銀が原因となった水俣病や阿賀野川流域の新潟水俣病，神通川流域のカドミウム汚染によるイタイイタイ病は四大公害病とよばれ，被害住民が企業の責任を追及する裁判に発展した。裁判はいずれも被害者側が勝訴した。

⑨ 冷戦の終結後の国際社会

冷戦は終わったが，各地で地域紛争や民族対立は続いている。

🔑 Key Word 南北問題　冷戦の終結　東西ドイツの統一
ソ連解体　地域紛争　国連平和維持活動（PKO）

(1) 国際関係の変化

① **世界の多極化**…1960年代後半には東西対立の緊張がゆるみ，いずれの陣営にも属さない**アジア・アフリカ諸国の台頭**，西ヨーロッパ諸国の統合強化など，世界は多極化した。

② **南北問題**…先進工業国と**発展途上国**の経済格差は南北問題とよばれる。日本は，経済分野を中心に国際協力を進め，その1つとして発展途上国援助に取り組んでいる。

(2) 冷戦終結後の国際社会

① **冷戦の終結**…1989年12月，地中海の**マルタ島**で米ソの首脳が会議し，冷戦の終結を宣言した。

② **東側陣営の崩壊**…東ヨーロッパでは次々と共産党が政権を失った。1990年には**東西両ドイツの統一**が実現し，1991年には**ソ連が解体**されて冷戦は終わった。

③ **EUの結成**…1993年，**ヨーロッパ連合（EU）**は冷戦の終結にともない民主化した東ヨーロッパに拡大するとともに，政治の統合も推進している。EUの域内では一部の地域を除き，共通通貨の**ユーロ**が使われ，国境を自由に行き来できる。

④ **中国の改革**…中国では，**政治の民主化**が遅れていたため，1989年に学生・市民らが天安門広場に集まり民主化を要求したが，**政府は軍隊を出動してこれを武力で弾圧**し，多数の死傷者が出るという**天安門事件**がおこり，世界中から厳しい批判を受けた。

⑤ **国連平和維持活動（PKO）**…国連は地域紛争に対して，一定の軍事組織をもった人員を派遣し，停戦の監視を目的とする平和維持活動を行ってきた。日本も1992年に**国際平和協力法（PKO協力法）**を成立させて，**カンボジア**などに自衛隊を派遣した。

参考
中ソ対立
1960年，ソ連が西側との平和共存に転ずると中国はこれを批判し，社会主義国同士が対立するようになった。

▲マルタ会談

▲ベルリンの壁の崩壊を喜ぶドイツ市民

▲ヨーロッパの共通通貨「ユーロ」

米ソ両超大国の冷戦は終わったけれど，地域紛争・民族対立などが各地でおこっているんだ。

⑩ 現代の日本

日本には，少子高齢化や資源・エネルギーの問題などがある。

🔑 Key Word 55年体制の終わり　バブル景気　少子高齢社会
グローバル化　東日本大震災　温室効果ガス　京都議定書

(1) 55年体制の終わり

　1993年，非自民連立の細川護熙内閣が成立した。自民党を与党，社会党を野党第一党とする**55年体制**が終わり，その後，自民党は政権に復帰した。2009年，民主党などへの政権交代がおこり，2012年には再び自民党が連立政権を作った。

(2) バブル経済の崩壊

　1980年代後半に始まった，土地や株式への投機による「**バブル景気**」とよばれた好況は1991年に崩壊し，その後，日本経済は長い不況が続いた。ようやく回復した景気も，2008年の**世界金融危機**によって再び不景気となった。財政赤字の増大も大きな問題となっている。

(3) 現代日本の課題

① **日本社会の課題**…人権に関して，部落，アイヌの人々，在日韓国・朝鮮人などへの差別の撤廃。**少子高齢社会**をむかえ，社会保障の充実などが必要。

② **日本の国際的な役割**…経済大国として，発展途上国に対する**政府開発援助（ODA）**をはじめ，**非政府組織（NGO）**とよばれる民間団体や，ボランティアなど，さまざまな分野での貢献が求められている。

③ **グローバル化の進展**…とくに，**地球温暖化**の問題は，国際的な取り組みが重要であり，**温室効果ガス**の排出削減には各国の協調が重要となっている。

④ 「**東日本大震災**」後の課題…2011年3月11日におこった**東日本大震災**による東北地方を中心とした地域の復興問題。また，福島県の原子力発電所の被災による**放射能漏れ事故**から，電力供給不足の問題がおこった。これは，原発から新エネルギーへの転換など，今後の日本の解決しなければならない大きな課題となっている。

参考

少子高齢社会
総人口に占める65歳以上の人口が総人口に占める割合を高齢化率という。日本は少子化の進行もあり，2023年には高齢化率が30％を超えると予想されている。

第6章 現代の日本と世界

くわしく

温室効果ガス
　地球温暖化の原因とされる二酸化炭素などの排出量を制限するために，1997年に「地球温暖化防止京都会議」が開かれた。ここで「京都議定書」が採択され，先進国の二酸化炭素の排出削減目標が示された。さらに，2015年にはパリ協定が結ばれた。

▲東日本大震災の被害を伝える新聞

237

⑪ 戦後の文化

戦後の日本は，メディアを中心に文化が普及した。

🔑 **Key Word** 湯川秀樹　ノーベル物理学賞　三種の神器　マスメディア
黒澤明　川端康成　大江健三郎　手塚治虫　インターネット

(1) 戦後復興期の文化

　湯川秀樹が1949年に**日本人で初めてノーベル物理学賞**を受賞
し大々的に報道された。水泳の古橋廣之進などの活躍も人々を元
気づけた。

(2) 高度経済成長

① **家電製品の普及**…三種の神器とよばれた**電気洗濯機・電気冷
蔵庫・テレビ**などの家庭電化製品が普及した。また，急増する
人口に対応するため，大規模な**団地**がつくられた。こうして生
活が豊かになると，多くの人々は**中流意識**をもつようになった。

② **国際的イベント**…1970年，**日本万国博覧会**が，77か国の参加
のもと「人類の進歩と調和」をテーマに大阪で開かれた。

③ **メディアから広がる文化**…大衆化が進むにつれ，**マスメディア**
も発達した。映画では**黒澤明**など世界的な評価を受ける監督が
現れ，1953年に放送が始まった**テレビ**は，ラジオや映画にかわ
る娯楽となった。また，**川端康成**や**大江健三郎**など，世界的に
評価されノーベル文学賞を受賞する作家も現れた。**手塚治虫**は
漫画におけるさまざまな表現方法を確立し，国産アニメーショ
ンの制作に尽力するなど，日本の漫画・アニメの礎を築いた。

(3) インターネットの発達

　新聞やテレビのマスメディアは，特定の送り手が不特定多数に
向けて情報を伝える手段で，1990年代後半から**インターネット**が
普及し，文字，音声，画像など大量の情報を，国境をこえて高速
で双方向的にやり取りできるようになった。その結果，インター
ネット・ショッピングの発達をはじめ，社会に大きな変化が生じて
いる。

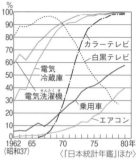

▲ 乗用車と家庭電化製品の普及

参考

食生活の変化

高度経済成長期には，インスタント食品やレトルト食品が登場し，手軽さが人気となった。また，アメリカのファストフード店が日本に進出し，外食産業が活発になった。

マスメディア

　マス(mass)とは，「集団」「多数」の意味で，少数の送り手から，受け手である多数の人に，大量の情報を一度に送ることができる，新聞・雑誌・映画・ラジオ・テレビ・インターネットなどの，情報の伝達手段のことをいう。

● 戦後の日本の統治は、東京に設置された**連合国軍最高司令官総司令部(GHQ)**のもとで開始された。

● 1946年、国民主権、**基本的人権の尊重**、平和主義の三原理の日本国憲法が公布された。

● 1947年制定の**教育基本法**では、男女共学や9年間の義務教育が決められた。

● 経済の民主化では、**財閥解体**として三井・三菱・住友などが解体された。

● 日本国憲法は、従来の**大日本帝国憲法**を改正する手続きを取って公布された。

● 戦後の日本では、物不足から生じる強烈な**インフレーション(物価高騰)**がおこっていた。

● 戦後、人々は非合法で開かれた**闇市**で必要なものを手に入れた。

● 1945年、連合国は二度の世界大戦の反省に立ち、**国際連合**を発足させた。

● 戦後から1980年代末まで、米ソの**冷たい戦争(冷戦)**とよばれる対立が続いた。

● アメリカは、ソ連に対抗するため軍事同盟として**北大西洋条約機構(NATO)**を結成した。

● 1948年、朝鮮ではソ連の支援で北部に**朝鮮民主主義人民共和国(北朝鮮)**が成立した。

● 1949年、国民党政府を破った共産党によって、**中華人民共和国**が成立した。

● 日本は、48カ国との間で**サンフランシスコ平和条約**を結び主権を回復した。また同時にアメリカ合衆国と**日米安全保障条約**も結んだ。

● 1950年、在日米軍の空白を埋めるため**警察予備隊**が結成された。

● バンドンで開かれた**アジア・アフリカ会議**では、帝国主義反対が決められた。

● ソ連との間で**日ソ共同宣言**を発表し、その後日本は国際連合に加盟した。

● 四大公害裁判がおこると、政府は**公害対策基本法**を制定して対策をとった。

● 55年体制のもとでは、**自由民主党(自民党)**と日本社会党の政治体制が続いた。

● 中国との間では、1978年に**日中平和友好条約**が調印された。

● 1965年、日本は大韓民国政府との間に**日韓基本条約**を結んだ。

● **池田勇人**内閣は、所得倍増をスローガンに揚げ、経済成長を促進させた。

● 東京オリンピック開催に合わせて、高速道路や**新幹線**が開通した。

● 1980年代後半、株や土地の値段が高騰する**バブル経済**がおこった。

● 1989年、**ベルリンの壁**が取り除かれ、翌年**ドイツの統一**が実現した。

● 中国では、1989年の武力弾圧事件である**天安門事件**で多数の死者が出た。

● 1992年に**国際平和協力法(PKO協力法)**が成立し、海外に自衛隊が派遣されるようになった。

● 1995年には**阪神・淡路大震災**が発生し、死者6000人以上にのぼった。

● **東日本大震災**では、原子力発電所の損壊でもれた放射性物質が問題化した。

● 戦後は、**マスメディア**が普及し、テレビはラジオや映画にかわる娯楽となった。

1 日本の敗戦 >>p.218

次の文章を読んで，あとの問いに答えなさい。

　1939年に始まった第二次世界大戦のヨーロッパにおける戦争は，1945年5月のドイツの降伏によって終結したが，太平洋地域では8月の日本の降伏まで戦闘が続いた。日本は7月に ₐアメリカ・イギリス・ソ連によって発表された（　b　）を無視したが，8月6日に（　c　）に原子爆弾が投下され，さらに（　d　）が日本に宣戦して満州や南樺太に攻め込む中，8月9日（　e　）に原子爆弾が投下されると，ついに（　b　）を受け入れて降伏した。日本の降伏後も，日本で唯一の地上戦が行われた（　f　）では9月ころまで戦闘が続いた。

(1) 文章中の下線部aについて，1945年2月にこれら3つの国の首脳によって黒海沿岸の都市で開かれた会談を何というか，答えなさい。　〔　　　　　　　　〕

(2) 空欄bにあてはまる語句を答えなさい。　〔　　　　　　　　〕

(3) 空欄c，eにあてはまる都市を，次のア～エからそれぞれ1つずつ選び，記号で答えなさい。
　　　　　　　　　　　　　　　　　　　　　c〔　　　〕　e〔　　　〕
　ア　東京　　イ　長崎　　ウ　広島　　エ　大阪

(4) 空欄dにあてはまる国を答えなさい。　〔　　　　　　　　〕

(5) 空欄fにあてはまる地域の名を答えなさい。　〔　　　　　　　　〕

2 日本の民主化 >>p.228・229

次の文章を読んで，あとの問いに答えなさい。

　第二次世界大戦で敗戦国となった日本は，連合国軍の占領下に置かれた。戦後日本の占領政策は ₐ連合国軍最高司令官総司令部（GHQ）の指導に従って日本政府が行うというものだった。その中でGHQは ₆日本を民主化するために，さまざまな政策を実現していった。

(1) 文章中の下線部aの最高司令官の名を答えなさい。　〔　　　　　　　　〕

(2) 下線部bについて，次の①，②に答えなさい。

　① GHQは日本の軍国主義を排除するため，それまでの憲法を改め，新憲法の制定を進めた。このとき公布された新憲法における，3つの原則を答えなさい。
　　　　　　〔　　　　　　〕〔　　　　　　　　〕〔　　　　　　　〕

　② GHQが行った民主化政策は，政治・経済・教育の3つの分野に分けることができる。次のア～カの政策は，どの分野にあてはまるものか，それぞれ2つずつ選び，記号で答えなさい。
　　　　政治〔　　〕〔　　〕　　経済〔　　〕〔　　〕　　教育〔　　〕〔　　〕
　ア　財閥解体　　イ　教育基本法の制定　　ウ　普通選挙法制定　　エ　農地改革
　オ　地方自治法の制定　　カ　教育勅語の失効

3　戦後の世界と冷戦　≫p.230〜233

次の文章を読んで，あとの問いに答えなさい。

　第二次世界大戦終結後，2度の大戦を経験した人類は，国際社会の平和と安全まもるため，（　a　）を発足させた。しかし，戦後の世界では，アメリカを中心とする（　b　）陣営と，ソ連を中心とする（　c　）陣営による戦火を交えることのない対立が続いた。その中でも，実際に戦火を交え，米ソの代理戦争といわれたのが_d朝鮮戦争とベトナム戦争である。朝鮮とベトナムでは，戦後2つの国家が成立していた。_eベトナムでは戦争終結後，統一国家が成立したが，朝鮮戦争は現在も休戦状態で2つの国が対立したままとなっている。

(1)　文章中の空欄a〜cにあてはまる語句をそれぞれ答えなさい。

　　　a〔　　　　　　　　〕　b〔　　　　　　　　　〕　c〔　　　　　　　　　〕

(2)　下線部dについて，次の①，②に答えなさい。

　①　この戦争の際にGHQの指導の指令によって，日本の治安を維持するという目的でつくられた組織を答えなさい。　　　　　　　　　　　　　　　　　　　　〔　　　　　　　　　〕

　②　この戦争が始まった翌年の1951年のできごととして正しいものを，次のア〜エから1つ選び，記号で答えなさい。　　　　　　　　　　　　　　　　　　　　　〔　　　　〕

　　ア　日本はソ連と日ソ共同宣言に調印し，国際社会への復帰を果たした。

　　イ　日本は西側諸国とサンフランシスコ平和条約を結び，主権を回復した。

　　ウ　日本は日中共同声明に調印して中国との国交正常化を果たした。

　　エ　日本はアメリカと沖縄返還協定を結び，沖縄が本土復帰を果たした。

(3)　下線部eについて，このとき成立した統一国家を，次のア〜ウから1つ選び，記号で答えなさい。

　　　　　　　　　　　　　　　　　　　　　　　　　　　　　　　〔　　　　〕

　　ア　ベトナム民主共和国　　　イ　ベトナム社会主義共和国　　　ウ　ベトナム共和国

4　戦後の世界　≫p.236

次の文章を読んで，あとの問いに答えなさい。

　第二次世界大戦後の世界で続いた冷戦は，1989年の（　a　）島での米ソ首脳会談によって終結が宣言された。しかし，その後もソ連の解体，発展途上国の問題，民族対立，信教や思想の違いによる紛争など_bさまざまな問題をかかえ，今日の世界はさらに複雑な動きを見せている。

(1)　文章中の空欄aにあてはまる島を次のア〜エから選び，記号で答えなさい。　〔　　　　〕

　　　ア　キプロス　　イ　スリーマイル　　ウ　サイパン　　エ　マルタ

(2)　下線部bに関する次の文の①〜③にあてはまる国名・語句をそれぞれ答えなさい。

　・（　①　）を建国したユダヤ人と，アラブ人との間には，パレスチナ地域をめぐる対立が今も続いている。　　　　　　　　　　　　　　　　　　　　　　　〔　　　　　　　　　〕

　・ヨーロッパ諸国は1993年に（　②　）を発足させ，政治的・経済的な結びつきを強めた。

　　　　　　　　　　　　　　　　　　　　　　　　　　　　　　　〔　　　　　　　　　〕

　・2001年のアメリカ同時多発テロを発端として，アメリカは大量破壊兵器を持っているという理由で2003年に（　③　）を攻撃し，戦争を開始した。　〔　　　　　　　　　〕

第二次世界大戦後の日本を図解!

● 農地改革

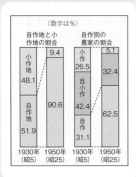

第二次世界大戦後,日本はどのように変化したのか理解しよう!

　第二次世界大戦後,連合国軍最高司令官総司令部(GHQ)の指令によって農地改革が行われました。最初に国会に提出された第一次農地改革法は不十分とされてGHQに拒否され,再度提出した第二次農地改革法が認められて,成立しました。

　政府はこの農地改革で,地主が持つ小作地を強制的に買い上げ,小作人に安く売りわたしました。これにより,小作地が大幅に減り,多くの自作農が生まれました。

● 有権者の変化

　有権者数は,1890年の第1回衆議院議員総選挙の時には全人口の約1.1%だったのが,1925年に普通選挙法が制定されて満25歳以上の男子に選挙権が与えられた後の1928年では全人口の約2割まで増えました。それが,第二次世界大戦が終わり満20歳以上の男女に与えられた後の1946年では,5割近くまで増えています。

　2015年の法改正では,選挙権が満18歳以上の男女に引き下げられました。

（総務省資料ほか）

● 電気製品の普及率

有権者数の変化と選挙権年齢の変化の関係に注意しよう!

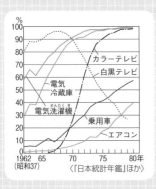

　白黒テレビ,電気洗濯機,電気冷蔵庫などの家電製品は,高度経済成長期に急速に普及しました。この頃,白黒テレビ,電気洗濯機,電気冷蔵庫をあわせて「三種の神器」と呼ばれました。

　白黒テレビの普及率は,カラーテレビの普及が進むにつれて低下していきました。

　カラーテレビ,クーラー,乗用車(Car)は,高度経済成長期後半から普及が進み,3Cと呼ばれました。

難しければ,
3年生の受験期に
取り組んでもいいよ!

これまでの学習の総仕上げとして,
入試問題にチャレンジしてみましょう。
入試問題では,これまでの知識を活用して
問題に取り組む必要があります。
「解き方のヒント」を参考にしながら問題を解き,
自分に足りないと感じた部分があれば,
もういちどその分野を復習しましょう。

1　古代の歴史　　≫p.22～40　　　　　　　　　　解答 ➡ p.261

　次のA，Bのカードは，史料の一部を要約し，わかりやすく書き直したものである。これらを読み，あとの(1)～(3)の問いに答えなさい。〔栃木・改〕

> A　百済の国王が初めて仏像・経典および僧らを日本に送ってきた。天皇は，お言葉を下し，蘇我氏にこれらを授け，a仏教の発展を図ったのである。

> B　(私が)唐にいる日本の僧から送られてきた報告書が見たところ，唐の国力の衰退している様子が書かれていました。報告の通りであれば，今後派遣される[＿＿＿]にどのような危険が生じるかわかりません。長年続けてきた[＿＿＿]を廃止するかどうか，審議し決定するようお願いします。

(1)　Aのカードに関して，この頃，役人として朝廷に仕え，財政や外交などで活躍していた，中国や朝鮮半島から日本に移り住んできた人々を何というか。

(2)　下線部aの仏教が伝来した時期と最も近い時期に大陸から日本に伝えられたのはどれか。

　　ア　儒教　　イ　土偶　　ウ　青銅器　　エ　稲作

(3)　Bのカードの[＿＿＿]に共通してあてはまる語は何か。

●入試では

中国と日本のつながりについて，どの時代に何が伝わったのかをきちんと整理しておこう。

考え方

(2)　仏教の伝来は6世紀。百済から伝わった。日本では古墳時代にあたる。

2　世界遺産と古代・中世の歴史　　≫p.21～69　　　　解答 ➡ p.261

　次郎さんのグループは，「日本の世界遺産」について調査を行いました。これをみて，あとの問いに答えなさい。〔富山・改〕

> 　わたしたちは，修学旅行で(a)大仙古墳を訪れたことをきっかけに，世界遺産に興味をもちました。そこで，日本にある他の世界遺産について調べることにしました。以下に，そのうちの2つを示します。

> 調査1　「厳島神社」
> 「厳島神社」は，(b)日宋貿易で利益を得た平清盛の援助で整備され，現在のような海上に浮かぶ建物になりました。潮の干満を利用した神社の設計は国際的にも例がなく，高く評価されています。

> 調査2　「[　A　]」
> 中尊寺金色堂は，「[　A　]」を拠点に東北地方で権力をふるった奥州藤原氏が創建しました。[　　　　あ　　　　]

●入試では

世界遺産に登録されている建造物などはよく出題されるので，どこにある，どのような建物なのかを確認しておこう。

▲厳島神社

(1)　　A　に入る地名を書きなさい。

(2)　　あ　にあてはまる文として，適切なものを次のア～エから１つ選び，記号を書きなさい。

　　ア　日本における城づくり技術の最盛期の建造物として評価されています。

　　イ　将軍の参拝や朝鮮通信使の参詣が行われるなど，果たしてきた歴史的役割も建造物とともに評価されています。

　　ウ　極楽浄土を現世に表現することを目指した建築の１つとして評価されています。

　　エ　首都として歴史の舞台になってきた神社，寺院などが良好に保存されたことが評価されています。

(3)　(a)大仙古墳がつくられたころの様子を説明した文として，最も適切なものを次のア～エから１つ選び，記号を書きなさい。

　　ア　須恵器や漢字などの技術が大陸より伝えられた。

　　イ　法隆寺が建立されるなど，日本最初の仏教文化が栄えた。

　　ウ　和歌が盛んになり，『万葉集』には防人や農民がつくった歌もおさめられた。

　　エ　歴史を記録しようとする動きが起こり，『古事記』や『日本書紀』がつくられた。

(4)　次のカードは，(b)日宋貿易や日明貿易が与えた影響を説明したものである。諸産業が発達した例として，適切でないものをあとのア～エから１つ選び，記号を書きなさい。

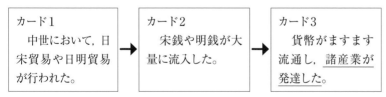

```
┌─────────────┐      ┌─────────────┐      ┌─────────────┐
│ カード１      │      │ カード２      │      │ カード３      │
│　中世において，│  →  │　宋銭や明銭が大│  →  │　貨幣がますます│
│日宋貿易や日明貿易│    │量に流入した。  │    │流通し，諸産業が│
│が行われた。   │      │             │      │発達した。    │
└─────────────┘      └─────────────┘      └─────────────┘
```

　　ア　定期市が各地で開かれた

　　イ　幕府が貨幣を鋳造した

　　ウ　土倉や酒屋がお金の貸し付けを行った

　　エ　馬借や問（問丸）が活躍した

注目！

穴埋め問題は，前後の文をよく読んで合う言葉を入れよう。

考え方

(4)日宋貿易・日明貿易の影響によって諸産業が発達した，ということについて問われていることを押さえよう。これらの貿易が行われていた時代のものではない選択肢を選ぶ。

入試対策編

入試対策問題

3 古代から中世の政治史・社会史 >>p.30〜70

解答 ➡ p.261 〔愛媛・改〕

解答 ➡ p.261

次の資料は，日本のできごとを年代の古い順に上から並べたものである。これを読んで，(1)〜(4)の問いに答えなさい。

○①聖徳太子が，推古天皇の摂政となった。
○中大兄皇子が，②大化の改新とよばれる改革を始めた。
○北条時宗が，③元の襲来を退けた。
○足利義満が，幕府を④室町に移した。

●入試では
さまざまな時代のできごとが同じ大問の中で扱われる。時代区分をしっかりと覚え，どの時代にどのできごとがおこったのかを分けられるようにしておこう。

解き方のヒント

(1) ①が政治を行った頃に栄えた飛鳥文化について説明するときに使う資料として最も適当なものを，ア〜エから一つ選び，その記号を書け。

ア 　　イ

ウ 　　エ

(2) ②が始められた年から 源 頼朝が征夷大将軍に任命された年までの間におこった，次のア〜エのできごとを年代の古い順に左から並べ，その記号を書け。

ア 桓武天皇が都を平安京に移した。　　イ 平治の乱が起こった。
ウ 平 将門が反乱をおこした。　　エ 大宝律令がつくられた。

(3) ③がおこったとき，北条時宗は，鎌倉幕府において， X と呼ばれる地位にあった。 X は，将軍を補佐する地位であり，この地位には，代々，北条氏が就任した。 X にあてはまる地位の名称を書け。

(4) ④時代には，民衆の力が強まり，_____しくみがみられた。このようなしくみは，一般に惣と呼ばれ，土一揆の基盤となった。_____に適当な言葉を書き入れて，文を完成させよ。ただし，_____には，次の〔語群Ⅰ〕，〔語群Ⅱ〕の言葉の中からそれぞれ一つずつ選び，その二つの言葉と自治の言葉の，合わせて三つの言葉を含めること。

〔語群Ⅰ〕　有力な農民　　商人や手工業者
〔語群Ⅱ〕　町　　村

考え方

(4)_____のあとに，このようなしくみは惣とよばれる，とあるので，惣に関する語句を語群Ⅰ，Ⅱからそれぞれ選ぼう。惣は農村の自治組織である。必要な語句を使って_____にあてはまる文にまとめればよい。

246

4 古代から中世の歴史 　>>p.36〜72

解答 ➡ p.261

日本の文化に関する資料A〜Dについて, あとの問いに答えなさい。　〔兵庫・改〕

(1)　A〜Cに関するあとの問いに答えなさい。

A	可良己呂武	（から衣
	須宗尓等里都伎	すそに取りつき
	奈苦古良乎	泣く子らを
	意伎弖曽伎怒也	置きてぞ来ぬや
	意母奈之尓志弖	母なしにして）

B	この世をば	C	我こそは
	わが世とぞ思ふ(う)		新島守よ
	望月の		隠岐の海の
	欠けたることも		荒き波風
	無しと思へ(え)ば		心して吹け

①　Aの歌をよんだ九州地方の警備にあたった兵士を何というか, 漢字2字で書きなさい。

②　Bの歌をよんだ人物について述べた文として適切なものを, 次のア〜エから1つ選んで, その記号を書きなさい。
　ア　全国の大名を従わせて全国統一をなしとげ, 検地と刀狩により兵農分離を進めた。
　イ　南北朝の動乱をしずめて統一を実現し, 明との間に勘合貿易を行った。
　ウ　武士として初めて太政大臣になり, 宋との交易のために兵庫の港を整備した。
　エ　娘を天皇のきさきにし, その子を次の天皇にたてることで勢力をのばした。

③　Cの歌は, 後鳥羽上皇が隠岐でよんだものである。この人物が隠岐へ流されるきっかけとなった戦乱として適切なものを, 次のア〜エから1つ選んで, その記号を書きなさい。
　ア　応仁の乱　　イ　承久の乱　　ウ　壬申の乱　　エ　保元の乱

④　万葉集に収められている歌として適切なものを, A〜Cから1つ選んで, その記号を書きなさい。

(2)　Dが初めて建てられた時代に広まった, 和歌の上の句と下の句を別の人が次々によみつないでいくを何というか, 漢字2字で書きなさい。

D

解き方のヒント

●入試では
和歌が出題されることが多い。特に, A, Bの和歌はよく出題される。それぞれの時代の様子を反映した和歌を確認しておこう。

考え方

(1) Aの和歌のみ漢字で表記されている。これが万葉仮名 (日本語の音に漢字の音訓を当てて表記したもの) であることに気づこう。平安時代にかな文字が生まれるまで, 日本では文字として万葉仮名が用いられていた。

入試対策編

入試対策問題

5 近世の外交 >>p.88～145

解答 ➡ p.262

解き方のヒント

木村さんは,日本と外国とのかかわりに関連するできごとを次の略年表にまとめた。これに関する(1),(2)の問いに答えなさい。　　　〔山梨・改〕

年／世紀	主なできごと
1549年	①ザビエルが日本にキリスト教を伝える
1641	オランダ商館が出島に移される
18世紀末	②日本近海に外国船が頻繁にあらわれる

(1) 下線部①に関連して,木村さんは歴史の学習の中で疑問に思ったことをメモにまとめて調べていると,次の資料を見つけた。資料中の_____に当てはまる内容を「イエズス会」,「海外」という語句を使って,簡潔に書きなさい。

〈メモ〉

　　宗教改革が始まりプロテスタントもヨーロッパにひろがっていたのに,その頃の日本に伝わってきたキリスト教がカトリックだったのはなぜだろうか。

〈資料〉

　　プロテスタントによる宗教改革に対抗するなかで,_____ことにより,カトリック教会の勢力立て直しに貢献した。

(2) 下線部②に関連して,次の資料は日本を取り巻く世界情勢の変化に関わるできごとを,左から年代の古い順に並べたものである。資料中にあとのⅠ,Ⅱのできごとを加える場合,A～Cのいずれの期間に加えるべきか,A～Cから一つずつ選び,記号で書きなさい。

〈資料〉

 A B C

ラクスマンが根室に来航する ⟷ アヘン戦争で清が敗れる ⟷ ペリーが浦賀に来航する ⟷ 薩英戦争がおこる

Ⅰ　大老の井伊直弼が殺害される
Ⅱ　外国船(異国船)打払令が出される

6 江戸時代の都市 >>p.98～126

解答 ➡ p.262

次の表は,江戸時代の,江戸,大阪,京都における,それぞれの都市の総面積に占める,公家地,武家地,町人地,寺社地などの面積の割合を表したものであり,表中のA～Cは,それぞれ江戸,大阪,京都のいずれかに当たる。A～Cにそれぞれ当たる都市の組み合わせとして適当なものを,ア～エから一つ選び,その記号を書け。　　　　　　　　　　　　　　　　　〔愛媛・改〕

解き方のヒント

●入試では
近世以降は,ヨーロッパのできごとが日本に影響を与え始めるので,ヨーロッパで何がおこっているのかを押さえておこう。

考え方
(1) 日本に最初にキリスト教を伝えたフランシスコ＝ザビエルがイエズス会の宣教師であったことを思い出そう。ヨーロッパではプロテスタントが急速に広まったため,カトリックは海外で信者を増やそうとし,そのために活躍したのがイエズス会である。

●入試では
江戸時代の三都は,それぞれどのような役割を果たしていたのかを確認しよう。

項目 都市	公家地	武家地	町人地	寺社地	その他
A	-	77.4	9.8	10.3	2.5
B	3.3	5.0	40.1	14.0	37.6
C	-	22.3	57.7	7.8	12.2

(単位：％)

(注) 17世紀中頃の様子である。公家地，武家地，町人地は，それぞれ，公家，武家，町人が居住する区域であり，寺社地は，寺や神社が所有する区域である。その他は，空き地などである。- は，面積の割合が少なく，数値化されていないことを表している。

(歴史公論による)

ア〔A江戸　　B大阪　　C京都〕　　イ〔A江戸　　B京都　　C大阪〕
ウ〔A大阪　　B江戸　　C京都〕　　エ〔A大阪　　B京都　　C江戸〕

7 幕藩体制　　≫p.98〜100　　　　　　　　　　　解答 ➡ p.262

江戸幕府に関するあとの資料1，2からは，読み取ることができないものを次のア〜エから1つ選び，記号を書きなさい。〔富山・改〕

ア　関ヶ原の戦い以前から徳川氏に従っていた大名の数が過半数を占めている。

イ　大老や老中には50万石以上の大名が任命されていない。

ウ　幕府は，10万石以上の大名を江戸から遠い地域に移すなど，大名配置を工夫した。

エ　20万石以上の大名のうち，関ヶ原の戦い以後に徳川氏に従った大名が過半数を占めている。

〈資料1〉江戸幕府のしくみ

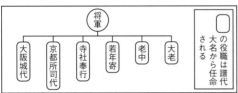

〈資料2〉大名の分類と数(1664年)

	50万石 以上	20万石 以上	10万石 以上	5万石 以上	5万石 未満	計
親藩	2	4	8	1	8	23
譜代	0	2	16	33	94	145
外様	5	9	8	12	64	98
計	7	15	32	46	166	266

(『幕藩体制』より作成)

考え方
大阪は「天下の台所」とよばれる商業の中心。江戸は「将軍様のおひざもと」とよばれる政治の中心。古くから都が置かれ，朝廷のあった京都には公家とよばれる貴族がおり，寺社が多く集まっていた。これらをもとに考える。

入試対策編

入試対策問題

解き方のヒント

●入試では
幕府の大名支配についてはよく出題される。親藩・譜代・外様大名がどのような大名でどこに配置されたのかをしっかり確認しておこう。

考え方
関ヶ原の戦い以前から徳川氏に従っていた大名を譜代大名という。それ以降に従った大名は外様大名。徳川氏の一族は親藩である。

次の略年表は，社会科の授業で，明治時代以後の歴史について，二つの班がテーマを分担して調べ，まとめたものの一部である。これらを見て，あとの(1)〜(5)の問いに答えなさい。

〔千葉 - 改〕

●入試では
日本国内で重要なできごとがあった時に外国で何が起こっていたのかが出題される。

1班：国民の政治参加に
　　　関することがら

年代	主なことがら
1874	民撰議院設立(の)建白書
	⬍A
1890	第一回帝国議会
	⬍B
1912	護憲運動（第一次護憲運動）
1925	普通選挙法（男子普通選挙）
	⬍E
1946	日本国憲法の公布
	⬍F
1993	55年体制が終わる

2班：世界のできごと

年代	主なことがら
1882	三国同盟が結成される
1900	義和団事件がおこる
	⬍C
1914	第一次世界大戦がおこる
	⬍D
1939	第二次世界大戦がおこる
	⬍G
1950	朝鮮戦争がおこる
	⬍H
1990	東西ドイツが統一される

考え方
(1) Aが自由民権運動の時期であることから考えよう。

(1)　略年表中の**A**の時期に起こったことがらを，次の**ア〜エ**のうちから三つ選び，年代の古いものから順に並べ，その記号を書きなさい。
　ア　大日本帝国憲法が，天皇から国民にあたえるという形で発布された。
　イ　伊藤博文を中心として，立憲政友会が結成された。
　ウ　全国の自由民権運動の代表が大阪に集まり，国会期成同盟が結成された。
　エ　大隈重信を党首として，立憲改進党がつくられた。

(2)　略年表中の**B**の時期に行われたことがらとして最も適当なものを，次の**ア〜エ**のうちから一つ選び，その記号を書きなさい。
　ア　官営模範工場（官営工場）として，群馬県に富岡製糸場が建てられた。
　イ　北九州に官営の八幡製鉄所がつくられ，鉄鋼の生産を始めた。
　ウ　全国水平社が設立され，平等な社会の実現を目指した。
　エ　関東大震災後の復興で，鉄筋コンクリートの建築物が増えた。

(3) 次の文章は，略年表中のCとDの時期に起こったことがらについて述べたものであり，あとの写真X，写真Yは，関連する人物である。文章中のⅠ，Ⅱにあてはまる語の組み合わせとして最も適当なものを，あとのア〜エのうちから一つ選び，その記号を書きなさい。

考え方
(3)辛亥革命とロシア革命については，指導者とできごとの流れを確認しておこう。

> 略年表中のCの時期に，三民主義を唱えた写真Xを臨時大総統とする ☐ Ⅰ ☐ の建国が宣言された。略年表中のDの時期には，写真Yの☐ Ⅱ ☐ の指導のもと，ソビエト政府が樹立され，1922年にソビエト社会主義共和国連邦（ソ連）が成立した。

X Y

ア Ⅰ：中華人民共和国 Ⅱ：スターリン
イ Ⅰ：中華民国 Ⅱ：スターリン
ウ Ⅰ：中華人民共和国 Ⅱ：レーニン
エ Ⅰ：中華民国 Ⅱ：レーニン

(4) 次の文章は，略年表中のDの時期に起こったことがらについて述べたものである。文章中の ☐☐☐ に共通してあてはまる適当な語を漢字4字で書きなさい。

注目!
(4)あとの空欄の前に「それぞれの民族のことは，自分たちで決める権利」とあるので，これを表す漢字4字を考えよう。

> パリ講和会議では， ☐☐☐ の考えがよびかけられ，東ヨーロッパの諸民族は独立を認められた。しかし，アジアやアフリカの植民地支配は続いたため，これらの地域では，それぞれの民族のことは，自分たちで決める権利があるという ☐☐☐ の主張が活発になった。

(5) 略年表中のE，F及びG，Hの時期におこったことがらについて述べたものとして最も適当なものを，次のア〜エのうちから一つ選び，その記号を書きなさい。

ア Eの時期に，米騒動により藩閥で陸軍出身の首相が退陣し，原敬の政党内閣が成立した。
イ Fの時期に，日本の国民総生産は，資本主義国の中でアメリカにつぐ第2位となった。
ウ Gの時期に，柳条湖（リウティアオフー）で南満州鉄道が爆破され，関東軍が満州の大部分を占領した。
エ Hの時期に，アメリカで同時多発テロ（同時多発テロ事件）が起こり，多くの犠牲者が出た。

入試対策編

入試対策問題

9 日本の貨幣史 >>p.67〜237

一郎さんは，わが国の歴史に登場した貨幣について調べ，カードを作成し，ノートにまとめた。ノートをみて，各問に答えよ。 〔福岡・改〕

●入試では
1つのテーマに沿って出題されることがある。見たことのない資料もあると思うが，問題自体は難しくないので，問題文をしっかり読もう。

解き方のヒント

12	13	14	15	16	17	18	19	20	21
中世			ア		イ 近世		ウ	近代 エ	現代

A この貨幣は，**ア**の年に始まった日明貿易により，大量に輸入された。この時代は，武家による支配が全国に広まり，定期市が各地で開かれ，〔 **あ** 〕。

B この貨幣は，**イ**の年につくられ始めた。この時代は，幕藩体制が確立し，交通網が整備され，各地で都市が成長し，〔 **い** 〕。

C この貨幣は，**ウ**の年につくられ始めた。この時代は，中央集権国家のしくみを整えながら，殖産興業や富国強兵を進め，〔 **う** 〕。

D この貨幣は，**エ**の年につくられ始めた。この時代は，民主化を果たし，GNPが資本主義国で第2位の①経済大国となり，テレビなどの登場により大衆文化が一層栄えた。

(1) 一郎さんは，次の1〜3のできごとを，カードの〔 **あ** 〕〜〔 **う** 〕にあてはめようとした。〔 **あ** 〕，〔 **う** 〕にあてはまるものを一つずつ選び，番号で答えよ。

　1　町人を担い手とする文化が栄えた

　2　欧米の思想や生活様式を取り入れた文化が栄えた

　3　公家の文化と武家の文化がまじり合った文化が栄えた

(2) 資料Ⅰについて，次の各問に答えよ。

　①　資料Ⅰに示す札が使用され始めた時期は，略年表のどのころか，次の1〜4から1つ選び，番号で答えよ。

　　1　アのころ　　　2　イのころ

　　3　ウのころ　　　4　エのころ

〈資料Ⅰ〉

　②　資料Ⅰに示す札を使って行ったことを，「日本から来た」の書き出しで，「証明」の語句を使って書け。

(3) 次の□□□内は，下線部①について，資料Ⅱのように経済成長率が変化した理由を説明したものである。〔 **イ** 〕と〔 **ロ** 〕にあてはまる語句を書け。ただし，同じ記号には同じ語句が入る。

考え方
(2)資料Ⅰは勘合である。
　①勘合貿易が行われていた時期を選べば良い。
　②また，この札によって何を証明したのかを説明しよう。

<table>
<tbody>
</tbody>
</table>

　20世紀後半に，わが国の経済成長率が，0%を下回った時期が2度あったことがわかる。1度目は，〔　イ　〕の影響によるものである。〔　イ　〕は，中東戦争と関係が深い。2度目は，〔　ロ　〕が崩壊したことによるものである。〔　ロ　〕は，実際の経済の力をこえて，株式や土地の価格が急激に上昇したことである。

〈資料Ⅱ〉20世紀後半の
経済成長率の推移

（第6版「数字でみる日本の100年」から作成）

考え方

(4) 図は問屋制家内工業のしくみである。賃金を払って製品を作らせるというしくみは，貨幣経済が広まっていないと成り立たない。また，貨幣経済は農村で米以外の商品作物を栽培するようになり，農民が現金収入を得てものを売買するようになることで社会に浸透していく。

(4)　次の　　　内は，一郎さんが，A～Dのカードが示す時代のうち，いずれかの社会の様子についてまとめたものである。どの時代の様子か，A～Dから一つ選び，記号で答えよ。また，〔　　　〕にあてはまる内容を，「貨幣経済」と「商品作物」の語句を使って書け。

　この時代の農村では，自給自足に近い生活に変化が起き，図に示すような経済活動が広くみられるようになっていった。
　このような経済活動が広くみられるようになったのは，〔　　　〕ことと関係が深い。　　　〈図〉

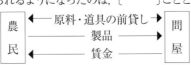

10　近代の貿易史　>>p.173～178　　　　解答 ➡ p.262

　次の表は日清戦争前後の日本の主な貿易品目と貿易額に占める割合の変化を示したものであり，表中の　A　～　C　には生糸，綿花，綿糸のいずれかが入る。表中の　A　，　C　に入る貿易品目の組み合わせとして正しいものを，あとのア～カから一つ選び，記号で書きなさい。　〔山梨・改〕

〈輸入〉

1885年	（%）
A	17.7
砂糖	15.9
綿織物	9.8
毛織物	9.1

1899年	（%）
B	28.2
砂糖	7.9
機械類	6.2
鉄類	5.4

〈輸出〉

1885年	（%）
C	35.1
茶	17.9
水産物	6.9
石炭	5.3

1899年	（%）
C	29.1
A	13.3
絹織物	8.1
石炭	7.2

（「日本貿易精覧」などより作成）

ア　A：生糸　C：綿花　　　イ　A：生糸　C：綿糸
ウ　A：綿花　C：綿糸　　　エ　A：綿花　C：生糸
オ　A：綿糸　C：綿花　　　カ　A：綿糸　C：生糸

考え方

明治初期の日本の輸出品を考えよう。殖産興業で富岡製糸場などがつくられたことからCが何を表すのかを考えるとよい。Aは1885年には輸入品第1位だったが，1899年には輸出品第2位になっている。日本の産業革命が紡績・製糸工業からおこったことを思い出そう。BはAの原料となるものである。

11 日本の外交史

>> p.37～237

解答 ➡ p.263

次のA～Eのカードは，ある中学生が，わが国の歴史とかかわりの深い船についてまとめたものです。これらのカードを見て，問いに答えなさい。〔北海道・改〕

●解き方のヒント

●入試では
カードに写真や図と説明文を示して出題する形式のものもある。初めて見る写真や図でも慌てず，説明文をよく読むことが重要である。

カードA

これは，幕府から許可を得て行った朱印船貿易で使用していた船です。

カードB

これは，ビキニ環礁での核実験で「死の灰」を浴びた第五福竜丸です。

カードC

これは，①遣唐使を派遣するために使用していた遣唐使船です。

カードD

これは，②日本海海戦において，東郷平八郎が乗船した軍艦の三笠です。

カードE

これは，③日米修好通商条約の調印の場となったポーハタン号です。

(1) カードAに示されている貿易が行われていた時期に，海外に移住する日本人が増え，日本町ができました。日本町のうち，山田長政が指導者となり活躍したアユタヤのおおよその位置を，略地図のア～エから選びなさい。

略地図
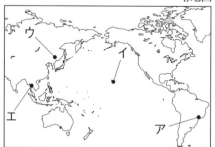

(2) カードBに示されているできごとと最もかかわりの深いできごとを，次のア～エから選びなさい。

　ア　環境庁が設置された。

　イ　国会で非核三原則が決議された。

　ウ　第1回原水爆禁止世界大会が開かれた。

　エ　核拡散防止条約（核兵器拡散防止条約）が採択された。

(3) 下線部①とともに唐に渡った人物を，Ⅰ群の**ア～エ**から1つ選びなさい。また，この人物が行ったこととして正しいものを，Ⅱ群の**カ～ケ**から1つ選びなさい。

[Ⅰ群] **ア** 行基　**イ** 空海　**ウ** 法然　**エ** 日蓮

[Ⅱ群] **カ** 題目を唱えると，人も国も救われるという教えを広めた。

キ 高野山の金剛峯寺を建立し，真言宗を広めた。

ク 東大寺の大仏づくりに協力し，仏教を広めた。

ケ 念仏を唱えると，極楽浄土に生まれ変わるという教えを広めた。

(4) 下線部②の後におきたできごとを**ア～オ**から3つ選び，年代の古い順に並べなさい。

ア 満州国が建国された。

イ 日本が二十一か条の要求を示した。

ウ 清に遼東半島が返還された。

エ 南満州鉄道株式会社が設立された。

オ 義和団事件がおこった。

考え方

(4) 日本海海戦が日露戦争であることを押さえよう。日露戦争よりもあとのできごとを3つ選ぶ。

(5) 表の内容をまとめたのが下の文なので，これをよく読み，あてはまる国名を書こう。

(5) 下線部③について，表は，1861年から1867年における函館港に入港した外国船の数を国別にまとめたものであり，「　a　」，「　b　」には，それぞれ国の名が入ります。表に関して述べた次の文の「　a　」，「　b　」に，表と共通して当てはまる国の名を，それぞれ書きなさい。また，「　c　」に当てはまる語句を書きなさい。

年＼国	a	b	フランス	ロシア	オランダ
1861	23	11	…	15	…
1862	29	14	1	27	3
1863	15	26	1	1	2
1864	17	46	2	…	2
1865	3	27	5	2	2
1866	1	22	9	1	…
1867	5	26	3	1	2

※表中の「…」は，数値が不明であることを示す。（「函館市史」より作成）

わが国は，「　a　」の要求により開国したが，表の期間中に，函館港に入港した外国船の数が最も多い国は，「　b　」であった。1863年から「　a　」の船が少なくなったのは，1861年に「　a　」の国内でおきた「　c　」の影響によるものと考えられる。

12 日本の文化史①　>>p.37〜117

解答 ➡ p.263

次の資料A〜Cは、国宝に指定されている建造物です。これらを見て、あとの(1)〜(5)の問いに答えなさい。　〔岩手・改〕

A	B	C

江戸幕府の初代将軍である（ X ）がまつられた神社	聖武天皇が使用したものなどを納めた宝庫	千利休がつくったといわれる茶室

(1) Aについて、（ X ）にあてはまる人物は誰ですか。次のア〜エのうちから一つ選び、その記号を書きなさい。

　ア　源頼朝　　イ　足利尊氏　　ウ　徳川家康　　エ　坂上田村麻呂

(2) Bについて、聖武天皇の時代のわが国が、制度や文化を取り入れるために使節を送った中国の王朝の名称は何ですか。ことばで書きなさい。

(3) Cについて、この茶室がつくられたころには、社会に活気がみなぎり、権力や富をほこった大名や豪商の気風を反映した豪華で壮大な文化が生まれました。このころの文化は何と呼ばれますか。次のア〜エのうちから一つ選び、その記号を書きなさい。

　ア　飛鳥文化　　イ　元禄文化　　ウ　国風文化　　エ　桃山文化

解き方のヒント

●入試では
各時代の文化についてはよく出題されるので、どの時代にどのような特徴の文化が栄えたのかを確認しておこう。

13 日本の文化史②　>>p.72

解答 ➡ p.263

足利氏が将軍であった時代に、絵入りの物語がさかんに読まれた。この物語について述べた文として最も適当なものを、次のア〜エのうちから一つ選び、その符号を書きなさい。　〔千葉・改〕

　ア　「浦島太郎」や「一寸法師」など、庶民を主人公にしたお伽草子である。

　イ　義理と人情の板ばさみのなかで生きる人々の姿を描いた、人形浄瑠璃である。

　ウ　武士や町人の生活を生き生きと描いた小説で、浮世草子である。

　エ　日本の自然や人物を描いて日本画のもとになった、大和絵である。

解き方のヒント

●入試では
絵画やさまざまなジャンルの小説、芸術がどの時代に生まれたものかを押さえておく必要がある。

14 地歴公融合問題① >>p.37〜238　　　　　　解答 ➡ p.264

桜さんは，自分が住んでいる愛知県についてさまざまなことを調べた。資料Ⅰは，愛知県の略地図である。これを見て，次の問い(1)〜(3)に答えよ。

〔京都・改〕

(1)　桜さんは，資料Ⅰ中の小牧山に16世紀，織田信長が小牧山城を築いたことを知った。織田信長が行ったこととして最も適当なものを，次のⅰ群ア〜エから1つ選べ。また，16世紀に世界でおこったできごとについて述べた文として最も適当なものを，あとのⅱ群カ〜ケから1つ選べ。

〈資料Ⅰ〉

小牧山
名古屋市
津島市
渥美半島

ⅰ群　ア　参勤交代の制度を整えた。

　　　イ　九州の島津氏を降伏させた。

　　　ウ　キリスト教の信仰を禁止した。

　　　エ　足利義昭を京都から追放した。

ⅱ群　カ　イギリスで名誉革命が起こった。

　　　キ　アメリカで独立宣言が発表された。

　　　ク　ルターが宗教改革を始めた。

　　　ケ　李成桂が高麗をたおして朝鮮国を建てた。

(2)　桜さんは，資料Ⅰ中の津島市で「人権が尊重されるまちづくり条例」が2018年から施行されたことを知り，基本的人権について調べた。次のア〜エは日本国憲法で保障されている基本的人権の内容の一部を示している。このうち自由権，社会権の内容として最も適当なものを，ア〜エからそれぞれ1つずつ選べ。

ア　国に損害賠償を請求する権利

イ　能力に応じて，ひとしく教育を受ける権利

ウ　自分の財産を所有する権利

エ　選挙で代表者を選んだり，自ら立候補したりする権利

(3)　桜さんは，資料Ⅰ中の名古屋市にある徳川美術館に，平安時代に作成された「源氏物語絵巻」が所蔵されていることを知った。次のA〜Dは平安時代に日本でおこったできごとである。A〜Dを古いものから順に並べかえ，記号で書け。

A　白河上皇が摂政や関白の力をおさえて政治を行った。

B　空海が高野山に金剛峯寺を建てた。

C　藤原純友が武士団を率いて反乱をおこした。

D　源義朝が平氏の軍勢に敗れた。

解き方のヒント

●入試では
地理，歴史，公民の分野を分けることなく，さまざまな角度から出題される。一つ一つは難しい問題ではないので，冷静に問題文を読もう。

考え方
(2)自由権には，身体の自由，経済活動の自由，精神の自由がある。社会権には生存権，教育を受ける権利，勤労の権利，労働基本権がある。

≫p.152〜238

解答 ➡ p.264

太郎さんは，1万円札の肖像画に採用されることになった渋沢栄一について調べた。次の資料Ⅰは，渋沢栄一の生涯をまとめた略年表である。(1)〜(3)の問いに答えなさい。

〔大分・改〕

〈資料Ⅰ〉

年	できごと
1840（天保11）	現在の埼玉県深谷市で生まれる
1897（慶応3）	幕臣としてフランスに行き，銀行やa株式会社のしくみについて学ぶ
1872（明治5）	官営模範工場である（　X　）を群馬県に開設
1873（明治6）	大蔵省を辞め，第一国立銀行開業
1873〜1916	b 500以上の企業を設立するなど，産業の振興に尽力する
1920（大正9）	国際連盟の理念を普及する組織を設立
1931（昭和6）	11月11日に永眠

(1)　下線部aに関連して，株式会社のしくみについて述べた文として最も適当なものを，次のア〜エから1つ選び，記号を書きなさい。

　　　ア　株主は，購入した時と同じ価格でのみ株式を売却することができる。

　　　イ　株主は，株主総会で会社の方針に意見を述べることはできない。

　　　ウ　株式会社が倒産した場合，株主は出資した金額以上の負担を負う。

　　　エ　株式会社は，活動で得た利潤の一部を配当金として株主に支払う。

(2)　資料Ⅰ中（　X　）にあてはまる語句を書きなさい。

(3)　下線部bに関連して，太郎さんは，渋沢栄一が振興に尽力した産業が現在，どの地域で盛んになっているかということに興味を持った。資料2中のA〜Cは，鉄鋼業，食品工業，電気機械工業のいずれかの製造品出荷額の上位10都道府県（2016年）を示したものである。業種とA〜Cの組み合わせとして最も適当なものを，ア〜カから1つ選び，記号を書きなさい。

	鉄鋼	食品	電気機械
ア	A	B	C
イ	A	C	B
ウ	B	A	C
エ	B	C	A
オ	C	A	B
カ	C	B	A

〈資料2〉

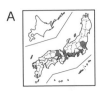
A

B

C

（「データブック　オブ・ザ・ワールド2019」より作成）

解き方のヒント

●入試では

一人の人物や建物などに焦点を当てて出題する形式があるが，問題自体はその人物や建物とは関わりのないことを問うことが多いので，焦らず取り組もう。

考え方

(3) 鉄鋼は原料の輸入に便利な臨海地域で盛んであることをヒントに考えよう。電気は京浜・中京・阪神工業地帯のある地域でさかんである。北海道は農業がさかんである。

定期試験対策問題 解答

1節

1 (1) イ　(2) b 縄文　e 弥生　(3) エ
(4) 貝塚
(5) ①名称：石包丁　農作業：イ　②ア
(6) 卑弥呼　(7) 「魏志」倭人伝

2 (1) a ワカタケル　b 大和政権 (大和朝廷)
(2) ①移り住んだ人々：渡来人
　　　伝えたもの：ア・オ
　　②イ・ウ

3 (1) ア　(2) ア　(3) イ

2節

1 (1) 摂政　(2) イ　(3) 小野妹子
(4) ア　(5) ア　(6) ア

2 a イ　b ア　c エ　d ウ

3 (1) 長安　(2) エ
(3) 天皇：聖武天皇　文化：天平文化
　　目的：イ
(4) 墾田永年私財法

4 (1) 京都　(2) ア・ウ
(3) ①摂関政治　②イ

3節

1 (1) a イ　b ウ
(2) c 棟梁　d 院政
(3) e エ　f ウ
(4) 太政大臣　(5) ①エ　②ウ

2 a ウ　b カ　c エ　d キ　e オ

3 (1) 後鳥羽上皇　(2) イ
(3) 六波羅探題

4 ウ・オ

4節

1 (1) イ　(2) フビライ　(3) 元
(4) エ　(5) マルコ・ポーロ　(6) イ

2 ウ

3 (1) a 二毛作　b 商品作物
(2) 座　(3) ア　(4) 6

(5) 運送業者：エ　倉庫業者：ア
(6) 町衆　(7) ①惣　②正長の土一揆

4 (1) 建造物：銀閣　建築様式：書院造
(2) 勘合　(3) 応仁の乱

5節

1 (1) ①ルネサンス　②ウ
(2) ①ルター　②プロテスタント
　　③イエズス会
　　④フランシスコ・ザビエル
(3) ア　(4) スペイン

2 (1) 分国法　(2) イ　(3) 明智光秀
(4) d (太閤) 検地　e 刀狩
(5) 兵農分離　(6) キリスト教
(7) イ　(8) 南蛮文化

6節

1 (1) 関ヶ原の戦い　(2) b 徳川家康　d 徳川家光
(3) 朱印状　(4) ウ
(5) 絵踏　(6) 国：中国 (清)　理由：イ
(7) 出島　(8) ウ

2 (1) イ　(2) ①ア　②参勤交代　③財政

3 (1) えた・ひにん　(2) ア
(3) 五人組

7節

1 (1) a 徳川家光　b 徳川吉宗　c 徳川光圀
(2) 生類憐れみの政策　(3) ウ
(4) ア・エ　(5) イ
(6) ①ウ　②大塩平八郎　③工場制手工業

2 (1) a 元禄文化　b 化政文化
(2) 朱子学　(3) ①a　②a　③b　④b
(4) ①蘭学　②エ

3 (1) 大阪　(2) 蔵屋敷
(3) 五街道　(4) 東海道

8節

1 (1)絶対　　(2)bエ　　cア
(3)独立宣言　　(4)エ
2 (1)産業革命　　(2)資本主義
(3)①イ　②エ　③オ
3 (1)①日米和親条約　②ウ・オ
(2)イ
(3)①日米修好通商条約　②井伊直弼　③エ
(4)ア　　(5)長州

9節

1 (1)五箇条の御誓文
(2)①版籍奉還　②解放令　③殖産興業
(3)ア　　(4)①地券　②3　③現金
(5)ア　　(6)士族　　(7)富国強兵
2 (1)イ　　(2)征韓論　　(3)江華島事件
(4)ウ　　(5)ウ
3 (1)洋服　　(2)ガス灯　　(3)太陽暦
(4)福沢諭吉

10節

1 (1)藩閥政府　　(2)エ　　(3)民撰議院設立建白書
(4)国会期成同盟　(5)①15　②25
(6)西南戦争
2 (1)エ　　(2)ア　　(3)イ
3 (1)エ　　(2)下関　　(3)ウ
4 (1)義和団事件　　(2)ア
(3)ポーツマス条約　　(4)立憲政友会
(5)ウ　　(6)八幡製鉄所
(7)田中正造

11節

1 (1)エ　　(2)ヨーロッパの火薬庫
(3)サラエボ
(4)①二十一か条の要求　②レーニン　③総力戦
(5)イ
2 (1)国際連盟　　(2)イ
(3)ガンディー　　(4)ア

(5)原敬　　(6)①平塚らいてう　　②全国水平社
(7)治安維持法
3 (1)エ　　(2)イ

12節

1 (1)ニューヨーク
(2)①イギリス　②アメリカ　③ソ連
(3)ヒトラー　　(4)政治：ファシズム
人物：ムッソリーニ
(5)住友　　(6)ウ
2 (1)エ　　(2)柳条湖事件　　(3)イ
(4)①満州国　②国際連盟を脱退した
(5)二・二六事件
3 (1)aオ　　bア　　cエ
(2)東条英機　　(3)真珠湾

13節

1 (1)ヤルタ会談　　(2)ポツダム宣言
(3)cウ　　eイ　　(4)ソ連
(5)沖縄
2 (1)マッカーサー
(2)①国民主権・基本的人権の尊重・平和主義
②政治：ウ・オ　　経済：ア・エ
教育：イ・カ
3 (1)a国際連合　b資本主義　　c社会主義
(2)①警察予備隊　②イ
(3)イ
4 (1)エ
(2)①イスラエル　②ヨーロッパ連合（EU）
③イラク

古代から中世の歴史① p.244・245

1 (1) 渡来人 (2) ア (3) 遣唐使
2 (1) 平泉 (2) ウ (3) ア (4) イ

〈解説〉

1 (1)渡来人とは朝鮮半島から日本列島に移り住んだ
人々の総称で，土木・養蚕・機織・焼き物
(須恵器)など，進んだ先進技術を伝えた。

(2)**イ**の土偶は縄文時代につくられた女性をかた
どった土人形なので誤り。**ウ**の青銅器は弥生時
代に伝来したので誤り。**エ**の稲作は縄文末期か
ら弥生時代にかけて伝来したので誤り。

(3)**B**のリード文から「唐の国力の衰退」，「派遣さ
れる」「廃止するかどうか」に注目したい。以上
からこの史料が菅原道真による「遣唐使停止の
建議」であることが推測できる。

2 (1)中尊寺金色堂は奥州藤原氏の拠点であった平
泉 (岩手県) にある。奥州藤原氏は金の力を背
景に平泉を中心に繁栄し，中尊寺などの豪華な
寺院を建立した。

(2)中尊寺金色堂は，中央の浄土教の流行に伴う阿
弥陀堂建築 (平等院鳳凰堂など) の影響を受け，
院政期に建立された阿弥陀堂である。そこから，
浄土教がらみの**ウ**を選びたい。**ア**は世界遺産で
城づくり技術の最盛期の建築物という点から姫
路城と推定できる。**イ**は世界遺産で将軍の参拝
や朝鮮通信使の参詣といえば江戸時代なので日
光と推定できる。**エ**は「世界遺産で首都として
神社，寺院が良好に保存された」から京都もし
くは奈良と推定できる。

(3)大仙古墳がつくられたのは古墳時代の5世紀。
須恵器は古墳時代に大陸の技術で作られた土
器。漢字は，倭王武の手紙や熊本県や埼玉県の
古墳から出土した鉄剣に文字がきざまれている
ことから5世紀には伝来していたと考えられる。
イは飛鳥文化，**ウ**は天平文化，**エ**は天平文化な
ので誤り。

(4)**イ**は，中世に国内では貨幣を鋳造していないた
め誤り。

古代から中世の歴史② p.246・247

3 (1) イ (2) エ→ア→ウ→イ (3) 執権
(4) (例) 村では有力な農民が自治を行う。
4 (1) ①防人 ②エ ③イ ④A
(2) 連歌

〈解説〉

3 (1)中宮寺や広隆寺の半跏思惟像は飛鳥文化の代
表的仏像である。**ア**の銀閣は室町時代の東山文
化の建築である。**ウ**の土偶は縄文時代の土人形
である。**エ**の「ポッピンをふく女」は江戸時代の
化政文化の絵画 (喜多川歌麿の作品) である。

(2)**エ**701年→**ア**794年→**ウ**939年→**イ**1159年の順
となる。

(3)北条時政が初代執権に就任し，以後執権の地
位は北条氏に引き継がれた。

(4)惣とは農業生産力の向上を背景に，村の人々は
領主に対して自立した行動をとるようになり，
有力な農民を中心につくられた自治組織のこと
である。そこで，語群Ⅰでは「有力な農民」，語
群Ⅱでは「村」を選び，指定用語の「自治」とつな
げて，文章にする。

4 (1)①21歳以上の男子に1年間の兵役が課されて
いたが，防人として3年間北九州の防衛にあた
るものもいた。
②**B**の歌は藤原道長が，3人目の娘が皇后に
なった時の絶頂期をよんだ歌である。**ア**豊臣
秀吉の説明なので誤り。**イ**足利義満の説明な
ので誤り。**ウ**平清盛の説明。
③後鳥羽上皇は1221年承久の乱をおこすが，
幕府軍に敗れて隠岐に流された。
④**A**の歌は万葉仮名から『万葉集』に含まれた歌
と推測できる。

(2)**D**が初めて建てられた時代は室町時代 (北山文
化) である。和歌の上の句と下の句を別の人が
次々に読み続ける連歌が流行した。

近世の歴史 p.248・249

5 (1) (例) イエズス会が海外での布教を進めた
　　(2) Ⅰ：C　　Ⅱ：A
6 イ
7 ウ

〈解説〉

5 (1)新教(プロテスタント)に対抗して,旧教(カトリック)ではロヨラやザビエルが結成したイエズス会が海外で布教活動を行った。
　　(2)ラクスマンが根室に来航は1792年→Ⅱの異国船打払令は1825年→アヘン戦争は1840年→ペリー来航は1853年→Ⅰ大老井伊直弼の暗殺は1860年→薩英戦争は1863年の順となる。

6 江戸は武家地の多いA,大阪は町人地の多いC,京都は寺社地の多いBと推定できる。大問2の(2)で京都に寺社が多いことは既に出題しているので,容易に判断できるはずである。

7 グラフからは江戸から遠い場所に配置されたかどうかは読み取れないため,ウが誤り。

近現代の歴史 p.250・251

8 (1) ウ→エ→ア　　　　(2) イ
　　(3) エ　　(4) 民族自決　　(5) イ

〈解説〉

8 (1)アは1889年,イは1900年,ウは1880年,エは1882年。イはAの時期には該当しないので除外する。
　　(2)アは1872年,イは1901年,ウは1922年,エは1923年以降。
　　(3)中国では1912年に,孫文を臨時大総統とするアジア初の共和国,中華民国が南京を首都として成立した。ロシアでは1917年レーニンが指導するロシア革命によりソビエトに権力の基盤を置くが新しい革命政府が樹立された。
　　(4)パリ講和会議でアメリカ大統領ウィルソンは秘密外交の廃止,海洋通商の自由,軍備の制限,民族自決,平和のための国際機関の設立など14条からなる平和原則を提案した。特に民族自決の原則により,アジアやアフリカでは独立を求

める運動が高まり,こうした運動が第二次世界大戦後の植民地支配からの解放につながった。
　　(5)日本が資本主義国の中でアメリカについで第2位となったのは1968年である。アは米騒動がおきたのが1918年で,Eの時期が1925～1945年のため誤り。ウは柳条湖事件がおきたのが1931年で,Gの時期が1931～1950年のため誤り。エはアメリカで同時多発テロがおきたのが2001年で,Hの時期が1950～1990年なので誤り。

歴史総合（経済史） p.252・253

9 (1) あ：3　　う：2
　　(2)① 1
　　　② (例) 日本から来た正式な貿易船であることを証明した。
　　(3)イ 石油危機(オイルショック)
　　　ロ バブル経済
　　(4) B　(例)貨幣経済が浸透し,商品作物が売買された

10 カ

〈解説〉

9 (1)あ永楽通宝や日明貿易からAの文章が室町時代の内容と判断できる。3は室町時代の文章なので,3を選択する。
　　い幕藩体制の確立や交通網の整備からBの文章は江戸時代の内容と判断できる。1は江戸時代の文章なので,1を選択する。
　　う殖産興業や富国強兵からCの文章が明治時代の内容と判断できる。2は明治時代初期の文章なので,2を選ぶ。
　　(2)①資料Ⅰの勘合は,日明貿易において倭寇と区別するために用いた合い札で,カードAに日明貿易とあることと,日明貿易の開始が15世紀でアの年が15世紀前半であるため,アの時期と判断できる。
　　②当時は,明が海禁政策をとり正式な国交を結んでいる船として貿易をしていなかったため,「正式な貿易船」と指定用語の「日本から来た」と「証明」をつなげて文章にする。
　　(3)イ1度目に経済成長率が0%を下回ったのは,

資料Ⅱより1974年のため，前年の石油危機（オイルショック）が影響と考えられる。石油危機は中東戦争に対して，アラブ諸国が輸出制限と大幅値上げを背景としておこった。

ロ 2度目に経済成長率が0％を下回ったのは，資料Ⅱより1993年で，1985年以降に経済成長率が上がっていることからバブル経済が崩壊したと考えられる。バブル経済は1980年後半に始まった土地や株式への投資による好景気で，1991年に崩壊した。

(4)図から問屋が農民に原料・道具を前貸しして，農民が問屋に製品を納めているので問屋制家内工業の説明と推定できる。問屋制家内工業は江戸時代にさかんであったので，Bを選ぶこととなる。なお，都市の人口増加により消費需要が増大し，商品作物が多くつくられ，農村では商品作物を多くつくり，貨幣を得る機会が増大した。金肥の流通も，貨幣経済の浸透をさらに促進した。記述問題は以上を短文にまとめていくと，自動的に指定用語を使うこととなる。

10 日本は幕末以来生糸を輸出していたことと1886年ごろから軽工業が発達して第一次産業革命を迎え，1890年代になると綿糸の輸出が始まったことを思い出したい。よって，輸出品のCは生糸，輸入品から輸出品に転じたAが綿糸となる。ちなみに今回問われていないBは綿花で，1893年にボンベイ航路（インド航路）が開通して以降に大量に輸入された。この綿糸の原料である安価な綿花輸入が，大量の綿糸生産と綿糸輸出につながっていくともおさえておきたい。

歴史総合（外交史）　p.254・255

11 (1) エ　　(2) ウ
(3) Ⅰ群：イ　Ⅱ群：キ
(4) エ→イ→ア
(5) a アメリカ　b イギリス　c 南北戦争

〈解説〉
11 (1)アはサンパウロ，イはハワイ（ホノルル），ウはハルビン，エがアユタヤ。
(2)1954年，太平洋のビキニ環礁でのアメリカの水

爆実験によって第五福竜丸が被ばくする事件がおきた。これを契機に平和運動が高まり，1955年に，広島で第1回原水爆世界禁止大会が開かれた。アの環境庁の設置は1971年，イの非核三原則は1971年衆議院で決議，エの核拡散防止条約は1968年。

(3)空海は804年に遣唐使に従って唐にわたり，2年後に帰国して紀伊の高野山に金剛峯寺を建てて真言宗を開いた。以上からⅠ群からイを選び，Ⅱ群からキを選ぶ。ちなみに，Ⅱ群のカは日蓮，クは行基，ケは法然の説明。

(4)アは1932年，イは1915年，ウは三国干渉のことで1895年，エは1906年，オは1900年で，下線部②の日本海海戦が1905年のため，②のあとにおきたできごとを古い順に並べると，エ→イ→アとなる。

(5)a アメリカのペリーにより開国したので，a はアメリカが入る。
b・c 貿易はアメリカで南北戦争がおきたこともあり，イギリスとの取引が一番大きくなった。空欄cの直前に「1861年アメリカ国内でおきた」とあることもヒントになりcが南北戦争と推測できる。そうなるとbは貿易をおこなった国が安政の五ヵ国条約から「アメリカ・オランダ・イギリス・フランス・ロシア」で，表にないのがイギリスと考えられる。

歴史総合（文化史）　p.256

12 (1) ウ　　(2) 唐　　(3) エ
13 ア

〈解説〉
12 (1)日光東照宮は徳川家康がまつられた神社で，徳川家光のころに完成した世界遺産である。大問2の(2)で世界遺産の問題でも出題されているので確認しておきたい。
(2)聖武天皇の時代，つまり奈良時代に制度や文化を取り入れるために送った使節は遣唐使なので，中国の王朝は「唐」となる。ちなみに，正倉院には唐ばかりではなく西アジアや南アジアとの交流を示すものが見られ，当時の国際性がう

かがえる。

(3)千利休の活躍したのは，織田信長や豊臣秀吉の時代で当時の文化を桃山文化という。ちなみに，Cの千利休がつくった茶室を妙喜庵待庵という。

13 リード文に足利氏が将軍であった時代とあるので，室町時代のこととわかる。室町時代の地方の武士や都市の有力者は，寺で子どもに教育を受けさせるようになり，こうした教育によって「一寸法師」などの御伽草子と呼ばれる絵入りの物語が盛んに読まれるようになった。イ・ウは元禄文化の説明なので誤り。エ大和絵は平安時代の国風文化のころに盛んに描かれた絵なので誤り。

地理・歴史・公民融合問題 p.257・258

14 (1) i 群：エ ii 群：ク
(2)自由権：ウ 社会権：イ
(3) B→C→A→D
15 (1)エ (2)富岡製糸場 (3)エ

〈解説〉

14 (1) i 群：足利義昭は1573年織田信長により追放され，室町幕府は滅亡した。ア参勤交代を制度化したのは，1635年徳川家光が武家諸法度の改定（寛永令）に際して盛り込んだ規定である。イの九州の島津氏を降伏させたのは，1587年豊臣秀吉の九州平定による。ウのキリスト教の信仰を禁止したのは，1612年，徳川秀忠が出した禁教令による。

ii 群：1517年，ルターはドイツで教会の免罪符の販売に反対して「95か条の意見書」を出して抗議した。これが宗教改革の口火となった。カの名誉革命は1688年，つまり17世紀なので誤り。キのアメリカの独立宣言は1776年，つまり18世紀なので誤り。ケの李成桂が朝鮮を建国したのは1392年，つまり14世紀なので誤り。

(2)日本国憲法にみられる自由権は，「精神の自由」が思想・良心の自由（第19条），信教の自由（第20条），集会・結社・表現の自由（第21条），学問の自由（第23条）。「身体の自由」が奴隷的拘束・

苦役からの自由（第18条），法定手続きの保障，罪刑法定主義（第31条），逮捕・捜索の要件（第33～35条），拷問の禁止，自白の強要の禁止などの刑事手続きの保障（第36条～39条）。「経済活動の自由」が居住・移転・職業選択の自由（第22条），財産権の保障（第29条）がある。また，日本国憲法にみられる社会権は，生存権（第25条①），教育を受ける権利（第26条①），勤労の権利（第27条①），労働基本権（第28条）がある。ちなみに，アは国家賠償請求権，エは選挙権と被選挙権の内容なので誤り。

(3)Bは819年。年代がわからなくても9世紀前半と推定はできる。大問11の(3)でも出題してされているので確認しておきたい。→Cは939年→Aは院政開始なので1086年→Dは平治の乱なので1159年。

15 (1)株式を購入した出資者は株主と呼ばれ，利潤の一部を配当として受け取る。アの株式の売買は証券取引所で行われ，売買を通じて株価が決定され，その株価の変動によって売買で利益を得ることができるため誤り。イの株主は株式総会に出席して，経営方針などについて議決することができるので誤り。ウ株式会社が倒産しても，株主は出資した金額以上の負担は追わない（有限責任）ため誤り。

(2)富岡製糸場は，1871年に建設に着手し，翌年開業した官営模範工場で，機械類はフランスから輸入した。世界遺産に登録されている。

(3)Bが鉄鋼であることが資料2の地図の関東と東海，さらに瀬戸内と九州に黒い部分があることから，それぞれ京葉工業地域と中京工業地帯・瀬戸内工業地域・北九州工業地帯を指していると推定できる。続いて，Cが食品であることが北海道と東京近郊に黒い部分があることから，北海道が農産物の生産地であることと，千葉や茨城で近郊農業が盛んであることから推定できる。残ったAを機械と想定して地図を見ていくと，関東，東海，近畿に黒い部分があるので，それぞれ北関東工業地域と京浜工業地帯・東海工業地域・阪神工業地帯を指していると考えられる。

歴史さくいん

数字はページを表します。赤い数は特にくわしく扱われているページです。

267

●写真提供
朝日新聞社　飛鳥園　アート・エフ　Adobe Stock　一般財団法人奈良県ビジターズビューロー　イマジン画廊所蔵／共同通信イメージズ　上野東照宮　大阪城天守閣　宮内庁三の丸尚蔵館　宮内庁正倉院事務所　熊野那智大社　公益財団法人徳川記念財団　高台寺　高野山地蔵院　国立公文書館　国立国会図書館　国立歴史民俗博物館　さきたま史跡の博物館　時事通信フォト　相国寺　正倉院正倉　勝林寺　神護寺　増上寺　中尊寺　長興寺　伝統工芸　青山スクエア　東大寺　長崎歴史文化博物館　奈良文化財研究所　日光東照宮　日本銀行金融研究所貨幣博物館　日本銀行情報サービス局　白山文化博物館　PIXTA　PPS通信社　姫路市　平等院　フォトライブラリー　文化庁　法隆寺　毎日新聞社　松本市　三井文庫　妙喜庵　メトロポリタン美術館　本居宣長記念館　山口県文書館　悠工房　米沢市上杉博物館　123RF　大迫編集事務所
p.19 金印　[作品名]金印「漢委奴国王」(印面)　福岡市博物館所蔵　画像提供：福岡市博物館 / DNPartcom
p.88 ザビエル　[作品名]聖フランシスコ・ザビエル像　神戸市立博物館所蔵　Photo：Kobe City Museum / DNPartcom
p.160 明治初期の銀座　[作品名]東京開化名勝京橋石造銀座通り両側煉化石商家盛栄之図(三代歌川広重)　浅井コレクション所蔵　Photo：Cool Art Tokyo / DNPartcom
見出しに＊が付いた写真：ColBase (https://colbase.nich.go.jp/)

●カバー・本文デザイン
アーク・ビジュアル・ワークス(落合あや子)

初版
第1刷	2002年4月1日	発行

新指導要領準拠版
第1刷	2021年3月1日	発行
第2刷	2022年8月1日	発行
第3刷	2024年9月1日	発行

編　者　数研出版編集部　　　　　　編集協力　株式会社エディット
発行者　　　星野 泰也

ISBN978-4-410-15104-0

チャート式®シリーズ　中学歴史

発行所　数研出版株式会社

本書の一部または全部を許可なく複写・複製すること，および本書の解説書，問題集ならびにこれに類するものを無断で作成することを禁じます。

〒101-0052　東京都千代田区神田小川町2丁目3番地3
〔振替〕00140-4-118431
〒604-0861　京都市中京区烏丸通竹屋町上る大倉町205番地
〔電話〕代表 (075) 231-0161
ホームページ　https://www.chart.co.jp
印刷　創栄図書印刷株式会社

乱丁本・落丁本はお取り替えいたします。　　　240803